KB179152

유별난
게
아니라
예민하고
섬세한
겁니다

유별난 게 아니라 예민하고
섬세한
겁니다

세상과 불화하지 않고
나답게 살아가는 법

제나라 네렌버그 지음
김진주 옮김

Divergent
Mind

리스
THE BOOK

하나로 규격화된 사회에서 고군분투하는 모든 여성이 꼭 읽어봐야 할 책이다.

— 수잔 케인(Susan Cain), 《콰이어트》 저자

인간의 근원적인 차이를 이해하는 효과적이고도 긍정적인 방법을 탐구하는
책이다. 이 책이 여성에게 기울이는 관심은 매우 시의적절하다. 세상을 깊이
받아들이고 강렬하게 느끼는 민감성을 질병으로 규정하는 시선을 뒤바꾼다.
눈이 열리고, 마음이 치유된다.

— 메리 파이퍼(Mary Pipher), 《나는 내 나이가 참 좋다》 저자

이 책은 강렬하고, 이 시대에 꼭 필요한 내용을 담고 있다. 저자 제나라 네렌
버그는 개인적인 경험과 과학적·사회적 분석을 독특하게 버무려내고 있다.
모든 여성이 읽어볼 만한 책으로, 눈에 보이지 않는 각자의 차이와 재능을
여성들이 서로 이해할 기회를 선사한다.

— 일레인 아론(Elaine Aron), 《타인보다 더 민감한 사람》 저자

신경다양성 여성들이 자신과 어울리지 않는 세상에 맞서 발휘한 지혜는 계속해서 뒤바뀌는 진단명과 남성 중심적 연구에 가려 빛을 보지 못해왔다. 제나라 네렌버그는 엄청나게 중요한 이 책에서 '잃어버린 세대'로 일컬어지는 신경다양성 여성들의 삶과 경험을 조명한다. 《유별난 게 아니라 예민하고 섬세한 겁니다》는 인간의 다양한 기질은 환영받고 접근을 가로막는 장벽은 사라지는, 행복한 미래로 가는 표지판이다.

— 스티브 실버만(Steve Silberman), 《뉴로트라이브》 저자

미국 정신의학계는 사람을 '정상'과 '비정상'의 두 부류로 나누도록 우리 사회를 몰아간다. 저자 제나라 네렌버그는 그런 사고방식을 시급히 버리고 '남다른 마음'을 가진 사람들이 세상 속에서 자신의 여러 재능을 발휘하도록 사회 전체가 인식을 바꿔야 한다고 역설한다. 변화를 요구하는 목소리가 낭랑하게 울려 퍼지는 책이다.

— 로버트 휘터커(Robert Whitaker), 《미국 사회 속 정신이상(Mad in America)》 저자

무엇이 '정상'인가? 그것은 누가 정하는가? 제나라 네렌버그의 이 책은 이와 같은 중요한 질문을 던지고 그에 답하며, 우리가 인간으로서 갖는 다양한 성향을 각 개인과 사회가 어떻게 활용할 수 있을지 그 방안을 제시한다.

— 루이즈 애런슨(Louise Aronson), 《나이듦에 관하여》 저자

《유별난 게 아니라 예민하고 섬세한 겁니다》는 세상을 남다르게 경험하는 여성으로 산다는 것의 의미를 내밀하고 종합적으로 밝힌다. 제나라 네렌버그는 차이를 질병으로 규정하는 그릇된 인식과 낙인, 오해에 주의를 기울이면서 신경계가 남다른 여성들을 집중 조명하며 인터뷰, 연구 조사, 개인

적 체험담 등을 통해 독자들에게 신경다양성이 일상에서 어떻게 드러나고 어떤 느낌을 주는지, 그리고 타고난 신경학적 기질에 상관없이 모두가 제 능력을 발휘하는 세상을 어떻게 만들어갈지를 보여준다.

— 조엘 살리나스(Joel Salinas), 신경학자, 《거울 촉각 공감각》 저자

신경다양성을 이해하기 쉽고 긍정적인 방식으로 훌륭히 소개한 이 책에는 세상을 남다르게 경험하는 사람들의 인생을 변화시키는 통찰이 가득 담겨 있다.

— 닉 워커(Nick Walker), 자폐 관련 신경다양성 학자

네렌버그(신경다양성 프로젝트 창립자)가 첫 출간한 이 책은 '매우 민감한 사람(HSP)'을 정의하고 고찰하며, 민감성을 신경다양성이라는 틀 안에서 재정립하고자 감각 과부하라는 주제를 파고든다. 네렌버그는 이해하기 쉬우면서도 예리한 이 책에서 민감성을 탐구하고 민감성이 어떤 면에서 가정과 직장에서 장점으로 작용할 수 있는지 살펴본다. 민감한 여성들이 미처 알지 못하던 공동체로 그들을 초대하는 동시에, '신경다양성'의 강점을 지지하고 강화함으로써 자기다운 삶을 설계할 수 있는 방안도 제시한다. 많은 여성이 내 이야기라고 생각할 주제에 대해 훌륭하고 놀라운 의견을 제시하고 있다.

— 〈라이브러리 저널(Library Journal)〉

폭넓은 연구와 변화를 지지할 뿐만 아니라 한 걸음 더 나아가 포용과 다정함의 힘을 입증하고 차이를 축복하는 중요한 책.

— 〈북리스트(Booklist)〉

〉〉〉〉

나와 타인의
민감성
이해하기

여성들은 숨겨진 자신의 일면을 비추는
다른 거울이 있다는 사실을 알지 못한다.
그들이 만나는 의사나 치료사도 마찬가지다.

아시아에서 6년간 특파원으로 근무하다가 캘리포니아로 막 돌아온 어느 날, 당시 두 돌 반이던 딸이 소리쳤다.

"엄마는 이리저리 뛰어다니기만 해!"

'맙소사, 얘가 날 꿰뚫어보네. 나도 도대체 내가 뭘 하고 다니는 건지 모르겠는데, 그걸 알아보는구나.'

그해는 연구계의 젠더 편향gender bias을 해소하기 위해 미국 국립보건원NIH에서 보조금 1,010만 달러를 지급하겠다고 발표한 해이기도 했다. 진작 알았다면 연구 대상자로 지원했을 것이다. 그때 나는 우울하고 혼란스럽고 불안하고 피곤했으며, 이건 진짜 내 모습이 아니라는 생각과 자격지심에 끊임없이 시달렸다. 딸아이를 유치원에 데려다줄 때면 다른 부모들이 혹여 내 부족함을 알아챌까 봐 가면을 썼다. 집에서는 남편과의 사이가 갈수록 틀어져서 복잡한 마음을 다스리기가 영 어려웠고, 빨래와 설거지 더미가 쌓여 말 그대로 엉망진창이었다.

당황스러웠다. 나는 하버드대학교 공중보건 대학원과 캘리포니아대학교 버클리캠퍼스를 졸업하고 CNN, 〈패스트 컴퍼니 Fast Company〉, 〈헬스라인Healthline〉 등에서 기자로 활동해왔지만 정작 현실 속에서는 하루 일과를 적절히 계획해서 유지하지도, 가사를 척척 해치우지도, 남편과 가사분담에 관한 대화를 제대로 나누지도 못했다.

그러는 동안, 2013년에서 2016년 사이에 성인 여성이 주의력결핍 과잉행동장애ADHD와 자폐 연구에서 어떻게 간과되고 있는지를 다룬 기사가 주요 뉴스매체에 자주 등장했다.1 ADHD 활동가이자 저술가인 마리아 야고다Maria Yagoda는 〈디 애틀랜틱The Atlantic〉에서 자신은 예일대학교에 다녔지만 집행기능executive function(원하는 결과를 얻기 위해 효과적으로 계획하고 실행하는 능력-옮긴이) 면에서는 여러모로 늘 좌충우돌해왔다고 털어놨다. 마리아는 청소를 어려워했고, 물건이나 돈을 자주 잃어버렸으며, 언제 어디에 가기로 했는지 자주 잊어버렸다. 그녀가 '매우 똑똑했기' 때문에 사람들은 그녀에게 ADHD가 있으리라고는 상상하지 못했다. 또 웹사이트 〈스펙트럼 spectrumnews.org〉에는 자폐 여성과 여자아이에 대한 비슷비슷한 이야기가 많이 올라왔다. 그중 마야라는 젊은 여성은 10년 동안 열네 명의 정신과의사를 만난 후에야 뒤늦게 자폐증 진단을 받았다.

그런가 하면 어느 날부터인가 페이스북 뉴스 피드에 ADHD 와 아스퍼거 증후군을 앓는 여성이나 매우 민감한 사람HSP, Highly Sensitive Person을 다룬 기사와 책이 갑자기 눈에 띄기 시작했다. 페이스북이 내가 가족이나 심리치료사와 나누는 대화를 엿들기라도 하나 싶을 정도였다. 나는 '성공한' 여성들의 정신건강 문제를 파헤친 최신 연구에 완전히 사로잡혔다. 그 글들에서 눈을 뗄 수가 없었다. 나 혼자만 그런 문제를 겪고 있는 게 아니라는 말이었기 때문이다.

'성공한' 여성들에게 우울증과 불안이 더 흔하다는 사실은 이미 여러 연구를 통해 거듭 밝혀졌지만, ADHD와 자폐는 또 다른 이야기였다. 나는 내가 ADHD나 자폐라는 생각을 단 한 번도 해본 적 없지만, 관련 글들이 마음에 와닿았다. 나는 '민감한' 사람이었고, 인간이나 심리학, 혹은 내면세계 같은 관심을 잡아끄는 몇 가지 한정된 주제에 관한 대화만 즐겼으며, 현실 속에서 해야 할 일을 계획하고 실행하는 능력이 형편없었다. 그리고 '가면 쓰기masking'라는 단어는 지금껏 내가 깨닫지 못했거나 인정하고 싶지 않던 내 삶의 일면을 설명해주는 듯했다.

당시 내가 느꼈던 충격과 부조화, 그리고 희망과 안도감 같은 혼란스러운 감정을 털어놓으면서 이 책을 시작하고자 한다. 내 증상은 자폐 스펙트럼 같은 일종의 감각 스펙트럼에 속하는 것일까? 아니면 ADHD? 둘 다 가능해 보였다. 하지만 나는 검사나 진단을 받는 대신 나와 비슷한 여성들에 대한 연구와 기사, 수많은 인터뷰와 이야기로 눈을 돌렸다.

내가 내 마음에 들지 않는 이유

'가면 쓰기'는 사회의 기대에 부응하고 사람들과 어울려 살기 위해서 진짜 자기를 숨기고 은폐하려는 무의식적이거나 의식적인 노력을 말한다. 연구 조사와 경험담에 따르면 여성과 여자아이는 가면 쓰기나 '패싱passing(흑인이 백인 행세를 하거나 동성애자가 이성애자인 척하는 경우처럼 자신의 진짜 정체성을 버리고 다른 사회집단의 구성원인 양 행동하는 것-옮긴이)'을 상당히 많이 하는데, 이는 대개 여성이 사회화되는 방식에서 비롯된다. 이 책을 집필하는 과정에서 인터뷰한 여러 여성과 연구자의 말에 따르면, 여성은 어린 시절부터 '주위 사람들과 어우러져 지내라'고 배운다. 또 "얘가 좀 예민해요. 여자애들이 그렇죠"라는 불평 어린 말을 자주 듣는다. 우리 문화에는 이런 식의 터무니없는 오해가 널리 퍼져 있다.

가면 쓰기는 여러 인생을 앗아갔다. 여성들이 실제로 자기 목숨을 끊었다는 뜻이 아니라 (물론 그런 일이 일어나기도 한다) 자기다운 인생을 빼앗기고 우울과 불안 속에서 사실상 죽은 것이나 다름없는 공허한 인생을 산다는 말이다. 사회에 우리 모습을 정확히 비춰주는 거울이 없을 때 우리는 이미 알고 있는 용어나 사고방식에 기대서 자신을 해석할 수밖에 없다. 하지만 그 해석 도구는 틀릴 때가 많고, 오해를 불러일으키거나 심지어 해를 끼치기도 한다.

주류 사회뿐 아니라 학계조차 나의 호기심과 민감성, 집요한 궁금증과 의문, 지식과 이해를 향한 끝없는 갈망을 제대로 비춰주지 못했다. 나는 타인의 내면세계를 이해하고 싶다는 갈망이 무척 커서 종종 지나치게 질문을 해댄다(기자가 되어 천만다행이다). 하지만 이는 친구를 사귀는 일반적인 방식이 아니다. 이 사실을 깨닫기까지 오랜 시간이 걸렸다. 나는 호기심 많고 열정적이며 캐묻기를 좋아하는 내 모습을 있는 그대로 받아들이지 못했고 내가 남들과 다르다는 생각에 소외감을 느꼈다. 서서히 나는 내 말투와 몸짓 같은 표현방식을 주위 사람들에게, 그리고 그들에게 받은 메시지에 맞추기 시작했다. 그러니까, 사적인 질문을 지나치게 하지 않고, 말을 너무 많이 하지 않고, 철학적 주제로 긴 이야기를 늘어놓지 않게 됐다.

시간이 흐르면서 나는 달라졌다. 어느 정도는 자연스러운 성숙의 결과일 테지만, 세상에 적응하기 위해 불가피하게 고통을 감수하며 변화를 꾀한 측면이 분명 있었다. 나는 호기심을 채우기 위해 인간의 마음이라는 광활한 세계를 혼자서 탐구할 방법을 찾았다. 예컨대 독서 같은 것 말이다. 그러다 보니 사람들과 소통하는 시간이 줄어들고 혼자 보내는 시간이 늘어났다. 그건 그 나름대로 나쁘지 않았지만, 당시 나는 사람이 '정상' 아니면 '비정상'이라는 이분법으로 나뉜다고 생각했고 홀로 책을 읽는 것만이 내가 세상에서 사람들과 더불어 살아갈 수 있는 유일한 방법이라고 생각했다. 뇌의 작동 방식이나 사람이 소통하는 방식이 굉장히 다양하다는 사실을 알지 못한 탓이다. 그런 이야기를 해주는 사람도, 나 자신의 모습을 정확히 비춰주는 거울도 세상에 없었기 때문에 나는 가면을 쓰고 본모습을 억눌렀다.

전 세계의 여성들이 이런 경험을 한다. 과거에는 여성들이 '히스테리'를 부린다더니 이제는 '불안해한다'고 말한다. 여성들은 숨겨진 자신의 일면을 비추는 다른 거울이 있다는 사실을 알지 못한다. 그들이 만나는 의사나 치료사도 마찬가지다.

감각은 영혼에 이르는 길이라는 말이 있다. 나는 이 말을 글자 그대로 믿는다. 눈앞의 광경, 소리, 맛, 감촉, 냄새는 우리의 정신건강 및 정신적 고통과 상응하며, 그 정도는 민감성에 따라 달라진다. 겹겹이 둘러싸인 양파를 떠올려보자. 우리 존재의 중심에는 유전자, 생물학적 특성, 유년기 경험뿐 아니라 감각 특성, 다시 말해 우리 신경계가 감각세계에 어떻게 반응하고 상호작용하는지, 무엇이 우리를 기분 좋게 하고 역겹게 하는지가 자리한다. 이 모든 구성요소는 인생 전반에 걸쳐 상호 작용을 하면서 우리 감정과 행동의 층위를 형성한다. 불안이나 우울증, 자가면역질환 등으로 치료사나 의사를 찾을 때 우리에게 주어진 선택지는 상담치료와 약물치료밖에 없다. 이는 감정과 행동의 바깥층만을 주목하기 때문이다. 우리는 우리가 겪는 문제를 진단할 모든 기준을 알고 있다고 생각하지만, 거기에 감각은 빠져 있다. 우리를 이루는 가장 핵심적인 요소 중 하나가 완전히 무시를 당하는 셈이다.

많은 사람이 자폐나 ADHD를 두고 고루하고 판에 박힌 이미지를 떠올리지만, 이러한 경험에는 스펙트럼이 존재한다는 사실을 기억해야 한다. 우리가 삶 속에서 만나는 사람들, 직장상사를 비롯해 이웃, 친구, 가족, 심지어 우리 자신도 자폐나 ADHD 진단을 받을 수 있다. 내가 보기에 이와 관련된 논의에서 우리가 근본적으로 놓치고 있는 것은 바로 감각자극을 처리하는 방식이 매우 다양하다는 것, 구체적으로는 감각자극에 민감하게 반응하는 사람이 굉장히 많다는 것이다.

1996년에 발간된 일레인 아론Elaine Aron의 책,《타인보다 더 민감한 사람》에서 이미 이 주제를 충분히 다뤘다고 생각할지도 모르겠다. 하지만 민감성은 우리가 하는 일뿐 아니라 가정, 교육, 경제적 기회, 친밀한 관계, 육아에도 영향을 미치기 때문에, 나는 심리학과 정신의학이 민감성이라는 주제를 더 깊이 파고들어야 한다고 생각한다. 자폐와 ADHD를 비롯해 감각처리장애, HSP, 공감각 등 우리가 이 책에서 살펴볼 여러 '신경다양성neurodiversity'을 지닌 사람들, 다시 말해서 감각계가 남다른 사람들은 삶 전반에서 높은 민감성을 경험하며, 이러한 차이는 인생의 거의 모든 측면에 영향을 미친다. 이는 대중과 전문가들이 반드시 이해해야 하는 사실이다.

신경다양성을 지닌 여성은 흔히 불안과 우울을 함께 겪는데, 특히 그 밑바탕에 자리하고 있는 남다른 감각 특성을 전문가에게 진단받지 못할 때 더 큰 고통을 겪는다. 여성의 경우, 진단을 받아야 할 정도로 큰 신경학적 차이를 친구나 가족은 물론 당사자조차 모르고 넘어갈 때가 많다. 내가 인터뷰한 어느 컬럼비아대학교 졸업생은 스물여덟 살이 될 때까지 제대로 된 '진단'을 받지 못했다. 캘리포니아에 사는 한 엄마는 40대에 이르러, 자신이 평생 동안 겪어온 증상을 똑같이 보이는 아들이 자폐와 ADHD 진단을 받고 나서야 자신에게 그런 성향이 있다는 사실을 알게 됐다. 나 역시 서른두 살에야 나의 신경계가 남다르다는 것을 알았다. 최신 연구를 파고들기 시작한 덕분이었다.

오늘날 여성은 광범위하게 우울증과 불안감을 느끼는 탓에 '잃어버린 세대'로 일컬어진다.[2] 이는 여성의 내적 경험internal experiences이 사회가 여성에게 기대하는 바나 세상이 여성을 바라보는 시선과 일치하지 않기 때문인데 이들은 겉보기에는 '정상적으로' 잘 살아가는 것처럼 보인다. 이처럼 여성의 내면에 대한 인식과 이해가 부족한 까닭은 연구자들이 여성을 등한시하고 연구 표본을 흔히 남성으로 한정하기 때문이다. 그결과 의사, 치료사, 교사, 경찰관 들은 ADHD, 자폐, 공감각, 감각처리장애, 높은 민감성을 지닌 여성들이 어떤 모습을 보이는지, 그리고 어떻게 행동하는지 알지 못한다. 또 수많은 여성이 자신의 경험과 느낌을 어떤 말로 표현해야 할지 알지 못한다.

이런 의문을 품기 시작한 이후 나는 이 문제를 깊이 파고들었다. 내 경험에 이름을 붙여주고 싶었다. 나라는 사람이 '드러나는' 방식과 특정 상황에 내 몸과 마음이 반응하는 방식, 무엇보다 스스로가 이토록 마음에 들지 않는 이유가 무엇인지 이해하기를 바랐다.

'신경다양성'을 만나다

어느 날 한국에서 네팔로 가는 비행기 안에서 '혹시 나 같은 사람이 더 있지는 않을까?' 하는 생각이 뭉게뭉게 피어올랐다. 아직 뭐라고 명명되지는 않았지만 남다른 '존재 방식', 특히 여성의 남다른 존재 방식이 있지 않을까? 성별, 성적 지향, 출신 민족이 개인의 정체성을 이루는 핵심 특성으로 존중받듯 각자의 기질과 신경학적 특성도 존중받을 수 있지 않을까? 이런 생각을 표현하기 위해 나는 기질권temperament rights이라는 용어를 만들었다. 그리고 개인의 정체성을 이루는 외부 범주인 인종, 문화, 성적 지향, 성별처럼 인간의 풍요로운 내면세계도 그 다양성을 인정받고 존중받는 세계를 상상하기 시작했다.

앞선 세대의 용감한 지도자와 활동가가 이러한 외부 범주를 인정하는 것이 중요하다는 사실을 알리기 위해 힘을 모았듯, 우리도 우리 정체성을 이루는 내부 범주를 알리기 위해 행동에 나설 수 있지 않을까? 우리의 내적 삶은 겉으로 드러난 외적 삶만큼이나 관심받을 만하지 않은가? 내면의 삶과 내적인 감정 세계는 보편적인 것으로 누구나 경험한다. ADHD나 민감성 역시 여성과 남성, 백인과 유색인종, 트랜스젠더와 시스젠더(타고난 생물학적 성과 성 정체성이 일치하는 사람-옮긴이)를 가리지 않고 누구에게나 나타날 수 있다.

뭔가 생각이 떠오르면 곧장 움직이는 평소 성격대로 당장 컴퓨터를 켜고 이런 문제에 대해 이미 이야기한 사람이 있는지 검색하기 시작했다. 신경다양성이라는 용어를 발견하기까지는 얼마 걸리지 않았다. 이 용어에는 어떤 것은 '정상'이고 어떤 것은 '비정상'이라고 나눠 일부를 병리적으로 해석하는 대신, 뇌의 다양성을 인정하고 축복한다는 의미가 담겨 있었다.

그리고 그다음 순간 나는 깜짝 놀라지 않을 수 없었다. 매일

이른 아침에 딸을 데리고 우리 동네를 걷는 어떤 매력적인 남자가 있다. 그에게는 기쁨과 자유로움이 엿보였고 걷는 모습에서는 마음이 넓고 침착하며 굳건하다는 인상이 묻어났다. 늘 미소 띤 얼굴이 눈길을 끌었고, 나는 딸아이를 학교에 데려다주면서 거의 매일같이 그 사람 옆을 지나쳤다. 그런데 그의 존재를 알아차린 지 몇 달이 지나 아시아 땅에서 컴퓨터를 켜고 처음으로 신경다양성이라는 개념을 발견했을 때, 컴퓨터 화면에 바로 그 남자의 얼굴이 나타난 것이다! 알고 보니 그 사람의 이름은 닉 워커Nick Walker고 저명한 신경과학자이자 저자였으며, 우리 집에서 불과 몇 블록 떨어진 곳에 살고 있었다. 그리고 비슷한 시기에 트위터 알고리즘 덕분에 신경다양성 전문가이자 저자인 스티브 실버만Steve Silberman의 트윗을 발견했고, 내 삶의 다음 몇 년을 사로잡은 일에 빠져들었다. 바로 신경다양성을 탐구하고 조사하는 일 말이다.

다섯 가지 감각적 차이

2015년에 출간된 실버만의 책《뉴로트라이브》는 자폐를 지닌 남자아이와 성인 남성에 초점을 맞춰 신경다양성을 조명한 책이다. 나는 그보다는 성인 여성과 민감성을 공통분모로 하는 여러 신경다양성 연구에 끌렸다. 신경다양성에 대해 조사를 하다 보니 발달과정에서 경험하는 신경다양성은 민감성과 거의 동의어나 다름이 없었다.

민감성은 경험, 소음, 말소리, 타인의 감정 표현, 소리, 빛, 환경 변화 등의 외부 자극에 강하게 반응하는 특성을 말한다. 민감성과 뛰어난 공감능력은 여성에게 흔히 나타나는 특성이지만, 일부 여성은 자폐나 ADHD, 매우 민감한 사람으로 구분될 만큼 이러한 특성이 강하게 나타남에도 그 사실을 모른 채로 살아간다. (덧붙이자면, 학계에서 통상적으로 사용되는 용어 때문에 이 책에서는 여자woman와 여성female이 대체 가능한 용어로 사용됐지만, 민감성이나 여성으로서의 경험은 생물학적 성으로 나뉘지 않으며 트랜스젠더 여성이나 시스젠더 여성 모두에게 똑같이 적용된다.)

일레인 아론이 《타인보다 더 민감한 사람》에서 사용한 매우 민감한 사람HSP이라는 용어는 외부 정보를 깊이 처리하는 특성을 지닌 사람을 말하며, 학계에서는 이를 감각처리민감성SPS, sensory processing sensitivity이라고 부른다. 자폐인에게 민감성은 과도한 자극을 받았을 때 압도당한다는 느낌을 의미할 수 있다. 그리고 ADHD가 있는 사람에게 흔히 나타나는데도 잘 알려지지 않은 특성이 있는데 바로 자기감정과 감정조절 과정에 민감하게 반응한다는 점이다. 또한 감각처리장애가 있는 사람은 특정 냄새나 감촉에 강하게 반응한다. 그리고 공감각자synesthete는 '거울 촉각mirror touch'이라고 불리는 공감각적 특성 때문에 타인이 고통을 겪거나 강렬한 감정에 휩싸이면 그러한 감정에 짓눌릴 수 있다. 지금까지 언급한 다섯 가지 신경다양성(HSP, ADHD, 자폐, 감각처리장애, 공감각)을 지닌 사람은 감각에 과부하가 걸릴 때 공통적으로 짜증을 부리거나 급성 편두통에 시달리거나 폭발적으로 화를 내는 등 정신적으로 '무너지는meltdown' 모습을 보인다는 점에서 흥미롭다.

우리 사회가 민감성을 이해하고 그것이 신경다양성과 연관돼 있다는 점을 이해한다면, 민감한 여성들은 그들이 매일 느끼고 경험하는 현실을 더 이상 숨길 필요가 없어질 것이다. 마주하는 사람을 비롯해 여러 환경 속에서 엄청난 양의 정보를 받아들이고, 그 모두를 신체적으로 처리하는 과정을 말이다. 우리가 경험하는 현실을 마침내 과학이 포착해낸 이상, 우리는 더 이상 '제정신이 아니'라거나 '너무 감정적'이라거나 '제대로 못 배웠다'는 평가를 들을까 봐 자신의 본모습을 숨길 필요가 없다.

이 책에서는 민감성을 공통분모로 하는 다섯 가지 신경다양성인 HSP, ADHD, 감각처리장애, 자폐/아스퍼거 증후군, 공감각을 살펴보고 새롭게 얻은 지식과 통찰을 어떻게 일상과 사회 전체에 적용할지 논의할 것이다. 또한 자기도 모르게 평생 가면을 쓰고 살아온 여성들의 삶을 파고들 것이다. 여성은 사회화 과정에서 다른 사람과 조화를 이루고 주변 분위기를 살피라고 배우기 때문에, 여성의 자폐나 ADHD를 비롯한 신경학적 기질의 기저에 있는 특성은 지금껏 제대로 논의되지 못했다.

자, 이제 다시 신경계의 차이를 우성이나 열성, 혹은 정상이나 비정상으로 판단하지 않고 있는 그대로 바라보는 관점인 신경다양성으로 돌아가보자. 대중에게 잘 알려진 조울증이나 조현병을 비롯해 모든 신경학적 기질 차에 대한 사회 인식이 바뀌어야 하겠지만, 이 책에서는 특히 지금껏 흔히 '발달상의 차이'로 여겨진(HSP는 제외) 민감성을 핵심에 둔 다섯 가지 '감각적 차이'에 집중할 것이다. 신경다양성이라는 개념은 여성들이 앞으로 나아가 자신을 드러내고, 스스로를 더 잘 이해하고, 당당하게 자기 정체성을 주장할 수 있도록 해주는 패러다임의 전환이다.

나는 또한 '정신건강', '정신장애', '정신질환'이라는 개념이 반드시 진보해야 한다고 역설할 것이다. 예를 들어, ADHD를 '장애'로 볼 것인가 아니면 우리 생태계에 다양한 식물과 동물, 색상이 존재하듯이 인간 뇌의 다양한 방식 중 하나로 볼 것인가? 뿐만 아니라 이런 질문도 던져봐야 한다. 어떻게 하면 뇌와 감각 특성의 다양성을 수용하는 환경을 만들어갈 수 있을까? 신경학적 차이를 더 이상 질병으로 간주하지 않는 세상에서는 어떤 일이 일어날까? 아마도 창의성과 혁신, 인류의 번영을 목격하게 될 것이다. 신경다양성을 받아들일 때 우리는 신경계와 감각의 차이를 다른 개인차와 마찬가지로 인정하고 존중할 수 있을 것이다.

게다가 신경다양성을 지닌 사람이 적어도 인구의 20퍼센트를 차지한다는 사실을 알게 되면, 정상과 비정상을 가르는 기존의 개념도 달라질 것이다. 어쩌면 이 논의는 '신경전형인neurotypical(신경다양인과 반대되는 개념으로 신경계의 작동 방식이 일반적인 사람을 지칭하는 용어-옮긴이)'과 '신경다양인neurodivergent'에 대한 이야기가 아니라 인류 전체에 대한 이야기인지도 모른다. 남다른 신경학적 기질을 진단받지 못하고 살아가는 신경다양인이 무척이나 많다는 점을 감안할 때, 신경다양성은 인간이라는 존재의 의미까지도 뒤바꾸는 개념일지 모른다.

이렇듯 인식이 바뀌면 전 세계 여성이 신경다양성을 진단받지 못하거나 잘못된 진단을 받는 사례가 줄어들 것이다. 불필요하게 우울증이나 불안, 수치심, 죄책감, 낮은 자존감, 왜곡된 자아상에 시달리는 여성도 줄어들 것이다. 신경다양성이라는 틀을 받아들이면 우리 삶 전반에서 놀라운 변화가 일어날 것이다.

모두를 위한 새로운 생태계

병리학은 대체로 시대의 구성물이자 산물이다. 정신의학 전문가들은 특정 '진단명'을 중심으로 경력을 쌓기 때문에 두 가지이상의 진단명이 중첩되거나 충돌하면 자기 영역을 지키려는방어적인 모습을 보이곤 한다. 그게 무슨 얼토당토않은 얘기냐싶겠지만 현실이 그렇다. 그렇기 때문에 신경다양성의 언어와어휘, 즉 신경계에는 타고나는 다양성이 존재한다는 이해가 의학계와 정신의학계뿐 아니라 일반 대중의 일상적인 대화에도반드시 스며들어야 한다.

이런 질문을 던져볼 필요가 있다. 왜 주의를 기울이는 방식이 직업상의 전망과 삶의 만족도를 결정하는가? 당신도 나처럼 한 가지 관심사에 몰두하는 성향(흔히 '초집중hyper-focus'이라 부른다)이라면, 선생님이나 상사는 당신이 '일반적인 사람'과는 다르다고 생각할지 모른다. 그러면 당신은 살아남기위해 자기도 모르게 자기 행동을 교정하고 조정한다. 가면을쓰는 것이다. 그렇게 자기를 검열하고 다른 사람과 어울려 살기 위해 '자기self'가 세상에 반응하는 방식을 뒤바꾸는 악순환에 빠져버린다. 그리고 결국 우울과 불안, 번아웃, 때로는 그보다 더 나쁜 결과를 맞는다. (신경다양성과 자살성 사고suicidal ideation의 상관관계는 충격적일 만큼 높다.) 신경다양인은 신경전형인에 비해 해고당할 가능성이 높고 그에 따라 경제적 어려움을 겪을 수 있다. 하지만 그와 동시에 이들은 자신이 특정 분야에서, 특히 관습에 얽매이지 않는 작업 환경에서 놀라운 능력을 발휘한다는 사실을 안다. 이 모든 현실이 혼란스럽게 다가올 때 당신도 나처럼 '도대체 이게 다 뭐지?'라고 스스로에게 묻는 지경에 이를지 모른다. 자신감과 자존감이 곤두박질치고 자신과 사회를 이해하는 데 사용해왔던 과거의 경험과 틀에 의문이 들기 시작한다.

언젠가 저널리스트 크리스타 티펫Krista Tippett이 진행하는 공영 라디오 프로그램인 〈온 빙On Being〉에 여러 여성과 함께 초대된 적이 있다. 그런데 이야기를 나누던 중 맞은편에 앉은 한 여성이 눈물을 흘리기 시작했다. 그녀는 몇 해 전 딸을 자살로 잃었는데, 우리가 나눈 친밀한 대화가 내면의 아픔을 보듬어준 듯했다. 딸 이야기를 하는 그녀에게 내가 알아낸 감각적 차이에 대해 말해주자 그녀는 눈물을 흘리며 말했다. "전 몰랐어요! 전혀 몰랐어요!" 그녀의 딸을 비롯한 여성에게 있어 '고약하거나 자기 파괴적인' 행동은 과도한 감각자극에 대한 반응이지만, 사람들은 그저 겉으로 드러난 행동만을 본다. 그렇기 때문에 불안이나 우울, 그리고 '부적절한' 행동이 혹시 감각적 민감성과 관련 있지는 않은지 새로 얻은 지식과 연구 결과에 비춰 의문을 던져봐야 한다.

이 책을 쓰기 위해 여성들을 인터뷰하면서, 아주 단순한 감정 및 행동 조절 기법이 인생을 뒤바꿀 정도로 큰 도움이 됐다는 이야기를 수도 없이 들었다. 이 책에서는 그런 기법을 다룰 것이며, 더불어 우리 민감한 여성들이 편히 숨 쉬고 행복하게 활보하는 환경을 구축하기 위해 건축, 디자인, 가상현실과 같은 분야에서 어떤 작업이 진행되고 있는지도 다룰 것이다. 우리는 민감한 여성이 마음껏 가능성을 펼치는 새로운 생태계를 만들고 있다. 세계 곳곳에서 창의적이고 혁신적인 프로젝트와 공동작업이 이뤄지고 있다. 민감한 여성들은 지금 새로운 정체성과 문화, 우리 기질에 잘 맞는 새로운 소통 및 교류 방식을 만들어가고 있다.

그리고 이는 결코 우리만을 위한 일이 아니다. 우리가 이룬 혁신의 방식은 일반 대중에게도 영향을 미친다. 우리가 보고, 설명하고, 해석하고, 디자인하고, 교육하고, 협력하는 방식은 그저 '남다른' 방식이 아니라, 서서히 그러나 확실하게 표준으로 자리 잡을 것이고 그렇게 되면 우리가 소외감을 느끼던 낯선 세상은 마침내 집과 같이, 내 피부와 같이 편안한 곳으로 변화할 것이다. 그렇기에 이 책은 신경다양인뿐 아니라 그들의 친구, 교육자, 부모, 의사, 배우자, 동료를 위한 책이기도 하다.

용어 알아두기

'대인관계에 서툴다'라는 표현이 흔히 사용되는데, 주의가 필요하다. 신경다양성을 사회성 부족의 관점에서 바라보고 주목한다면 그것은 정상과 비정상을 가르고 신경전형인이 우성이라는 생각을 강화하는 셈이다. 신경다양성의 언어와 패러다임 쪽으로 나아가고자 한다면 이와 같은 표현은 지양해야 한다. 우리는 열이면 열 모두 달라서 '옳거나', '바르거나', '표준적인' 인간상은 존재하지 않는다. 물론 어떤 경향이라는 것이 존재하긴 하기에 '신경전형적인'이라는 용어를 사용하지만 두뇌와 기질 차이에 대한 연구가 더 많이 이뤄질수록 제각기 다른 두뇌 특성도 있는 그대로 받아들이게 되리라고 믿는다. 여러 색깔을 보면서 특정 색이 다른 색보다 더 '정상적'이라고 생각하지 않듯이 말이다.

그렇기는 해도, 원활한 이해를 위해 이 책에 사용된 기본 용어 몇 가지는 알아둘 필요가 있다. 신경다양성이라는 용어는 1990년대 후반 호주의 사회학자 주디 싱어Judy Singer가 인간 종에게서 발견된 다양한 두뇌 기질군을 표현하기 위해 처음 제안했다. 이렇게 포괄적인 용어를 사용하면 몇몇 두뇌 기질을 질병으로 간주할 필요 없이 타고난 다양성을 그저 자연스러운 차이로 받아들일 수 있다. 또한 스티브 실버만은 그의 대표작

《뉴로트라이브》에서 신경다양성이라는 용어를 대중에게 널리 알렸는데, 이 책은 자폐의 역사를 다룰 뿐 아니라 신경다양성이라는 패러다임 안에서 생각하고 행동하는 미래에 초점을 맞춘다. 자폐를 연구하는 학자이자 교육가인 닉 워커는 실버만을 비롯해서 신경다양성을 주창하는 여러 사람을 지지하며 긴밀히 협력하고 있다. 그가 운영하는 파워 블로그 〈뉴로코스모폴리타니즘Neurocosmopolitanism〉에는 신경다양성과 관련된 용어와 그 정의가 훌륭히 정리돼 있다.

신경다양성이 전체 인류가 처한 현실을 표현하는 포괄적인 용어라면, 신경다양인이라는 표현은 개인에게 적용된다. ADHD, 자폐, 조울증, 난독증 같은 '진단'을 받은 사람은 신경다양인이라고 볼 수 있다. 신경다양성의 체계 안에서는 '정신질환'이나 '발달장애'를 지닌 사람들 역시 신경다양인이라고 표현할 수 있다. (물론 특별한 호칭을 부여받거나 진단을 받지 않았다 해도 사람들은 흔히 그들에게 뭔가 남다른 면이 있다는 느낌을 강하게 받는다.)

신경다양인은 우리가 신경다양성이라고 부르는 일련의 행동이나 징후를 보인다. 즉, 특정 호칭이나 진단명을 이끌어낸 행동이나 징후의 군집이 신경다양성이다. 예를 들어, 자신이 매우 민감한 사람이거나 공감각자라고 생각된다면 이런 특성을 자신의 신경다양성이라고 표현할 수 있다. 이처럼 언어와 묘사하는 방식을 바꾸면 신경학적 특성을 질병으로 취급하지 않을 수 있기에 당사자에게 힘을 실어줄 수 있다.

신경다양성이 전혀 없는 사람은 신경전형인이라고 지칭한다. 신경다양인들은 이 용어를 신경전형인과의 관계에서 겪는 소통이나 기대, 작업 방식의 차이를 표현하기 위해 사용하기도 한다.

한편, 신경다양성 운동neurodiversity movement은 신경다양성이라는 틀을 조직적으로 지지하고, 이를 학교, 직업, 가정에 적용하려고 애쓰는 움직임을 말한다. 신경다양성 운동은 시민권 운동이나 여권 운동, 동성애자 권익 운동으로 일궈낸 인식의 변화와 흔히 비교되는데, 이들 운동은 각각 맥락과 조건은 달라도 공통의 언어를 공유한다.

심리학과 정신의학의 역사에 신경다양성이라는 새로운 틀이 등장하면서 중요한 질문이 제기되고 있다. 예를 들어, ADHD나 자폐 같은 신경다양성이 지속적으로 '증가'하는 상황에 우리는 어떻게 대응해야 할까? 신경다양성을 어떻게 체계화해야 할까? 우리는 지금 역사에서 교훈을 얻고, 사회적·환경적 맥락을 포함하는 넓은 관점을 취하고 있는가, 아니면 개인에 초점을 맞추고 있는가? 이런 용어들은 그저 타고난 개인의 성향이 사회의 기대와 마찰을 빚으며 생겨난 오늘날의 시대적 표현일 뿐일까? 현재를 살아가는 우리는 신경다양인의 비율이 증가하는 현상을 어떤 신호로 받아들여야 할까?

미래를 향한 발걸음

신경다양성이라는 개념은 다양한 조직, 학교, 기업, 심리치료 현장, 가정, 건축 사무소, 아이비리그안에서 확고히 자리 잡고 있다. 다양한 분야에서 아이디어가 교류되기 시작했고, 이러한 협력의 중심에는 그 자신이 신경다양인인 사람이 존재하곤 한다. 이러한 변화는 왜 일어났을까? 그리고 왜 지금일까?

성역할, 정체성, 성적 표현, 인종, 출신 민족에 대한 과거의 인식이 바뀌기 시작하면서 우리는 우리 사고방식과 행동 양식을 규정하던 사회적 기대로부터 점차 자유로워지고 있다. ADHD인 사람이 일류대학의 최신 학술연구센터에서 자신의 다양한 관심사를 녹여낸 연구를 수행한다. 자폐인 교사는 민감성을 지닌 학생들이 더 자유롭게 손을 움직이거나 '자기 자극 행동stimming(반복적으로 눈을 깜빡이거나 몸을 흔드는 등 자신의 감각기관을 자극하는 행동-옮긴이)'을 할 수 있도록 돕기 위해 교실에서 몸을 움직이는 것을 장려한다. 또 어느 공감각자는 가상현실 분야의 지식을 활용해 새로운 곡의 코드 진행을 만든다. HSP인 어느 건축가는 민감한 사람뿐 아니라 일반 대중의 정신건강과 평온하고 행복한 마음 상태에 도움이 되는 새로운 공간을 디자인한다. 감각처리장애가 있는 패션 디자이너는 부모와 자녀를 위해 더 편안한 옷을 디자인한다.

우리는 수많은 사람, 특히 여성들의 치유를 위해 신경다양성이라는 틀과 더불어 신경다양성의 핵심인 민감성이 작동하고 드러나는 방식 그리고 민감성을 존중하는 방법을 반드시 이해해야 한다. 감각 특성은 오늘날 수많은 진단의 중심에 있는 개념이며, 우리 사회가 제대로 기능하는지, 인구의 상당 부분을 차지하는 민감한 사람들에게 무엇이 적합하지 않은지와 같은 중요한 정보를 우리에게 알려준다.

이 책에 관하여

이 책에는 기자 생활과 인생에서 얻은 나의 지식이 녹아 있다. 의학과 디자인, 예술, 심리학 분야의 진보적 연구를 위한 공동체 모임이자 작가와 함께하는 행사인 '신경다양성 프로젝트 The Neurodiversity Project'의 창립자로서 나는 연구 결과와 개인적 경험, 공동체에서 일어나는 치유의 순간을 목격할 수 있었고 그로부터도 많은 것을 배웠다. 개인의 특성에 대한 방대한 연구가 이뤄지고 있고 누구나 ADHD나 자폐에 관한 기사를 읽지만, 신경다양성에 대한 전반적인 이해, 특히 여성들의 신경다양성에 대한 이해는 여전히 부족하다. 나는 여성에 대한 연구가 더 활발해지고 최신 연구가 더 널리 알려지면 영문도 모른 채 수년간 고통을 겪는 여성이 줄어들리라고 믿는다.

무엇보다 나는 마음속 깊이 자신이 '일반적인' 사람들과 '다르다'고 느끼면서도 ADHD나 자폐 등의 신경다양성을 '지니고' 있으리라고는 전혀 짐작하지 못하는 여성에게 도움을 주기 위해 이 책을 썼다. 또한 이 책은 자신이 신경다양성을 지니고 있다는 사실을 곧 깨닫게 될 여성과 그 가족, 친구, 동료를 위한 책이기도 하다. 자신의 경험에 마침내 이름을 부여할 때 사람들은 엄청난 치유와 자유를 경험한다. 이들 여성이 자신의 참 모습을 깨닫고 사회가 이들이 타고난 특별한 기질을 수용한다면, 우리 사회는 마침내 이들의 강점을 활용할 수 있을 것이다. 그리고 이는 단지 고통을 덜어내는 데 그치지 않고 사회 전체를 개선하는 기회가 될 것이다.

사회학, 신경과학, 정신 건강 및 복지 분야의 많은 도서가 신경다양성의 이해를 넓히는 데 큰 역할을 해왔다. 2012년 출간된 수잔 케인Susan Cain의《콰이어트》는 내향성에 대한 인식을 획기적으로 뒤바꿨고, 스티브 실버만은《뉴로트라이브》에서 자폐의 역사와 신경다양성이라는 체계의 가능성을 밝혔다. 《마음가면》을 비롯한 브레네 브라운Brené Brown의 저서들은 내면의 취약성을 드러낼 때 어떤 변화가 일어나는지 보여줬고, 일레인 아론의《타인보다 더 민감한 사람》은 처음으로 민감성을 병리적으로 다루지 않고 있는 그대로 묘사했다.

나는 감각계가 남다른 사람들의 숨겨진 내면세계를 드러내

사회 전반이 이들에게 귀 기울이고 이들에 대한 인식이 바뀌기를 바라며 이 책을 썼다. 책을 읽는 동안 독자들은 모든 종류의 신경다양성을 받아들이고, 그처럼 신경다양성이 수용된 세상이 어떠할지 상상하는 여행을 떠나게 될 것이다. '정신 나간' 이모는 언니네 집에 남는 방 한 칸을 차지하고 살면서 놀라운 예술작품을 만들어 판매할 수 있을까? ADHD 여성의 융통성과 문제해결 능력이 관리자와 동료들에게 받아들여지고, 위기 상황에서 그녀가 도움이 된다면 그녀는 마침내 직장에서 성공할 수 있을까? 기후변화 학생 운동가인 그레타 툰베리Greta Thunberg가 보여줬듯 자폐 여성은 자신의 '특별 관심사'에 대한 날카로운 통찰력으로 세계적인 연설가가 될 수 있을까?

우리 사회는 인구통계학적으로 볼 때도 큰 몫을 차지하고 있는 신경다양인에게 도저히 맞지 않는 고루한 공장식 운영방식에 갇혀서 힘 없이 무너지고 있다. 이 책은 신경전형인을 위한 사회, 그리고 여성들에게 설 자리를 내어주지 않는 사회 속에서 신경다양인 여성이 수치심과 죄책감, 그릇된 자아상에 시달리는 이유를 풀어낸다. 지금껏 주목받지 못하던 감각적 차이가 마침내 인정받고 널리 알려진다면 모든 것이 달라질 것이다. 일단 이러한 진실을 깨달으면 여성들은 그동안 잃어버렸던 오랜 세월을 가로질러 도약할 수 있다.

1부 :

나도 몰랐던
내 마음
이야기

Inner World

1장

역사 속
여성의 심리

역사와 언어, 맥락, 권력은
누가 '정상'이고 누가 '이상하다'는 누명을 쓰는지를
가르는 중요한 요인이다.

용어나 언어, 정의, 프레임은 모두 권력을 전달하는 매개체 역할을 한다. 의미를 부여하고 한계를 설정하고 달갑지 않은 함의를 배제함으로써 누군가에게 권한을 부여하거나 반대로 누군가에게서 권한을 박탈하는 것이다. 예컨대 정신질환이라는 용어를 선택하고 사용하고자 한다면 잠시 멈춰서 몇 가지 질문을 던져봐야 한다. 누가 언제 이 용어를 만들었는가? 이 용어를 만든 사람은 남자였나, 여자였나? 과학자, 목사, 배관공, 혹은 농부였나? 이 용어가 채택될 무렵에 무슨 일이 일어나고 있었나? 노예제도가 있었는가? 아동 결혼이나 뇌엽절제술(19세기 말 중증 정신질환자의 치료를 위해 시행된 수술-옮긴이)이 시행되고 있었는가?

언어는 진지하게 생각해봐야 할 주제다. 역사나 언어 전문가가 되기 위해서가 아니라, 언어를 진지하게 탐구하고 의문을 해소하는 과정에서 사회적 변화를 폭넓게 이끌어낼 수 있기 때문이다. 만일 구시대적 기준에 '사로잡혀' 자신의 내면을 바라본다면, 혹은 인간 심리 연구자들의 견해가 아직 제대로 발전하지 못한 상태라면, 질문을 거듭 던져볼수록 매우 중요하지만 사적인 영역에만 갇혀 있기 쉬운 정서적 내면세계의 빗장이 풀릴 것이다.

지금껏 의료계와 정신의학계에서는 여성의 삶을 짓누르며 커다란 영향력을 행사한 용어가 '광범위하게' 사용돼왔다. 우리는 그 용어의 역사를 모르고 그 안에서 우리가 유영한다는 게 무엇을 뜻하는지 알지 못한 채 그 용어와 정의를 당연하게 받아들인다. 그러다가 인생의 어느 시점에 뒤로 밀려나거나 등을 떠밀리고 나서야 문제점을 인식한다.

여성을 바라보는 관점이나 여성이 처한 현실은 항상 더 넓은 사회문화적 역학을 반영한다. 예를 들어 미국에 노예제도가 존재하던 시절, 사람들은 불행한 기색을 보이며 자유를 갈망하는 노예들에게 '노예병slave diseases'이라는 꼬리표를 붙였다. 또 여성들이 집 밖에서 일하면서 점차 더 큰 자유를 얻기 시작한 시절에 의사들은 생식기관이 손상될 수 있다며 여성들에게 집에 머물기를 권했다. 동성애는 1973년까지 정신질환으로 간주됐다. 개인의 자기인식과 사회구조 사이에는 상호작용이 일어나며 존재론적 역학이 존재한다.

예컨대 1400년대 사람들은 대개 광기를 귀신이 들리거나 악마에 사로잡힌 상태로 이해했다. 이런 통념 때문에 데니스 러셀Denise Russell의 책《여성, 광기, 의학Women, Madness, and Medicine》(1995)에서 언급된 것처럼 수많은 여성이 문화나 종교에 저항한다는 이유로 '마녀'로 몰려 죽임을 당했다. 1700년대에 이르러 광기는 귀신 들린 상태가 아니라 인간의 심약함으로 이해됐고, 19세기에 이르러서는 광기 대신 여성의 '히스테리'가 사람들의 입에 오르내리기 시작했다.

의료계와 정신의학계는 '신'의 영역과 '과학'의 영역을 오락가락했다. 실제로 정신의학은 일정 부분 산부인과에서 파생됐으며, 당시에는 정신의학이 여성들이 겪는 문제를 연구하는 분야에 속하는 것이 '마땅하다'고 봤다. 1800년대 후반에 많은 남성 의사는 히스테리가 자위행위로부터 비롯되기 때문에 경우에 따라서는 여성의 클리토리스를 제거해야 한다고 주장했다.

당시 사람들은 히스테리란 '감정을 주체하지 못하는 병'으로, 주로 여성이 걸리며 '성적 감정'이 히스테리를 부추긴다고 봤다. 히스테리를 신체질환으로 규정하면서 히스테리가 여성을 도덕적으로 타락시키거나 여성의 '의지를 마비'시킨다고 설명하는 부류도 있었다. 여성이 어떤 정신적·신체적 증상을 토로하든 간에 의사들은 그 말을 거짓말이라며 믿지 않았고 그들이 게을러서 그렇다고 여겼다. 히스테리를 고치는 대중적 치료법은 결혼이었다. 1800년대 영국의 저명한 의사인 헨리 모즐리Henry Maudsley는 생리가 정신적 불안과 조증을 일으킬 수 있다고 주장했고, 1875년 영국의 또 다른 의사인 앤드루 윈터Andrew Wynter는 정신질환이 모계유전 된다고 믿었다.

1895년에 지그문트 프로이트Sigmund Frued는《히스테리 연구Studies on Hysteria》를 출간했는데, 여기서 그는 어린 시절의 성적 트라우마가 성인 여성의 히스테리를 유발한다고 결론지었다. 하지만 그로부터 불과 2년 후 그는 자신의 견해를 뒤집었다. 광범위하게 발표된 아동 성학대 보고로 인해 자신의 견해를 전적으로 신뢰하기 어려워졌기 때문이었다. 여성의 증상을 질병의 언어로 진단하고 치료해야 한다는 압력에 프로이트는 순응할 수밖에 없었다. 그러지 않으면 의학계에서 자신의 지위를 잃어버릴 수도 있었기 때문이다. 당시 누구도 히스테리가 질병이 아니라고는 상상조차 하지 못했다. 그 시절 여성이 받은 대우와 여성의 정서적 삶 사이의 연관성을 알아본 사람은 아무도 없었다.

일레인 쇼월터Elaine Showalter는 1985년에 펴낸《여성 질환: 여성, 광기 그리고 영국 문화, 1830-1980The Female Malady》에서 정신의학의 역사를 파헤치며, 정신의학과 부인과 간의 연관성을 비롯해 정신병원과 여성을 과도하게 연관 짓는 세태, 그리고 더 나아가 여성이 남성보다 정신질환에 취약하다고 결론

내린 1960년대 연구물을 추적한다. 쇼월터는 "여성의 광기에는 두 가지 이미지가 서려 있다. 그중 하나는 광기가 여성의 결점 중 하나라는 것이고, 다른 하나는 광기가 본질적으로 여성의 특성이며 과학적인 남성의 이성에 의해 그 실체가 드러난다는 것"[1]이라고 지적했다. 또한 실비아 플라스Sylvia Plath, 버지니아 울프Virginia Woolf, 앤 섹스턴Anne Sexton과 같은 작가를 언급하며 이렇게 덧붙였다. "정신질환을 겪은 재능 있는 여성들의 전기와 편지글을 보면, 정신질환은 여성 예술가들이 남성 주도적 문화에서 창의성을 발휘하기 위해 치러야 했던 대가였다."[2]

오늘날 우리가 알고 있는 심리학과 정신의학은 어엿한 학문 분야로 인정받기까지 힘겹게 싸워야 했고, 광기와 정신이상, 정신장애라는 개념이 서서히 발전해가는 동안 여러 심리치료사와 정신과의사는 '돌팔이' 취급을 받아야만 했다. 그리고 다른 분야의 연구자들이 신체기관과 신체질환을 진찰하기 위한 도구를 개발하자, 동일한 접근법이 인간의 뇌와 행동을 연구할 때도 적용됐다. 즉, 심리학과 정신의학은 전반적인 과학의 진화에 따라 발전했다.

하지만 인간의 행동, 욕구, 신념 및 사고는 다른 주제보다 연구하기가 더 까다롭기 때문에 이 두 학문은 발달하기까지 더 오랜 시간이 걸렸다. 1765년 필라델피아에 북미 최초의 의과대학이 설립되면서 '과학'으로서의 의학과 의학 연구가 도입됐지만, 의사들은 여전히 '정신병' 환자를 치료할 때 이른바 불규칙한 혈액순환을 바로잡기 위해서 '출혈'요법을 실시했다. 숨을 못 쉬게 환자를 물에 담그거나 몸을 빙글빙글 돌려서 극도로 어지럽게 만드는 치료법도 유행했었다.

뇌를 비롯해 행동에 영향을 미치는 요인이 점차 의학에서 다뤄야 할 문제로 인식됨에 따라, 광범위한 사회역사적 맥락이 사람들의 감정과 정신건강에 얼마나 영향을 미치는지에 대한 관심은 점점 줄어들었다. 1700년대 후반에 잠시 '도덕치료moral treatment'이라고 불리는 움직임이 있었는데, 당시 정신질환자들은 정원이 있는 곳이나 예술활동에 전념할 수 있는 곳에서 지내면서 약간이나마 더 나은 치료를 받을 수 있었다. 전면에 나서서 이 접근법을 추진한 인물은 프랑스의 정신과의사인 필리프 피넬Philippe Pinel이었고, 얼마 지나지 않아 북미의 퀘이커 교도들도 유사한 방법을 시도했다.

그러나 이들 센터에 의료 전문가들이 개입하기 시작하면서 도덕치료에 대한 집중도는 흩어졌고, 의학과 도덕치료를 결합하는 절충적인 접근법이 자리를 잡았다. 의사들이 센터를 관리하면서부터 환자들을 '의학적 치료 대상'으로 대하기 시작했는데, 이는 인간적이고 온화한 관계를 통해 환자 개개인에게 '균형'을 되찾아주는 이전의 방식과는 전혀 달랐다. 로버트 휘터커Robert Whitaker는 《미국 사회 속 정신이상: 과학과 의학이 범한 실수Mad in America》에 다음과 같이 썼다.

> 정신병원을 장악한 의사들은 도덕치료가 거둔 성공을 이전과 다르게 해석하면서 정신질환을 신체질환의 영역으로 되돌려놓았다. 피넬의 '비유기체적non-organic' 이론과는 전혀 다른 접근이었다. 정신질환이 신체질환이 아니라면 의사들은 정신질환 치료를 두고 특권을 주장할 수 없을 터였다. 정신질환자를 위한 활동을 계획하고, 그들을 다정하게 대하고, 따뜻한 물을 받아 목욕을 하도록 돕는 치료법은 특별한 의술 없이도 할 수 있었기 때문이다.3

의학계뿐 아니라 사회문화적 맥락도 이러한 흐름에 영향을 미쳤다. 오늘날 여성이 자주 겪는 '정신질환'으로 알려진 것 중 상당수가 서유럽에서 자본주의가 부상하던 시기에 확립됐다. 만약 '정상'과 '비정상'을 가르는 기준이 맥락에 따라 달라진다면, 정신질환이 확립된 시대의 역사적·경제적·사회적 맥락에 당연히 더 많은 관심을 기울여야 한다. 쇼월터에 따르면 18세기부터 문학에서 '영국병English malady'이라는 말이 자주 등장했는데, 그는 이렇게 말했다. "영국인들은 오랫동안 안일함과 비애가 뒤섞인 마음으로 조국을 정신질환의 세계적 본부로 간주해왔다."4 미국의 문화 발전에 영국이 미친 막대한 영향력을 고려할 때, 미국 근대사에서 정신질환이라는 개념이 어떻게 생겨났는지 짚어볼 필요가 있다.

게리 그린버그Gary Greenberg는《비애의 서: 정신질환 진단 및 통계 편람과 정신의학의 해체The Book of Woe》에서 1800년대 초에서 1900년대 초 사이에 "대중이 일상적으로 경험하는 정신질환은 변화무쌍한 모습을 보이며 하나의 시장으로 급성장했고 특히 부유층 사이에서 팽창했으며, 현미경과 약학이라는 무기를 쥔 의사들이 이 시장을 장악했다"5고 썼다. 같은 시기에, 근대사회로의 전환이 '정신질환'이나 '정신이상'의 증가를 초래했다는 주장도 종종 제기됐다. 매사추세츠의 의사인 에드워드 자비스Edward Jarvis가 1872년에 글과 연설을 통해 이런 주장을 펼치기 시작했지만 별다른 주목을 받지는 못했다.

도덕치료가 몰락하던 시기는 유럽에서 미국으로 이민자들이 새로이 몰려오기 시작한 때와 맞물린다. 사람들의 마음은 '과학적 사실hard science' 쪽으로 기울었고, 이러한 전환을 이끌어낸 윌리엄 해먼드William Hammond는 정신이상은 뇌 질환이 분명하다고 주장했다. 그는 남북전쟁 당시 의무총감을 역임했고, 1930년대에는 '정신질환자'가 아이를 낳는 것을 제한하기 위해 이들의 결혼을 법적으로 금지했다. 1950년대에는 정신질환자 4,000명이 불임시술을 받았는데 이는 1920년대에 이뤄진 불임시술 건수와 비슷했다.《정신질환 진단 및 통계 편람 DSM》이 처음 출간됐던 1950년대 초반 무렵, 정신질환 치료를 목적으로 뇌엽절제술을 받은 환자는 약 1만 명에 이른다.

'이상' 행동을 치료해야 할 대상으로 받아들이고 이것이 오늘날 정신의학으로 알려진 분야로 확립되는 과정은 동떨어진 여러 인물의 행적이 층층이 쌓이고 얽힌 역사이다. 예전에는 의사가 지금 같은 대접을 받지 못했다. 의학이 과학으로 인정받고 자리 잡은 이후에야 비로소 의사의 명망이 높아졌다. 그렇기에 인간 행동과 정신이상, 그리고 이른바 장애를 의학이라는 틀 안에서 논의하기 시작하는 것은 마치 식민지 개척자들이 새로운 땅에 도착해서 자신들의 표식을 남기고 막대한 이익을 취하는 행위와 유사한 면이 있다. 학자와 과학자, 정부 관료, 그리고 사업가는 이 시장을 점유하려고 뛰어들었다. 다음은 그린버그의 글이다.

동성애가 질병이라고 주장한 의사들 전부가 고루한 편견에 사로잡힌 이들은 아니었다. 오늘날 의사들이 신문지와 빈 병을 버리지 못하고 집 안에 쌓아두는 사람들을 두고 저장강박증이라고 진단하면서, 굶어죽는 사람이 있는데도 수십억 달러를 쌓아두는 사람에게는 아무런 진단을 내리지 않는 것 역시 의사들이 그저 부유층에 아첨하기 때문만은 아니다. 우리의 특정한 제도와 관습에서 비롯된 고통이나 후기 자본주의와 포스트모더니즘 시대로의 전이가 낳은 우울과 불안을 극악무도하게 탐욕스러운 제약산업 시장으로 뒤바꾼 것이 의사들이 의도한 바는 아니었다.6

《DSM》의 역사는 곧 정치의 역사와 사회문화적 역학의 역사를 반영한다. 1960년대에 이르러서는 도파민과 세로토닌 같은 신경전달물질이 굉장한 주목을 받았는데, 그린버그가 지적하듯 "의사들은 이론과 이론을 넘나들면서도, 감염이 이런저런 박테리아 때문에 일어나듯이, 정신적 고통 또한 이런저런 뇌 화학물질에서 비롯된다는 주장을 결코 의심하지 않았다."7 따라서 모든 '정신질환'을 더욱 세분화하고 그 진단 기준을 항목화해야 한다는 압력이 커졌다. 그린버그가 썼듯이 1980년도에 출간된《DSM》의 세 번째 판본에서는 "정신질환의 종류가 [거의 두 배나] 늘어나고 그 범위가 크게 확장되면서 정신질환이 일상의 정신병리학으로 완전히 새롭게 탈바꿈했다."8 《DSM》은 베스트셀러가 됐고 미국정신의학회APA에 엄청난 수익을 가져다줬다.《DSM》이 이처럼 성공을 거둔 까닭은 이른바 정신질환을 매우 과학적으로 분류한 듯 보였기 때문이었다. 하지만 노예들이 탈출을 시도하게 만드는 '정신질환'인 1850년대의 노예병이나 1950년대의 동성애, 오늘날의 '인터넷 사용 장애'에 이르기까지 정신질환은 시대에 따라 그 종류가 달라진다. 《DSM》은 신체'질환'을 과학적으로 분류한 자료라기보다는 당대의 사회병폐를 보여주는 카탈로그에 가깝다.

필리스 체슬러Phyllis Chesler는 《여성과 광기Women and Madness》에서 트라우마에 대한 정상적인 반응을 과학과 의학이 질병으로 규정하는 현상을 일컬어 '정신의학적 제국주의psychiatric imperialism'라고 지칭했다. 이 책이 출간된 1972년 당시에는 심리학 연구와 심리치료 현장에서 벌어지는 젠더 편향에 발 벗고 나서서 문제를 제기하는 여성이 거의 없었다. 체슬러는 "현대 여성의 심리를 살펴보면 여성이 상대적으로 무력하고 결핍된 상황에 처해 있음을 알 수 있기 때문에"9 성, 인종, 계급, 의료 윤리에 대한 논의가 시급히 이뤄져야 한다고 믿었다. 체슬러는 민감성을 언급하면서 "직감이나 동정심처럼 본질적으로 가치 있는 여성의 많은 특성은 생물학적 성향이나 자유로운 선택의 결과가 아니라 여성이 응당 갖춰야 할 덕목이나 가부장제가 부여한 덕목으로서 개발됐을 것이다. 여성의 정서적 '재능'은 여성이 성차별로 인해 치러야 했던 대가 전체를 두고 평가해야 한다"10고 말했다. 인과관계가 무엇이든 여기서 기억해둬야 할 점은 여성들의 내면세계는 거의 관심을 받지 못했고, 전혀 고려되지 않았다는 사실이다.

미국 국립정신건강원National Institute of Mental Health에서

1984년에 실시한 설문조사에 따르면, 미국인의 약 3분의 1이 '정신질환'을 겪는다. 그리고 《DSM》에 기초해 '진단'을 받을 만한 증상을 경험하는 비율은 미국인의 20퍼센트가 넘는다. 그린버그는 이 같은 수치를 언급하며 "내면의 삶은 너무 중요하기 때문에 그저 의사들의 손에 맡겨둬서는 안 된다. 의사들은 그들 자신이 주장하는 것처럼 인간에 대해 많은 것을 알지 못하며 인간 본성의 전모는 그들의 이해 능력 밖에 있기 때문이다"[11]라고 썼다.

한 예로 1985년에서 1990년 사이에는 ADHD가 많은 관심을 받았고 진단을 받는 사람도 많았다. 그리고 ADHD 진단을 받은 한 무리의 아이들이 매사추세츠 종합병원의 의사 조셉 비더만Joseph Biederman의 관심을 끌었다. 이 아이들은 조숙했고 자주 성질을 부리거나 극도의 슬픔을 표현했다. 비더만은 조울증의 발병 시점이 지금껏 생각했던 것보다 훨씬 더 빠르며, 이 아이들이 조울증 조기 징후를 보이는 것일지도 모른다고 생각했다. 《DSM》에 기록된 ADHD와 조울증의 특징이 서로 겹치기는 하지만, 이 아이들에게서 조울증의 특징인 조증 삽화manic episode(비정상적으로 기분이 고조되고 자신감이 충만하며 과민하고 활동 및 에너지가 증가되는 증상이 일정 기간 지속되는 현상-옮긴이)는 나타나지 않았다. 《DSM》은 정신질환의 종류를 구분하기 위해 만들어졌지만, 그 진단 기준과 증상이 다층적이고 미묘한 데다 유동적이고 상대적이어서 그린버그가 말했듯 '임시방편적 진단ad-hoc diagnosing'이 이뤄질 공산이 컸다.

2000년대 초반, 아동 조울증이 비더만에 의해 새로이 집중 조명을 받자 아동에게 처방되는 약이 급격히 늘어났다. 그린버그에 따르면 2003년에 조울증 진단을 받은 아동은 10년 전에 비해 40배 증가했다. 2005년에는 아동의 항정신성 약물 복용이 4년 만에 73퍼센트나 증가했다. 2007년에는 아동 50만 명이 과거 극단적인 사례에만 처방되던 약물을 복용했다.

이는 임의적인 용어를 사용하고 임시방편적 진단을 내린 결과의 한 예이다. 정신의학과 《DSM》의 역사는 이러한 모순과 극적인 패턴으로 점철돼 있어서 계속해서 의문을 불러일으킨다. 이렇게 정보가 자꾸 바뀌는 마당에 과연 정신질환에 대해 제대로 된 지식을 쌓아갈 수 있을까? 이처럼 불안정하게 덜컥거리고 수시로 방향을 바꾸는 의료산업 속에서 과연 누가 안전을 확신할 수 있을까?

《DSM》은 확정적이고 과학적인 자료라기보다는 인간이 외부세계의 상황과 조건에 반응하는 방식을 설명하는 민족지학적 연구ethnographic study에 가깝다고 볼 수 있다. 어떤 시대에는 노예제도나 동성애와 관련된 문제가 두드러지게 나타났고, 또 어떤 시대에는 우울과 불안이 지배적으로 드러났다. 기후변화와 지구온난화에 따른 지표면과 생태계의 변화를 고려할 때,

미래의 《DSM》에는 자연계에서 발생하는 사건과 관련된 '장애'가 더 늘어날 테고, '생태심리학'은 이미 신생 분야로 부상하고 있다.

심리학의 프레임이 상황과 맥락에 따라 바뀐다면, 사람들이 생각하는 '표준'에서 벗어난 사람들에 대한 의학계와 정신의학계의 치료 속에서 우리는 분명 차별과 병리화를 발견하게 될 것이다. 그린버그는 이런 의문을 제기했다. "《DSM》을 쓴 저자들조차 그 안에 어떤 유형의 고통이 담겨 있는지, 그와 같은 고통이 왜 발생하는지 알지 못한다면, 의사들의 흰 가운 안에 숨어 있다가 그다음에 드러날 편견과 차별의 사례를 도대체 무슨 근거로 알아볼 수 있을까?"12

역사와 언어, 맥락, 권력은 누가 '정상'이고 누가 '이상하다'는 누명을 쓰는지를 가르는 중요한 요인이다. 민감성, 특히 민감한 여성 역시 예외는 아니었다. 의료계와 과학계에서 지금껏 사용해온 표현으로 인해 민감성의 개념과 그에 대한 인식이 변질됐고 민감성은 질병으로 간주됐으며, 가장 재능 있는 사람들에게 수치심을 불러일으켰다. 이제는 민감성이라는 개념에 대해 새로 배울 때이다.

2장

새로운 관점으로 민감성 바라보기

지금의 우리에게는 인간의 차이를 이해하고,
틀을 잡고, 설명하고, 반응하는 방식에서
지금껏 저질러온 어처구니없는 실수와 착오를
바로잡을 기회가 있다.

매우 민감한 사람인 셰리는 프랑스어, 자폐 연구, 고용관계 분야에서 복수의 학위를 받은 다재다능한 사람이다. "민감성에 대해 처음 알게 된 건 2010년에 일레인 아론의 책《타인보다 더 민감한 사람》을 읽고 나서예요." 셰리가 수화기 너머로 이야기했다. "저는 사고방식이 남달라요. 다른 사람이 미처 생각하지 못한 사항을 지적하곤 하지요. 사람들은 흔히 결정과 판단을 가볍게 내리지만 저는 결정을 내리기 전에 관련 사항을 샅샅이 검토해요."

이어서 자신이 어린 시절부터 밝은 빛만 보면 두통에 시달렸으며 뜻밖의 소음에 크게 동요한다는 이야기를 들려줬다. 또 주위 사람들이 감정에 휩싸이는 모습을 보면 진이 빠진다고도 했다. 예를 들어, 셰리는 친구들의 삶에 너무 빠져들게 될까 봐 두려워서 페이스북을 별로 좋아하지 않는다. "저는 제가 감당할 수 있는 삶의 테두리 안에 머물러야 해요." 과잉자극을 예방하기 위해 그녀는 친구 숫자를 제한하는 전략을 쓴다.

　프랑스어 전공으로 석사학위를 취득했을 무렵, 셰리는 자신에게 교사직이 너무 버겁다는 사실을 깨달았다. 그리고 딸아이가 아스퍼거 증후군 진단을 받자 자폐에 대해 공부하기로 결심했다. "저는 아이에게서 저 자신의 모습을 엿볼 수 있었고, 아이가 자극을 과도하게 받을 때 무엇이 정신을 무너뜨리는 기폭제가 되는지 이해할 수 있었어요. 저도 아이가 겪은 어려움을 어느 정도 겪었으니까요." 셰리는 조용한 동네에 살면서 규칙적으로 요가를 하고, 상황이 버거울 때면 어두운 방으로 들어가서 문을 닫는다. "민감성이라는 특성에는 진화상의 이점이 있고, 사람들은 그 가치를 알아야 해요. 남들과 똑같아서는 혁신가가 될 수 없는 법이니까요."

매우 민감한 사람

어린 시절 사람들의 눈에 비친 일레인 아론은 수영할 때 물속에 얼굴 집어넣기를 두려워하는 수줍고 조용하고 내성적인 아이였다. 아론이 심리학을 공부하기로 결심한 이유 중 하나는 자기 내면에서 경험한 세상과 세상이 자신에게 반응하는 방식 사이에서 불협화음을 느꼈기 때문이었다. 심리학 연구를 수행하고 내담자와 상호작용을 하면서 그녀는 타고난 기질을 설명하는 새로운 틀을 떠올릴 수 있었다. 바로 자신이 매우 민감한 사람이라는 것이었다.

매우 민감한 사람은 안팎의 자극을 깊이 있게 인식하고 처리하는데, 이는 HSP의 성향을 설명해주는 핵심적인 특성이다. 이들은 소리, 빛, 감정, 새로운 정보나 설명 등을 공들여 인식하고 처리한다. 연구 조사에 따르면 전체 인구의 약 20퍼센트가 매우 민감한 사람에 해당한다. (남성과 여성 모두에게 골고루 분포돼 있고, 이들 중 30퍼센트는 성격이 외향적이다.) 아론이 제안한 '매우 민감한 사람'이라는 용어 덕분에 수많은 심리치료사와 연구자, 일반 대중이 스스로의 혹은 삶 속에서 만나는 다른 사람들의 기질을 더 깊이 이해할 수 있었다.

정확한 시점은 기억나지 않지만 이 개념을 나는 대학 시절에 처음 접했는데, 보자마자 내가 바로 매우 민감한 사람이라는 것을 알았다. 나는 계속해서 아론의 연구에 관심을 기울였고, 이후 우리는 친구이자 동료가 됐다. 아론은 나와 인터뷰를 하면서 HSP라는 개념과 그에 대한 연구를 '과학 및 학술 연구'의 영역 안에서 지속하는 작업이 무척 중요하다고 말했다. 수년에 걸쳐 여러 명의 저자가 HSP와 비슷한 명칭이나 개념을 제안했지만, 민감한 사람의 특성을 뇌 영상을 활용해 의학적으로 밝혀내는 동시에 자신이 민감한 사람이라고 생각하는 이들의 경험을 명확히 묘사해냈다는 점에서 일레인 아론은 특출났다.

아론은 《타인보다 더 민감한 사람》에 "신경계가 민감한 사람도 정상인이며, 민감성은 기본적으로 중립적인 특성"[1]이라고 썼다. 이 책에는 민감성이 무엇인지, 민감한 사람인지 아닌지를 스스로 어떻게 판단할지, 너무 빠르고 밝고 시끄럽고 버거운 세상 속에서 과도한 자극 탓에 민감성이 고조될 때는 어떻게 대처해야 하는지가 자세히 담겨 있다. 그녀는 또한 "시끄러운 음악이나 수많은 인파처럼 남들은 일상적으로 받아들이는 자극이 민감한 사람에게는 극도로 자극적인 스트레스 요인으로 다가올 수 있다"[2]고 썼다.

아론은 민감한 사람이 겪는 어려움과 민감성에 뒤따르는 오명을 일부분 인정한다. 하지만 그녀의 연구에 따르면 매우 민감한 사람은 자신이 '일반적'이라고 생각하는 사람들을 모방하려 하거나 주위 사람들의 '기대'에 자신을 맞추려 할 때(예컨대 밝은 불빛이나 시끄러운 음악을 참고 견딜 때) 지치고, 소진되며, 우울해지고, 두통이나 피로를 겪는다. "민감한 사람은 대다수 사람을 적당히 각성시키는 자극에도 지나치게 각성되기 때문이다." 민감한 사람은 다른 사람들에 비해 훨씬 빨리 지친다. 그렇지만 다른 여러 부류의 신경다양성과 마찬가지로 이들에게 주어지는 재능 또한 엄청나다. 민감한 사람들은 심리학, 글쓰기, 미술, 음악에 재능이 있고 기업가로서의 자질도 훌륭하다. 이들의 신경계는 주변 환경에서 세부적인 사항을 더 잘 알아차리도록 만들어졌기 때문에 지각능력과 미묘한 차이를 감지하는 능력, 타인을 이해하는 능력이 탁월하다.

아론의 최신 연구에 따르면, 환경에 대한 민감한 반응은 역사적으로나 오늘날에나 민감한 사람들의 생존 메커니즘으로 작용한다. 뇌 스캔 연구는 매우 민감한 사람이 자극을 더 정성 들여 정교하게 처리하며 감각 정보의 통합, 의식, 공감에 관여하는 뇌 영역이 더 많이 활성화돼 있음을 보여준다. 아론과 동료들이 수행한 또 다른 연구에 따르면 민감한 사람은 '멈추고 확인하는' 시간이 더 길다. 다시 말해 새로운 정보에 반응할 때 미묘한 세부사항까지 살피기 때문에 결론에 이르거나 정보를 처리하기까지 시간이 더 오래 걸린다.

아론의 민감성 검사에 포함된 다음 문항을 살펴보면 매우 민감한 사람의 주요 특성을 파악할 수 있다.

- 감각적으로 강한 자극을 받으면 쉽게 피곤해진다.
- 주변 환경에서 미묘한 것들을 잘 알아차리는 편이다.
- 주위 사람들의 기분에 영향을 받는다.
- 바쁘게 보낸 날에는 침대나 어둑한 방이나 혼자 쉴 수 있는 공간으로 물러나 자극을 차단하고 휴식을 취해야 한다.
- 카페인에 특히 민감하게 반응한다.
- 밝은 불빛, 강한 냄새, 직물의 까칠한 감촉, 가까이에서 울

리는 사이렌 소리 따위에 쉽게 피곤해진다.

- 내면이 풍요롭고 복잡하다.
- 큰 소리가 나면 마음이 불편해진다.
- 미술이나 음악 작품에 깊이 감동받는다.
- 가끔 신경이 지나치게 곤두서서 혼자 휴식을 취해야 한다.
- 양심적이다.
- 쉽사리 놀란다.
- 짧은 시간 안에 많은 일을 해야 하는 상황이 닥치면 당황한다.
- 사람들이 물리적 환경에서 불편을 느낄 때 어떻게 하면 편안하게 해줄 수 있는지 잘 알아차리는 편이다(조명이나 앉는 자리를 바꾸는 등).
- 사람들이 한꺼번에 많은 것을 요구하면 짜증이 난다.
- 실수하거나 잊지 않으려고 노력한다.
- 폭력적인 영화나 텔레비전 프로그램을 보지 않으려고 애쓴다.
- 주변에서 많은 일이 벌어지면 불쾌해진다.
- 배가 많이 고프면 몸 안에서 강한 반응이 일어나 집중이 안되고 기분이 나빠진다.
- 삶의 변화에 동요한다.
- 섬세하고 미묘한 향기, 맛, 소리, 미술 작품에 관심을 기울이고 즐긴다.
- 한꺼번에 많은 일이 일어나면 불쾌해진다.

- 생활을 정돈해서 언짢거나 버거운 상황을 피하는 것을 우선시한다.
- 큰 소리나 어지러운 장면과 같은 강한 자극이 신경 쓰인다.
- 실력을 겨루거나 남이 지켜보는 상황에서는 긴장이 되고 떨려서 제 실력을 발휘하지 못한다.

아론은 '매우 민감한 사람'이라는 용어와 개념으로 민감성을 병적인 것으로 간주하지 않으면서도 그 특성을 학술문헌에 처음으로 밝혔으며, 이후 이에 대한 아론의 묘사에서 자신의 모습을 발견한 전 세계 여성들은 매우 민감한 사람이라는 명칭 아래 빠르게 모여 유대감을 형성했다. 아론 본인이 여성인 데다 그녀의 연구에 많은 여성이 참가했기 때문에 연구 결과가 남성 중심으로 치우칠 위험은 전혀 없었다. 더불어 위 항목에서 드러나듯 아론이 민감한 사람의 감정과 경험을 묘사하면서 사용한 표현과 어휘는 가치중립적이며, 현재 널리 받아들여지고 있다.

보이지 않는 곳에 있는 여성

심리학이 학문 분야로 발전해오는 오랜 기간 동안 여성은 연구에서 배제됐다. 이는 곧 지금껏 인간의 마음을 어떻게 바라보고, 이해하고, 이야기하고, 북돋울지 탐구하는 과정이 남성의 머릿속에 떠오른 생각과 남성 참가자들을 대상으로 한 연구에 지배돼왔다는 뜻이다. 그렇기에 서구 심리학을 이끌어온 심리학 이론과 심리치료법, 광범위한 심리학적 접근은 모두 남성 중심적이다.

이러한 남성 중심의 연구는 몇몇 심리 특성과 관련해 더욱 문제가 됐는데, 그중에서도 자폐와 ADHD가 특히 그렇다. 자폐와 ADHD 진단율은 여성보다 남성이 더 높을뿐더러 청소년과 아동을 대상으로 한 연구에서조차 여자아이들은 제외될 때가 많다. 모든 연령대의 여성이 자기 모습을 제대로 파악하지 못한 채 여전히 베일에 싸여 있는 것이다. 세계보건기구에 따르면 '정신질환'을 진단받은 사람은 약 4억 5,000만 명으로 전 세계 인구의 6퍼센트를 넘으며, 정신건강 문제가 전 세계 여러 지역에서 상대적으로 간과되고 있고, 여성이 자신의 정신질환을 전혀 알아채지 못하고 지나칠 때가 많다는 점을 고려하면 현실적으로 수치가 훨씬 더 올라갈 가능성이 크다.3 이는 현대 과학 연구의 실패라고 볼 수밖에 없다. 아론은 내게 이렇게 말했다.

"과학자들은 이론에 도달하고자 하기 때문에 차이에 주목하지 않아요. 과학자들은 사람들이 동일하기를 원해요……. 개인차는 심리학에서 무시되기 쉬운데, 개인차를 고려하면 일반화 이론을 만들기 어렵기 때문이죠." 아론은 그런 면에서 의사나 치료사도 매한가지라고 했다. "보험회사가 진단 결과를 기준으로 치료비를 돌려주니까요." 다시 말해 학계에서든 의료 현장에서든 모든 사람이 말끔하게 분류돼야 하는 것이다.

여기서 가장 큰 문제는 이 모든 이론과 진단 기준이 여성이 배제된 상황에서 만들어졌고, 그렇기에 전혀 일반화할 수 없는 표본집단에 바탕을 두고 있다는 점이다. 여성정신건강연구소Women's Mental Health Research 소장이자 시카고대학교 여성젠더연구소 부소장인 폴린 마키Pauline Maki에 따르면 그 결과 "여성들이 정상 범위로 생각하는 정서 경험은 질병으로 간주되곤 한다."

여성들이 불필요한 수치심과 죄책감, 우울과 불안에 시달리는 건 당연하다. 여성이 경험하는 현실이 제대로 인정받지 못하고 있기 때문이다. 신경다양성을 지닌 민감한 여성뿐 아니라 세계 전체에 큰 영향을 미치는 일이 아닐 수 없다. 이는 마치 멀쩡하게 감각을 느끼고, 목적을 수행하며, 기능을 크게 향상시키는 팔을 몸(여기에서는 사회)에서 떼어놓고도 전혀 알아채지 못하고 살아가는 것과 마찬가지다. 민감성은 인간의 핵심 특성 중 하나로, 상호 호혜적 관계를 유지하고 경제를 구축하며 사회를 성장시키기 위해 반드시 필요하다.

물론 여성을 배제하거나 남성 위주로 편향되는 문제는 심리학에만 국한되지 않는다. 여성을 연구 과정에서 배제하는 관행은 의학계 전반에 널리 퍼져 있다. 마야 뒤젠베리Maya

Dusenbery는 신기원을 이룬 책,《해악: 여성을 배제하고, 오진하고, 병들게 한 의학과 과학에 대한 진실Doing Harm》에 다음과 같이 썼다. "미국 국립보건원의 보조금을 받는 연구에 여성과 소수인종을 포함하도록 연방법으로 규제하기 시작한 90년대 초반 이래로 연구 대상자로 참여하는 여성의 숫자가 늘어나긴 했지만, 너무나 오랜 세월 동안 굵직한 연구들이 그 결과가 여성에게도 통용되리라는 가정 하에 남성만을 연구 대상으로 삼아왔기 때문에 그 폐단을 오늘날에도 곳곳에서 느낄 수 있다."4 뒤젠베리는 여성이 전체 환자의 3분의 2를 차지하는 자가면역질환을 언급하면서 이 문제를 제기했다. 자가면역질환과 관련해서 여성을 대상으로 이뤄진 연구가 거의 없다 보니 의사들은 만성피로나 섬유근육통을 겪는 여성들을 어떻게 치료해야 할지 도통 감을 잡지 못한다.

앤절라 사이니Angela Saini는《열등한 성》에서 "1990년 무렵까지는 흔히 의학 실험이 거의 남성만을 대상으로 이뤄졌다"5고 썼다. 한쪽 성만을 연구 표본으로 삼으면 연구비가 저렴해지는 것도 그 이유 중 하나다. 수많은 연구자, 심리학자, 과학자에게서 반복적으로 들어온 이야기였다. 여성과 그들의 호르몬으로 인해서 연구 결과가 오염될 위험을 방지하기 위해, 발표 가능한 연구 결과를 효율적으로 얻어내기 위해, 여성은 연구 대상에서 체계적으로 배제돼 왔다.

감정을 차단해야 한다는 편견

"의료계 내부에 속한 여성의 관점에서 분명히 말씀드릴 수 있어요." 산부인과 의사이자 작가인 리사 랜킨Lissa Rankin이 내게 이렇게 말했다. "제가 여성을 돌보는 산부인과 의사로 수련 과정을 거치면서 가장 힘들었던 건 의료계가 여성이 치유되는 과정을 손가락질하고 무시하며 거부했다는 거예요." 랜킨의 책 《소명에 이르는 길The Anatomy of a Calling》 서두에는 그녀가 하룻밤에 사산아를 네 번이나 받은 날, 남자 의사가 복도까지 쫓아와 그녀에게 소리치는 장면이 등장한다. "정신 차려, 랜킨! 그렇게 감정적으로 굴다간 이 바닥에서 살아남을 수 없다고!" 랜킨이 보기에 그 상황에서 느낀 슬픔과 비애는 지극히 정상적이고 건강한 반응이었다. 애통해하는 엄마와 사산아를 생각하며 랜킨이 슬픔에 젖어 바닥에 주저앉아 흐느껴 울 때, 그녀를 붙잡아주고 다독여준 이들은 다름 아닌 여성 조산사들이었다.

"저는 환자에게 공감하는 게 당연하다고 생각해요. 하지만 의료계 내부에서는 모두들 감정을 차단하라고 가르쳐요. 감정은 애초부터 느끼거나 마음에 들이지 말고, 자신에 대해서 말하지 말 것이며, 환자의 경험이 자신에게 어떤 영향을 미치는지 누구도 눈치 채지 못하게 하면서 환자와 자신을 분리하라고 말이죠. 그래야만 이성적으로 좋은 결정을 내릴 수 있고 의

사로서 업무를 제대로 수행할 수 있다고요."

랜킨의 이야기는 민감성과 연관된, 더 나아가 역사적으로 여성들과 더 자주 연관돼온 기질과 특성이 의료계에서 무시되고 은폐되고 대놓고 달갑잖게 여겨지는 현실을 잘 보여준다. 랜킨은 이렇게 덧붙였다. "저는 제 경험이 의과대학의 문제를 대변한다고 봐요. 제 반응은 지극히 정상적이었어요. 제가 감정을 느끼고 흘려보내면서 15분간 휴식을 취한 것은 완벽히 적절한 행동이었죠. 제 몸은 그 모든 트라우마를 감당할 수 없었으니까요."

만약 민감성이 그처럼 다양한 부류의 사람들에게서 발견되는 특성이라면, 굳이 따로 명칭을 만들어 구별할 필요가 있는지 의문이 들 수도 있다. 그 의문에 답하자면, 그렇다. 민감성은 우리 경험의 일부분으로서 존중받지 못하고 있고 그 결과 민감성에서 비롯되는 재능은 제대로 꽃을 피우지 못하기 때문이다. 하지만 이토록 많은 여성이 수세기 동안 알아온 사실, 다시 말해 여성이 감정을 자주 느낀다는 사실을 과학이 제대로 포착해낸다면 사람들은 더 이상 숨기지 않고 자기 재능을 온전히 발휘하며 학계, 의료계, 교육계, 심리학, 정신의학, 그리고 과학 분야 전반에서 더욱 도드라지는 활약을 펼칠 것이다.

"교수님 중 한 분이라도 제게 '쉽지 않은 경험이었을 거야. 자네는 감정을 깊이 느끼는 편이군. 나도 그렇다네'라고 말씀

해주셨다면 제 수련의 시절은 완전히 달라졌을 거예요. 좋은 의사라면 그렇게 해야 해요. 감정을 느끼고 환자와 친밀한 관계를 유지하는 거죠. 그건 엄청난 특권이거든요. 저는 바로 그 점 때문에 의사이자 치유자가 되고 싶었어요."

조용한 트라우마

랜킨은 결국 주류 의학계를 떠나서 전인적 건강의학 연구소 Whole Health Medicine Institute를 설립하고 베스트셀러를 여러 권 써낸 작가가 됐다. 그녀의 도전과 접근방식은 우리가 여성, 그 중에서도 민감한 여성의 관심사와 필요, 바람을 어떻게 하면 삶 속에 잘 녹여낼 수 있는지를 훌륭하게 보여준다. 랜킨은 말한다. "저희 연구소에서는 여성들에게 이렇게 물어요. '의사가 되기 위해서 자신의 본모습을 저버린 경험이 있나요?' 어떤 대답이 돌아왔을까요? 그들의 대답 속에는 믿기 힘들 정도로 심각한 트라우마가 담겨 있었어요. 저희 연구소에는 참전용사나 인신매매 피해자를 치료한 경력이 있는 트라우마 치료사가 여럿 계셨는데, 그분들은 '이렇게 트라우마를 많이 겪은 경우는 처음 본다'고 말씀하셨죠."

랜킨의 이야기는 놀랍지 않았다. 트라우마는 트라우마적 사건과는 다르기 때문이다. 트라우마라는 말을 들으면 흔히 전쟁

이나 강간을 떠올리지만, 문화적 구조를 통해 모든 사람에게 악영향을 미치는 '조용한' 유형의 트라우마도 있다.

지금껏 안건을 정하고, 의사결정을 내리고, 직장 문화와 업무방식을 결정하는 과정에서 여성이 배제돼왔다면 그런 경험은 확실히 트라우마가 될 수 있다. 이는 여성에 대한 침해이고 억압이며, 특히 신경다양성을 지닌 민감한 여성들은 정보를 깊이 인식하고 처리하는 성향 때문에 이로부터 더 큰 고통을 받는다. 게다가 인종이나 출신 계층 문제로 무시당한다면 더더욱 힘든 경험을 할 수밖에 없다.

작가 에인절 쿄도 윌리엄스angel Kyodo williams가 바로 그런 사례다. 민감하고, 재능 많고, 조용하고, 책 읽기를 좋아하는 흑인 소녀였던 윌리엄스는 뉴욕시 외곽의 이웃들에게 느끼는 깊은 연민을 어떻게 가다듬어야 할지 배우며 성장했다. 애초에 민감성을 표현하는 것 자체가 서구 문화에서는 하나의 도전이고, 특히 사회적으로 소외받는 집단에서라면 더더욱 그렇다. 성년에 이르러 윌리엄스는 자가면역질환인 루프스 연구에 참여했는데, 유색인 여성이 이 연구에 참여한 것은 그때가 처음이었다. 유색인 여성은 말할 것도 없고, 여성 전반이 겪는 문제를 과학 및 의학 연구에서 다루기까지 수십 년의 세월이 필요했다. 이처럼 의학 및 연구 기관이 명석하고 민감한 여성들의 요구를 멀리했던 사례는 끝도 없이 이어진다.

"우리 문화는 전체적으로 너무나 병들었어요. 언론계, 법조계, 정치계, 교육계, 의료계 할 것 없이 전부 다 병들어 있죠." 랜킨은 우리 문화가 민감성을 억압하고 최소화하는 방향으로 지나치게 기울어 있다고 강조했다. 하지만 그녀는 사회가 작동하고 기능하고 상호작용하는 방식이 바뀌기도 한다는 사실을 잘 안다. 인간은 배울 줄 아는 존재고, 세상에는 다른 삶의 방식도 존재한다. 랜킨 역시 다른 나라나 문화권의 사람들이 살아가는 방식을 관찰하면서 엄청난 교훈과 삶의 지혜를 배웠고, 이를 통해 자기 삶의 균형을 회복할 수 있었다. 랜킨은 서구의 의료체계만이 건강과 행복에 관한 진보적 접근법이라고 생각하지 않는 겸허한 자세를 갖췄다. 예컨대 그녀는 남미와 아시아의 의료체계를 연구하고 이를 환자와의 관계에 적용한다.

랜킨과 대화를 나누는 동안 자연스레 점차 개인적인 이야기도 나누게 됐다. 그런데 ADHD에 대해서는 별다른 얘기도 하지 않고 여성과 정신건강에 관해 폭넓게 토론하고 있는데 랜킨이 불쑥 이렇게 말했다. "저는 자폐 스펙트럼에 있는 사람에게 자석처럼 끌려요. 제 룸메이트, 예전 남자친구, 선생님 모두가 자폐 성향이었죠." 그 말에 '우와, 이거 정말 흥미로운걸, 그런데 알고 보면 그렇게 놀랄 일도 아니지'라는 생각이 들었다. 그리고 나서 과학적 사실과 대체의학을 결합하는 그녀의 방식에 흥미를 느끼고 그에 관한 대화를 이어나갔다. 패러다임의 경계를 편안하게 느끼는 사람 곁에 신경다양인이 많은 것은 어쩌면 자연스러운 일인지도 모른다.

민감성, 히스테리 그리고 여성

앞서 살펴본 것처럼, 1600년대 이래로 의사와 과학자가 관심을 보였던 '광기'와 '히스테리'는 대개 여성에게서 관찰되는 현상이었다. 히스테리의 중심에는 '정서적 반응성emotional reactivity'이라고도 불리는 민감성이 있기 때문에, 역사가 어떻게 민감성과 여성 모두를 병리화해왔는지는 반드시 짚고 넘어가야 할 문제다. 터놓고 말해, 여성이 그동안 민감한 존재로 그려져왔고 민감성이 나쁜 기질이라면 그 말은 곧 여성이 열등한 존재라는 뜻일까?

마찬가지로, 남성이 의학과 과학, 특히 심리학과 정신의학을 수백 년간 지배해오며 그 분야의 토대와 결과물을 형성해왔다면 거기에 여성의 흔적은 남아 있지 않다고 결론짓는 것이 논리적이다. 다시 말해 여성이 발자취를 남기지 못한 분야는 여성의 현실을 반영하지 못했고, 그로 인해 여성의 존재 자체가 병적인 것으로 간주될 수도 있다는 말이다. 과학과 의학이 발전 과정에서 여성이 처한 현실을 기꺼이 받아들였더라면 민감성을 둘러싼 이야기는 오늘날과 무척 달랐을 것이다.

몇몇 분야에서 많이 개선되긴 했지만 오늘날 민감성에 대한 이해는 전반적으로 여전히 부족한 실정이다. 민감성 관련 연구는 대부분 개별 연구에 한정돼 있으며, 이 주제를 다룬 책도 몇 권 되지 않는다. 1970년대에는 작업치료사occupational therapist 진 에어스A. Jean Ayres가 감각처리에 문제를 겪는 사람들이 빠르게 늘어나자 감각통합이론을 제안했다. 1980년에는 신경생리학자 자코모 리졸라티Giacomo Rizzolatti가 처음으로 '거울 뉴런Mirror neuron'이라는 용어를 만들어 모방과 공감을 담당하는 뉴런이 있음을 밝혀냈다. 1996년에는 앞서 살펴봤듯 일레인 아론이 정보를 깊이 처리하는 성향이 뚜렷한 20퍼센트의 사람을 설명하기 위해서 '매우 민감한 사람'이라는 용어를 창안했다. 가장 최근에는 캘리포니아대학교 샌프란시스코캠퍼스의 연구자들이 SPD협회 등록부와 데이터베이스를 활용해 감각처리장애를 연구하고 있다.

하지만 민감성에 대한 대다수 학술문헌에는 '장애'와 '이상'이라는 단어가 함께 등장한다. 그리고 민감한 사람의 감각처리 방식은 대다수가 감각자극을 지각하고 처리하는 '일반적인' 방식과 끊임없이 비교된다. 감각처리란 민감성을 평가하는 방식, 다시 말해서 사람들이 자극을 처리하는 방식을 설명하기 위해 학술연구나 작업치료 안내서 등에서 흔히 사용되는 용어다. 민감성을 집중적으로 연구한 문서에는 보통 민감성의 여러 하위 유형이 상세하게 설명돼 있는데, 이는 어떤 집단에서든지 구성원의 민감성 수준이 연속성을 이루며 차이를 보이는 것이 일반적이고 당연하다는 사실을 보여준다. 따라서 민감성이 장애나 이상이라는 단어와 연관될 이유는 전혀 없다.

그렇다면 민감성은 왜 오랜 시간에 걸쳐 병적인 특성으로 간주됐을까? 더 나아가 민감성이 굉장히 많은 종류의 신경다양성에서 나타나는 특징임을 고려할 때, 민감성을 질병으로 간주하는 현상이 우리가 살아가는 이 세상을 향해 말하고 있는 바는 무엇일까? 우리가 부자연스러운 생활방식으로 살고 있는건 아닐까? 우리의 일상이 민감하지 않은 사람들에게만 적합한 건 아닐까? 그렇다면, 민감성을 존중하지 않는 문화가 우리 삶의 체계와 리듬과 리더를 좌우하고 결정한다는 것은 무엇을 뜻할까?

기회로서의 민감성

놀랍게도 지금까지의 민감성 연구는 대부분 동물을 대상으로 이뤄졌다. 그렇긴 해도 동물의 민감성을 다룬 이야기에는 흥미와 공감을 느낄 만한 여지가 충분하다.

하워드 휴스Howard C. Hughes는 동물 그리고 그동안 밝혀지지 않았던 감각계에 매료돼 동물의 비밀스러운 일상을 깊이 파고든 책,《진기한 감각Sensory Exotica》을 썼다. 감각계를 활용한 동물들의 의사소통 방식을 이해하기 위해 다른 과학자들이 원숭이나 말 등을 연구하는 것처럼 휴스도 인간이 경험하고 있을지 모르는 감각이나 인간이 지닌 가능성을 살피기 위해 동물을 연구했다. 작업치료사들은 우리 몸을 지각하는 내적인 감각을 내수용성 감각interoception이라고 말하는데, 휴스는 이처럼 인간에게 또 다른 감각이 있지는 않은지 탐구했다. 그리고 이런 질문에 이르렀다. 신경전형인은 알아채거나 감지하지 못하는데 신경다양인은 감지하는 정보는 무엇일까?

휴스는 먼 거리를 이동할 때 방향을 알려주는 체내 나침반이 있는 동물을 예로 들었다. 고래는 연안에서 멀리 떨어진 바다에서 수 킬로미터 밖에 있는 다른 고래들과 의사소통을 하고, 자그마한 박쥐는 인간이 만든 신형 잠수함보다 훨씬 더 뛰어난 음파탐지기를 지니고 있다. 휴스의 말에 따르면 인간은 "가장 단순한 감각 경험에조차 얼마나 방대한 작용이 숨어 있는지 이해하기 어렵다." 우리 눈은 전자기파의 전체 스펙트럼에서 극히 일부만을 받아들인다. 휴스에 따르면 어떤 동물은 "인간과는 다른 종류의 감각기를 가지고 있어서 우리가 볼 수 없는 스펙트럼 영역을 감지할 수 있다."[6] 고래와 박쥐에게는 두 가지 청각 모드가 있는데, 하나는 외부 소리를 감지하는 수동 모드고 다른 하나는 "스스로 내는 음파의 반사를 감지"[7]하는 '바이오소나Biosonar'라는 능동 모드다. 이런 감각을 장애로 여기는 사람이 있을까? 이런 지각능력은 당연히 굉장한 장점이거나 아니면 최소한의 기본적인 생존기술이다. 그런데 왜 사람들 사이에 존재하는 서로 다른 지각능력은 질병으로 간주하는 것일까?

휴스는 동물의 감각계에 대한 그릇된 인식과 해석 때문에 이를 제대로 이해하기까지 수백 년의 시간이 지체됐다고 지적한다. 그는 "때로 인간중심적이고 편협한 사고체계가 가장 큰 걸림돌이 되기도 한다"8고 썼다.

인류를 이해하는 과정에서 이 같은 일이 반복되지 않기를 바란다. 지금의 우리에게는 인간의 차이를 이해하고, 틀을 잡고, 설명하고, 반응하는 방식에서 지금껏 저질러온 어처구니없는 실수와 착오를 바로잡을 기회가 있다. 《미국 사회 속 정신이상》의 저자인 로버트 휘터커가 개설한 웹사이트에는 현대 정신의학의 위험성을 밝히는 개인적인 이야기를 담은 게시판이 있다. 〈미국 사회 속 정신이상: 과학, 정신의학과 사회정의〉라는 이름의 이 웹사이트에서 휘터커는 사람들이 그들의 심리적 차이에 관한 경험을 나누고 재구성하도록 도우며, 일반 대중도 그렇게 하기를 간절히 바란다.

이 웹사이트에서 어떤 글을 발견했는데, 글쓴이는 민감성이 우리가 소중히 여기고 활용해야 할 능력이며, 현대사회의 병폐를 해소하는 해독제가 될 수 있다는 주장을 이해하고 있는 듯했다. 그는 '민감한 사람'에게는 해결사가 될 만한 자질이 있다면서 우리 사회가 이들을 건강하고 온전하게 지켜줘야 한다고 촉구했다. 이는 민감성과 신경다양성을 둘러싼 상황을 전환하기 위해 꼭 필요한 일이다. 다시 말해 우리는 우리 사회를 이루는 각 개인이 아니라 우리 사회가 작동하는 방식을 바꿔야 한다. 또한 여성은 광범위한 사회체계와 심리학 및 의학이 발전하는 과정에서 사실상 존재하지 않는 것이나 다름없었으므로, 이 과정에 여성을 동참케 하는 노력은 파편화된 문화를 오롯이 통합하고 민감성에 대한 거부감을 줄이는 한편 세계 각지의 신경다양인 여성과 남성이 건강한 삶을 누리게 하는 열쇠가 될 것이다.

2부

내 마음에 맞는 이름 찾기

Outer Frames

3장

〰〰〰

마음의 스펙트럼

여성이 생활속에서 겪는 실제 경험을
과학과 의학, 건강 및 신경과학 연구가
제대로 포착해내지 못한다면 어떻게 해야 할까?

캘리포니아주 센트럴밸리 출신인 CC 하트는 어릴 때부터 신체 인식body awareness 감각이 뛰어났다. 하트의 어머니는 간호사였는데 아이의 타고난 재능을 알아보고 물리치료사가 되기를 권했고, 하트는 결국 마사지 치료사가 됐다. 어느 날 어떤 고객이 하트에게 공감각이라는 말을 꺼냈을 때 하트는 엄청난 충격과 더불어 안도감을 느꼈다. 타인의 감정을 느끼거나 책을 읽을 때 색깔이 보이는 경험을 설명할 용어를 마침내 찾았기 때문이었다. 하트는 40대 초반이 돼서야 자신이 공감각자라는 사실을 깨달았다.

어릴 적 하트는 명석한 아이여서 두 돌 반에 글을 읽기 시작했는데 글자를 볼 때면 늘 색깔과 상징이 떠올랐다. '거울 촉각' 공감각자이기도 한 그녀는 타인의 신체적·정서적 고통을 느꼈다. "다른 아이가 찰과상을 입는 모습을 보면 온몸에 전기가 흘렀어요. 하지만 이런 이야기를 다른 사람에게 해야

겠다는 생각은 하지 못했어요. 제게는 너무나 '일상적인' 경험이었거든요. 남들은 이런 경험을 하지 않는다는 걸 몰랐죠."

하트는 감각이 매우 민감했기 때문에 자신이 혹시 자폐 스펙트럼에 속하는 것은 아닐지 궁금했다. 그리고 자신이 의심해오던 대로 최근에 ADHD 진단을 받았는데, 이는 그녀가 제시한 '미묘한 증상들'을 꼼꼼히 분석하고 해석해준 정신과의사를 마침내 만난 덕분이었다. 자폐와 ADHD, 공감각은 동반될 때가 많다. 하트는 자신이 경험하는 세계가 "자극이 너무 많고 시끄럽다"고 말한다.

하트는 길고 붉은 머리카락과 형형색색의 화려한 옷차림으로 가는 곳마다 사람들의 시선을 사로잡는다. 하트를 직접 만났던 어느 날 저녁, 그녀가 나를 꼭 안아줬을 때 나는 그녀가 말했던 것처럼 온몸에 전기가 통하는 느낌을 받았다. 그녀의 몸에서 전해지는 온기가 손에 잡힐 듯 뚜렷하게 느껴졌다. 하지만 하트의 어머니는 하트가 영아기에 그녀의 언니와는 달리 다른 사람들과 상호작용을 하지 않자 뭔가 잘못됐다는 생각에 하트를 소아과병원에 데리고 갔다. 이 책을 쓰는 과정에서 나는 많은 여성들로부터 이와 유사한 이야기를 들었다. 어린 시절 똑똑했지만 여러 면에서 민감해서 병원을 찾고, 뭔가 크게 잘못됐을까 봐 부모가 걱정했다는 이야기 말이다. 하트와 동류인 민감한 사람들은 마치 자신을 공격하는 듯한 '외부' 세계의 스타카토 리듬에 적응하기까지 시간이 걸린다. 그리고 여러 시행착오 끝에 어떤 일이 자신의 능력과 욕구에 부합하는지, 어떤 사람이 자신과 잘 맞는지를 알아내면 드디어 껍질을 깨고 나온다.

자폐 스펙트럼의 심리 특성

사람들은 흔히 전형적인 자폐인을 두고 '대인관계에 서툴다'거나 '자기만의 세계에서 산다'거나 공감능력이나 '적절한' 사회적 상호작용 능력이 결여됐다고 설명한다. 이처럼 병리적인 언어는 인간을 표준과 기댓값의 관점에서 묘사한다. 우리는 자폐인을 지나치게 '열등한' 존재로 설명하는 현실 너머에 도사리고 있는 광범위한 사회적 작동 방식에 끊임없이 의문을 던져야 한다. 자폐인의 행동을 한 걸음 물러나 편견 없는 시선으로 바라보면 그들이 전혀 열등하지 않다는 것을, 기존의(혹자는 임시방편적이라고도 말하는) 지표를 기준으로 판단했을 때 그저 다를 뿐이라는 사실을 깨달을 수 있다. 실제로 자폐인 구성원들은 역으로 신경전형인의 문화와 기대가 얼마나 끔찍한지 자주 지적하곤 한다. 잡담이나 시시콜콜한 사교 예절, 군중심리, 순응, 그 밖에도 '정상적'이라고 여겨지는 불쾌하고 부담스러운 행동 양식들을 떠올려보라.

교수이자 저자인 템플 그랜딘Temple Grandin을 비롯한 여러 사람이 자폐에 뒤따르는 재능에 대한 관심을 불러일으키기는 했지만, 자폐라는 신경학적 기질을 결함으로 여기는 풍조는 우리 문화 전반에서 여전히 강력하다. 자폐는 범위가 넓어서 '스펙트럼'이라는 용어로 설명해야 한다는 사실은 점차 우리 사회에서 널리 받아들여지고 있다. 자폐를 옹호하는 사람들은 이제 목소리를 내기 시작하면서 우리 사회에 만연한 그릇된 인식에 맞서고 있다.

이런 움직임은 트위터 상에서 가장 활발하게 일어나 자폐 관련 문화를 꽃피우고 있으며, 전 세계 자폐인들이 트위터에서 자신의 이야기와 생각을 자신의 용어와 목소리로 나누고 있다. '우리 없이 우리 이야기를 하지 말라'는 구호는 이미 널리 알려져 있다. 이들 자폐인은 비자폐인의 연구 대상이 되는 대신 자신의 경험을 자기가 선택한 용어로 표현하려 한다. 트위터는 어느 것 하나 빼놓지 않으며 그 어떤 질문도 번거롭게 여기지 않는다는 측면에서 이를 위한 매체로서 완벽하다. 자폐인에게 자살성 사고가 더 빈번한 이유는 무엇인가? 자폐인이 4월을 '자폐 인식autism awareness'의 달이 아니라 '자폐 수용autism acceptance'의 달로 부르는 것을 선호하는 까닭(2007년 UN 총회에서는 4월 2일을 '자폐증 인식의 날', 4월을 '자폐증 인식의 달'로 지정했으며 이는 자폐에 대한 조기 진단, 적절한 치료 등을 목표로 한다-옮긴이)은 무엇인가? 예컨대 자폐인은 공감능력이 없다는 생각은 트위터 상에서 흔히 반박당하는데, 사람들은 오히려 너무 공감을 잘해서 자폐인이 감정을 차단하고 뒤로 물러서는 것이라고 말한다. 공감을 못하는 게 아니라 오히려 지나치게 공감한다는 뜻이다. 이런 식의 발상의 전환을 어떻게 생각하는가?

자폐에 대해 자료를 조사하고 인터뷰하고 보도하는 과정에서 들은 바에 따르면, 자폐인에게서는 민감성이 두드러지게 나타나며 이 민감성은 자폐인에게 디딤돌이자 걸림돌이다. 자폐 여성 중에는 평생 민감하게 살아왔으면서도 자신이 자폐 스펙트럼에 속한다는 사실을 모르고 자신의 민감성을 활용하고 관리하기 어려워하는 사람이 많았다. 이들은 자신에게 뭔가 문제가 있다고 듣거나 배워온 탓에 수치심과 우울, 심각한 불안을 경험한다.

자폐인이자 저자인 서맨사 크래프트Samantha Craft는 자폐를 의심하는 여성들이 자주 찾는 인물로, 비공식적인 자폐 증상 목록을 만들고 이를 "여성의 자폐 경험 논의와 인식 향상을 위한 디딤돌"[1]이라고 칭했다. 이 목록은 《DSM》 저자들이 자폐의 범위를 자주 바꾸는 통에 의료 전문가들마저 어떻게 진단해야 할지 막막해하는 현실에 비춰 볼 때 자폐를 의심하는 이들에게 도움이 될 만하다. 다음은 크래프트의 목록에서 추린 자폐 및 아스퍼거 증후군과 관련된 몇 가지 항목이다.

- 자신의 사고과정과 주변 사물을 다층적으로 인식한다.
- 존재와 삶의 의미, 만물에 대해서 끊임없이 생각한다.
- 종종 자기만의 생각에 빠져서 '정신이 딴 데 가 있다(어딘 가를 멍하니 응시한다).'

- 거짓말을 잘 못한다.
- 사람을 조종하거나 배신하거나 앙심을 품고 보복하는 등의 인간 특성을 잘 이해하지 못한다.
- 혼란과 버거움을 느낀다.
- 지금 있는 자리가 내 자리가 아니라는 느낌이나 다른 행성 에서 온 듯한 느낌이 든다.
- 고립감을 느낀다.

- 압도하는 듯한 감정과 감각을 이겨내기 위해 생각이나 행 동으로 도피한다.
- 뭔가에 대한 집착, 강박, 과도한 관심, 혹은 상상, 환상, 몽상 등의 심리 작용, 혹은 노랫말의 리듬 속으로 도피한다.
- 텔레비전이나 영화 속 인물을 모방한다.
- (상상 혹은 실제) 관계 속으로 도피한다.
- 파티에 가면 다른 방으로 숨어든다.
- 긴장을 풀거나 휴식을 취하려고 하면 어김없이 수많은 생

각이 떠오른다.

- 모든 것에는 목적이 있다고 생각한다

- 관계, 특히 애정 관계나 새로운 우정을 맺을 가능성에 집착한다.
- 아이 콘택트, 목소리 톤, 상대와의 거리, 자세 및 태도 등 대화와 관련된 규칙이 혼란스럽게 느껴진다.
- 대화를 나누면 지친다.
- 자신과 타인이 하는 활동과 행동에 끊임없이 의문을 품는다.
- 사회적으로 상호작용하는 법을 독서나 관찰을 통해 터득한다.
- 사람들 사이에서 어떻게 행동할지 시각적으로 상상하면서 연습한다.
- 사람을 만나기 전에 할 말을 미리 연습한다.
- 사람들과 이야기를 나눌 때 배경 소음을 거르고 듣기가 어렵다.
- 사회적 상황에서 무슨 말을 하고 어떻게 행동해야 할지 속으로 계속 되뇐다.
- 농담을 이해하지 못한다.
- 친구를 사귀고 친구 관계를 유지하기가 어렵다.
- 사생활을 지나치게 드러내는 경향이 있다.
- 말할 때 충동 조절이 안 된다(어릴 때).

- 대화를 독점하거나 자기 자신에 대해서만 이야기한다.
- 늘 '정확하게' 의사소통하려고 애쓴다.
- 사람들 눈에 자기애가 지나치게 강하거나 남을 휘두르는 사람으로 비친다.

- 아무 데도 가지 않아도 되고, 누구와도 이야기하지 않아도 되고, 걸려오는 전화를 받지 않아도 되고, 집을 떠나지 않아도 될 때 엄청난 안도감을 느끼지만, 그와 동시에 '잠수를 타면서' '남들은 다 하는 것'을 하지 않는다는 죄책감을 느낀다.
- 집에 방문한 손님을(때로 친밀한 가족 구성원까지도) 위협으로 인식한다. 머리로는 방문자가 위협적인 존재가 아니라는 것을 알지만 마음속으로는 여전히 불안감을 느낀다.
- 다가오는 행사나 약속을 끔찍하게 여긴다.
- 외출해야 할 때면 마음이 불안해진다. 외출 준비가 버겁고 그 과정에서 에너지가 소진된다.
- 소풍, 나들이, 모임, 약속이 있으면 며칠 전부터 마음의 준비를 한다.
- 다음 단계나 다음에 해야 할 일이 무엇인지 계속 묻는다.
- 무대 위에 있는 자신을 누군가 지켜보는 느낌, 각 단계마다 '적절한' 행동을 실연해 보여야 한다는 느낌이 든다.
- 하루 종일 집에 있어도 되는 날에는 마음이 굉장히 편안하다.

- 휴식시간이나 혼자 보내는 시간이 많이 필요하다.
- 관심사에 몰두해서 많은 시간을 보낸 후에 죄책감을 느낀다.
- 복잡한 쇼핑몰, 체육관, 극장에 가기를 싫어한다.

- 고통에 대하여(때로 무생물에게까지도) 엄청난 연민을 느낀다.
- 잠들 때 소리, 감촉, 온도, 냄새에 민감하다.
- 편안해지기 위해서 이불과 침구 등의 잠자리 환경을 정돈한다.
- 누군가 자신을 봐주고 이야기를 들어주고 이해해주기를 갈망한다.
- 화학물질(환경 독소, 음식, 알코올, 약물, 호르몬 등)에 민감하다.
- 인생의 목적이 무엇이며 어떻게 하면 더 '나은' 사람이 될 수 있을지 의문을 품는다.
- 자신의 능력, 기술, 재능을 이해하려고 애쓴다.
- 자기가 '정상'인지 의문을 품는다.
- 이따금 타인의 말이나 견해에 맞춰 인생을 보는 관점이나 행동을 조정하기도 한다.
- 많은 사물을 확장된 자기로 인식한다.
- 동물이나 사람에게 상처를 주는 언사나 사건을 싫어한다.

- 나답게 살고 싶은 마음과 사람들과 어우러져 살고 싶은 마음 사이에서 갈등한다.
- 자기도 모르게 주위 사람을 모방한다.
- 사회 규범을 거부하거나 의문을 품는다.
- 스스로에게 만족하려면 많은 노력이 필요하다.

- 특정 행동 방식을 따르면 특정 결과가 뒤따르리라고 기대하지만, 감정 처리에 있어서 항상 기대한 결과가 뒤따르지는 않는다는 사실을 안다.
- 극한의 감정(격노나 깊은 사랑)이 자신에게 미칠 영향을 내다보지 못하며 어떤 상황에서 감정에 대해 학습한 내용을 다른 상황에 적용하지 못한다.
- 감정이 극단으로 치닫지 않는 한 감정을 잘 알아차리지 못한다.
- 기쁨, 만족, 고요, 평온보다는 분노, 격노, 깊은 사랑, 두려움, 현기증, 기대감 등의 감정을 더 잘 알아차린다.
- 상황이나 대화를 이분법적으로 인식한다.
- 결과나 사건, 감정의 중간 영역을 간과하거나 오해한다('모 아니면 도' 식의 사고방식을 갖고 있다).
- 과잉 반응한다. 사소한 다툼은 관계의 끝이나 세계의 종말을

암시하며, 사소한 칭찬은 지고의 행복을 암시한다고 느낀다.

- 타인에 대한 세부사항을 비롯해 전반적으로 세부사항을 잘 기억한다.
- 글을 쓰거나 창의적인 활동을 하면서 불안을 해소한다.
- 단어나 숫자에 대해서 어떤 '느낌'이나 감정을 품는다.
- 어원이나 역사적 사실의 출처, 근본 원인, 토대를 알고 싶어 한다.
- 패턴을 잘 인식한다.
- 사물을 시각적으로 기억한다.

- 단순한 일을 처리하기가 무척 힘들다.
- 새로운 장소에 가면 정서적으로 버겁다.
- 몇 가지 단계를 거쳐야 하는 일이나 상당한 수준의 솜씨나 요령이 필요한 일을 해야 할 때 매우 당황한다.
- 뭔가를 수리하거나 보수하거나 설치해야 한다는 생각이 들면 불안해진다.
- 지루한 일은 회피한다.
- 식료품점에 잠시 다녀오는 것 같은 '간단한' 일도 감당하기 어렵다.
- 다른 물건의 위치는 정확히 알지만 몇몇 물건은 어디에 있

는지 잘 찾지 못한다. 물건을 찾지 못하는 상황이나 물건을 찾아다니는 상황을 떠올리기만 해도 불안해진다(대상 영속성의 문제).

크래프트는 자폐에 자주 동반되는 심리 특성으로 강박, 감각 관련 이슈(시각, 청각, 촉각, 후각, 미각 그리고 공감각), 범불안generalized anxiety, 양극단의 감정(우울/환희, 배려심 없는/지나치게 세심한), 만성 피로나 면역 관련 문제를 꼽았다. 그 때문에 앞서 언급했듯이 자폐인은 '정신질환'을 (잘못) 진단받기도 한다.

자폐는 살아 숨 쉬는 여러 특성의 집합으로, 범위가 넓고 다른 심리 특성과 겹치는 부분이 많아 제대로 진단받지 못하는 경우가 많고 대중매체의 영향 탓에 잘못된 고정관념의 희생양이 되기도 한다. 그래서 많은 여성이 자신의 자폐를 스스로 진단한다. 임상의에게 확진을 받는 경우에도 여러 다른 진단명을 전전하다가 마지막에 가서야 자폐를 고려할 때가 많다. 그렇기에 많은 여성이 인생 후반에 이르러서야 자기 자신을 제대로 이해하게 된다.

남다름의 축복

"정식으로 진단받은 적은 없어요. 진단을 받아봐야겠다는 생각은 있지만요." 사라 시거Sara Seager가 말했다. 매사추세츠 공과대학교MIT 소속 행성학자이자 천체물리학자인 시거는 태양계 외 행성exoplanet을 연구하는 일을 하지만, 장을 보러 가는 것은 어려워한다. "제가 아스퍼거임에 분명하다고 추측하는 기사를 쓴 사람이 있었어요. 제 멘토가 그걸 읽었죠. 멘토의 아내 분은 자폐 치료를 처음 시작한 의사 중 한 사람이었는데, 아내 분이 제가 확실히 자폐 스펙트럼에 해당될 거라고 말씀하셨대요. 그 얘기를 처음 들었을 때는 '전 아니에요'라고 반박했어요. 하지만 곰곰이 생각해보니 모든 게 맞아떨어지더라고요."

"어린 시절 다른 애들은 늘 저를 이상하게 봤어요. 그리고 제 친구 중에 확실히 아스퍼거인 친구가 있었는데 그 친구는 친구들과 전혀 어울려 놀지 않았어요. 저는 그 친구만큼 심하진 않았지만, 제가 아스퍼거라는 것을 알기 전부터 그 친구가 늘 저를 웃게 만든다는 건 알았어요. 한번은 그 친구랑 같이 피자를 먹으러 가기로 했는데 제가 5분쯤 늦은 거예요. 그 친구가 이러더라고요. '상대가 약속에 늦을 때는 어떻게 행동해야 하는 거야?' 그 친구는 진심으로 몰랐던 거예요. 그리고 그럴 때 어떻게 해야 하는지 행동요령을 전부 메모하려 들었죠. 몇

분쯤 기다린 다음에 상대에게 메시지를 보내면 무례하지 않은
지 등을요. 저는 그렇게 그 친구가 세상을 헤쳐 나가는 모습을
지켜봤는데, 나중에 저도 아스퍼거로 밝혀지다니 참 아이러니
하죠."

시거는 소수의 선택된 자에게만 주어지는 드물고 명망 있는
상인 맥아더 펠로십을 수상했다. 그리고 책과 강연에서 다뤄
지는가 하면 학계 패널로 등장했고 내가 인터뷰하던 무렵에는
계약금 100만 달러에 출판계약도 맺었다. 그녀는 학창시절에
자신을 좋아하는 남학생이 많았다고 말했다. 그렇기 때문에 스
스로를 '정상'이라고 느꼈지만, 돌이켜보면 그 점을 제외하고
는 MIT에 오기 전까지 항상 남들과 매우 달랐다. MIT에서 그
녀는 물속에 있는 물고기처럼 편안하고 소속감을 느낀다.

"인생 전체를 되돌아보니 모든 게 딱 맞아떨어지더라고요.
언니는 제가 정말이지 융통성 없이 계획적으로 산다고 말했어
요." 그녀가 웃으며 말을 이었다. "계획이 조금이라도 어긋나
면 마음이 불편해서 하루가 엉망이 됐죠." 그녀는 계획이 바
뀌거나 누군가 계획을 따르지 않거나 예상치 못한 변경사항이
생기면 어김없이 뒤따르던 혼란과 좌절감을 털어놨다. 나는 그
이야기에 깊이 공감했다.

시거의 하루 일과는 체계적으로 바쁘게 돌아간다. 그녀는
오전 6시 반에서 7시 사이에 일을 시작해서 두 시간 안에 그날

해야 할 연구를 모두 끝마친다. 그러고 나서는 강의를 하거나 회의에 참석하면서 하루를 보낸다. 오후에 집에 돌아오면 개를 산책시키고 서부 지역 사람들과 통화한다. 오후 5시에는 아이들을 스포츠 활동에 데려다준다.

하지만 장보기를 효율적으로 할 수 있게 되기까지 시거에게는 수년의 세월이 필요했고, 그녀는 마침내 그 방법을 깨쳤다고 말했다. 예전에 그녀는 가게에 가서 곧바로 "사과는 어디 있죠?"라고 묻곤 했다. 스스로는 평범한 말투로 질문했다고 생각했지만 다른 사람들은 그녀가 느닷없이 무례하게 소리쳤다고 생각했다. 그녀는 그런 사람들을 '세계와의 접점'이라고 부르며, 그들을 상대하는 것이 세상에서 가장 어렵다고 말했다. "저는 속도를 늦추고 먼저 잡담을 해야 했죠." 한번은 이웃 사람이 그녀에게 부드럽게 말문을 열고 서서히 본론으로 들어가 질문을 하고 그 자리에서 예의 바르게 벗어나는 방법을 일러준 적도 있다. 개를 데리고 갈 수 있는 인근 공원에서는 다른 애견인이 청원서에 서명해달라는 말을 꺼내기까지 시간을 너무 오래 끌어서 화가 치민 적도 있다. 시거는 사람들과의 대화가 명확하고 직접적이며 효율적이기를 바랐다.

그녀는 집에 있는 보일러 같은 물건을 살피고 '보일러 소리를 들으면서' 언제쯤 고장이 날지 '짐작해보는' 것이 흥미롭고 재미있다고 얘기하기도 했다. 하지만 그녀는 사물이 필요 이상으로 복잡하게 만들어져 있다는 느낌을 떨칠 수가 없었다. 나역시 일상에서 우리가 처리해야 할 단순한 일들을 왜 아무도 조금 더 명확히 가르쳐주거나 설명해주지 않는지 이해가 가지 않았다.

특별히 민감한 면이 있냐고 묻자 시거가 대답했다. "누가 저를 안거나 만지는 게 싫어요. 지금도요. 너무 어색하거든요. 그런 면을 민감하다고 표현한 적은 없지만, 어쩌면 민감한 것일지도 모르겠네요." 의사였던 시거의 아버지는 어릴 적 그녀가 '정신지체'라고 생각했다. 멍하니 허공을 응시할 때가 많았기 때문이다. "또 두 돌 때까지 엄청 울어댔대요. 그 외에는 제 어린 시절에 대해 아는 얘기가 없고 돌아가신 아버지께 여쭤볼수도 없지만 아버지가 제게 뭔가 문제가 있다고 생각하셨다는건 확실해요."

"MIT에 있는 대다수가 자폐 스펙트럼에 속한 듯 보여요. 여기서 저는 고향에 온 듯한 기분을 느끼죠. 많은 이들이 여기 와서 처음으로 친구가 생겼다고 말해요." 단도직입적인 소통 방식을 괘념치 않는 이곳 사람들 덕분에 잡담이라는 완충언어의 장벽이 사라지니 삶이 편안해졌다. 여기서 시거는 긴장을 풀수 있었고 그녀의 표현을 빌리자면, 같은 연구팀 동료들은 대부분 "아스퍼거스러웠다." 동료들은 그녀의 소통 방식을 잘 받아들였지만, 바깥세상에 있는 사람들을 대하는 건 그녀에게 피곤한 일이었다. 말과 행동에 앞서 이것저것 고려하다 보면 정서적으로 엄청난 에너지가 소진됐다.

시거는 대화 속도를 맞추고 한담을 나누는 등의 사교예절에 대해 자신이 무엇을 깨달았는지 털어놨다. 그녀는 때로 상대가 뭔가를 이해하기까지 시간이 걸려도 인내심을 갖고 기다리지만, 그러한 시간이 마치 "이끼가 자라는 모습을 관찰하는 것" 같다고 말했다. 시거는 직장에 있는 남편에게 가끔 안부 전화를 걸었는데, 할 말을 다 했다고 느끼면 느닷없이 "알았어요. 안녕" 하고는 전화를 끊었다. "남편은 저를 자기밖에 모르는 나르시시스트라고 부르곤 했어요. 하지만 아스퍼거 얘기가 나오면서부터는 더 이상 그렇게 부르지 않아요. 이 깨달음이 저희 부부관계에 큰 도움이 됐어요. 제가 거두절미하는 건 무례해서가 아니라는 걸 남편이 깨달았기 때문인 것 같아요. 전 그냥 그런 사람이라는 걸 알게 된 거죠. 그리고 저도 남편이 무척 민감하다는 것과 남편의 민감성을 제가 의식해야 한다는 것을 깨달았어요. 저희 부부는 이제 이런 이야기를 터놓고 하고 그게 큰 도움이 돼요."

마지막으로 시거는 이렇게 말했다. "자폐는 제가 거둔 성공의 디딤돌이었어요." 그녀는 자라는 동안 또래들처럼 피상적인 문제에 관심을 쏟으며 골머리를 앓지 않은 덕에 지금의 성취를 얻어낸 측면이 크다고 여겼다. 그녀의 신경계는 그녀가 잡담이나 비효율적인 사회규범에 얽매여서 많은 청소년들이 그러하듯 '남들과 어울리기 위해' 시간과 에너지를 허비하지 않도록 도와줬다. "저는 늘 별과 천문학, 그리고 저 우주 너머에 있는 존재에 대해 생각하는 걸 좋아했어요. 저는 수학과 물리학에 뛰어났고 그 모든 게 어우러졌죠. 제가 좋아하는 일에 뛰어나다는 점에서 전 행운아예요."

공감각과 거울 촉각

공감각은 과학적으로 입증된 현상으로, 여러 감각이 서로 '중첩되는' 현상을 일컫는다. 예를 들어 소리가 들릴 때 색깔이 보이는 식이다. 공감각의 한 종류인 '거울 촉각 공감각'은 다른 사람에게 일어난 사건을 관찰하기만 해도 상대의 감각을 느끼는 현상을 말한다.

미국 공영 라디오 방송NPR의 팟캐스트 〈인비저빌리아 Invisibilia〉에서는 한 여성 공감각자의 삶을 상세히 조명했는데, 그녀는 공감각을 너무 강하게 느끼는 탓에 고립된 삶을 살 수밖에 없었다.2 언젠가 식료품점에서 근처에 있던 남자아이가 넘어지는 모습을 보고 속수무책으로 바닥에 쓰러진 일도 있었다. 또 가까운 거리에 있는 타인이나 자녀가 느끼는 감정에 압도되기도 했는데, 일부 치료사들은 이를 '거울 감정 공감각

mirror emotion synesthesia'이라고 부른다.

공감각은 연구가 많이 이뤄진 주제다.3 2011년 〈신경과학 저널Journal of Neuroscience〉에 실린 한 연구 결과에 따르면 공감각자는 얼굴 표정을 인식하는 능력은 뛰어나지만 얼굴로 사람을 알아보는 능력은 그다지 뛰어나지 않았다. 이 결과를 두고 연구자들은 거울 촉각 공감각자가 감정처리 능력이 뛰어나다는 증거일 수 있다며, 정서적 공감 및 표정 인식 과정에서 체성감각계somatosensory system(피부, 근육, 내부기관에서 느끼는 감각 처리를 담당하는 체계-옮긴이)가 어떤 역할을 하는지에 주목했다. 2007년 〈네이처 뉴로사이언스Nature Neuroscience〉에 실린 한 연구에 따르면 공감각자들은 통제집단 참가자들에 비해서 거울 촉각 오류를 더 많이 일으켰다. 다시 말해, 공감각자들은 그들이 지각한 감촉을 실제 감촉으로 자주 착각했다. 그들에게는 이 두 감촉이 똑같이 느껴졌기 때문이다. 또 2013년에 〈이모션Emotion〉에 실린 한 연구에 따르면 거울 촉각 공감각자들은 통제집단에 비해 두려움은 더 정확하고 민감하게 인식하고 반응했지만, 행복이나 혐오의 감정에 대해서는 그렇지 않았다. 일레인 아론이 민감성을 일종의 진화적 생존전략으로 설명했듯 이들 연구자들은 체성감각계의 활용이 진화 과정에서 인류의 적응에 도움이 됐기에 인간에게 거울 촉각 공감각이 생겨나고 유지됐을 것이라고 설명했다.

앞서 소개했던 공감각자인 하트는 이렇게 말했다. "책에서 어떤 장면이 몇 페이지에 나왔는지 알아맞힐 수 있었어요. 각 페이지마다 거기에 상응하는 색이 있거든요." 평생 동안 이런 일을 겪으면서도 그녀는 이 경험을 뭐라고 불러야 할지 몰랐다. 이러한 경험을 부르는 명칭과 자신과 마찬가지로 이런 경험을 하고 있는 타인의 존재를 알게 된 이후 하트는 공동체 의식과 연대감을 느낄 수 있었다. "저와 같은 경험을 하는 사람들이 있다는 것을 알게 된 이후 마음이 활짝 열리면서 크나큰 안도감을 느꼈어요. 그리고 신경다양인으로 살아간다는 것의 의미에 대해서도 다시 생각해볼 수 있었죠." 현재 하트는 국제 공감각자, 예술가, 과학자 연맹IASAS, International Association of Synesthetes, Artists, and Scientists의 이사로 활동하고 있다.

거울 뉴런과 신경다양성

많은 사람이 타인과 감정, 자신을 둘러싼 환경을 민감하게 감지한 경험에 대해 이야기하며, 이런 경험을 자기 정체성의 일부분으로 자연스레 받아들인다. 오늘날 거울 뉴런, 공감 그리고 신경다양성에 대한 연구는 이들의 경험을 뒷받침하며 이들 경험을 학술적으로 이해하기 위한 관점을 제시하고 있다. 민감성은 인간뿐 아니라 원숭이, 새, 쥐, 물고기 같은 동물 종에서도 나타난다. 연구에 따르면 이들 종 안에서 일부 구성원은 높은 '반응성'과 '유연성', '가소성'을 보이며 진화상 이점을 보여줬다. 최근 이 분야는 존스홉킨스대학교, 듀크대학교, 캘리포니아대학교 연구자들의 노력 덕분에 '감각 생물학sensory biology'으로 자리매김하고 있으며, 이들은 동물에 초점을 두고 연구에 매진하고 있다. 하지만 이런 연구를 인간에게는 어떻게 적용해야 할까? 여기서 거울 뉴런이 등장한다.

마르코 야코보니Marco Iacoboni의 책 《미러링 피플Mirroring People》에 따르면 "인간의 뇌 속에는 천억 개에 이르는 뉴런이 있고, 각 뉴런은 수천에서 수만 개의 다른 뉴런과 연결된다. 뉴런은 연결부인 시냅스를 통해 서로 소통하는데, 시냅스의 수는 어마어마하다."4 야코보니는 이탈리아의 연구실에서 원숭이를 연구하다가 거울 뉴런을 처음으로 '발견한' 우크라이나 출신 과학자 자코모 리졸라티의 제자였다. 리졸라티 연구팀은 신피질을 집중적으로 연구했고, 그중에서도 계획, 선택, 실행을 담당하며 F5라고 불리는 영역에 집중했다. 그들은 원숭이의 뇌활동을 관찰하던 중에 원숭이가 실제로 움직이거나 연구자의 몸짓을 따라 하지 않았는데도 뇌 활동이 급증하는 현상을 발견했다. 이런 현상은 한두 번이 아니라 여러 번 반복적으로 나타났다. 야코보니는 이렇게 썼다. "운동세포가 실제 운동과 무관하게 그저 누군가의 행동을 지각하는 것만으로 활성화되리라고는 이들 연구자는 물론 전 세계의 어느 신경과학자도 상상하지 못했다. 원숭이가 무릎에 손을 가만히 올려놓고 있는데 누군가의 움직임을 본다고 해서 뇌세포가 활성화될 이유는 전혀 없다. 그런데 그런 일이 실제로 일어났다."5

당시 신경과학자들은 뇌에서 관장하는 각 기능이 구체적인 '영역'에 한정된다고 믿었다. 뇌 연구가 초기 기계론적 사고의 영향을 받았다는 점에서 이런 믿음은 이해할 만하다. 야코보니가 설명했듯 신경과학자들은 지각, 인지, 행동을 별도의 영역으로 간주하는 경향이 있었다. 하지만 시간이 흐르면서 흥미롭게도 서로 얼기설기 교차할 가능성을 고려하기 시작했다. 이어지는 실험에서는 근접성 역시 거울 반응 여부를 결정하는 주요인으로 밝혀졌는데, 적당한 흉내로는 거울 반응을 이끌어내지 못했다. 다시 말해, 거울 반응을 이끌어내려면 행동의 주체가 로봇이나 그래픽이 아닌 실재여야 했다. 또 뇌에서 촉각 수용영역과 시각 수용영역은 서로 연관돼 있었다. 그에 따라 신경과학계의 몇몇 연구자는 새로운 이론을 제시했는데, 우리 뇌가 몸 주위를 둘러싼 시각 및 촉각적 공간을 고려해 그 공간에서 일어날 잠재적 행위를 설명하기 위한 지도를 만들고자 한다고 결론지었다.

이러한 발견과 더불어 거울 뉴런에 대한 이해를 발전시키는 작업은 현대인의 삶 속에 신경다양성이라는 틀을 끌어들이기 위해 중요하다. 이탈리아의 연구자들은 뜻밖의 뇌 활동에 의아하고 당혹스러워하면서 인간 행동과 활동, 공감, 학습에 대한 이전 시대의 철학적 설명을 찾아 나섰다. 리졸라티와 동료들은 늘 들여다보던 뇌과학의 역사에서 한 발 벗어나는 모험을 감행했고, 광범위한 연구와 통찰력으로 명성을 얻었다. 이러한 사고방식은 신경계의 차이를 질병 중심적, 기계론적, 환원주의적으로 이해하는 모형과 달리 인간이 타고난 다양성에 초점을 맞춘다는 점에서 신경다양성을 어떻게 바라봐야 할지 비전을 제시한다고 볼 수 있다.

감각 경험

하버드의 신경과학자이자 공감각자인 조엘 살리나스Joel Salinas는 2017년 그의 책 《거울 촉각 공감각》에서 공감각이 자폐 등의 다른 특성과 겹치는 측면이 있다고 썼다. 살리나스는 민감성과 관련된 여러 특성과 진단이 서로 중첩되는 현상은 유전자와 생물학적 작용, 경험이 서로 독특하게 상호작용한 결과라며 이렇게 말했다. "자폐 스펙트럼에 속한 사람은 일반인에 비해 공감각을 타고날 확률이 훨씬 높아요." 이 사실은 여러 연구를 통해서도 확인된 바 있다.

"그렇다고 공감각자에게 자폐 성향이 있다고 말할 수 있을까요?" 대화를 나누던 중 그가 장난스레 물었다. "결국 의미론이나 세부적이고 전문적인 문제로 귀결되고 말지요. 공감각이나 자폐나 전부 개념이니까요. 우리가 공감각에 대해 이야기할 때 설명하고자 하는 건 결국 감각 경험이에요. 그러니까 공감각자는 자폐 스펙트럼의 정의에 들어맞을 수도 있지만, 공감각자이면서도 자폐 스펙트럼을 규정하는 진단 기준에 부합하지 않는 사람도 있을 수 있어요."

살리나스와 대화를 나누며 나는 그의 전문성을 확신할 수 있었다. 그의 섬세한 이해력과 통찰력은 대다수 심리학자와 정신의학자를 넘어서 있었다. '행동 신경과학자'로서 살리나스는 사회관계, 유전자, 신경학적 특성 사이의 역동을 연구한다. "공감각과 관련 있다고 파악된 유전자 중 다수가 자폐 스펙트럼과 연관성이 높거나 혹은 연관됐을 것으로 강하게 추측돼요." 살리나스가 말했다. 자폐인과 공감각자 모두 뇌 연결성이 남달랐고, 이 결과는 이 두 집단이 비슷한 감각 경험을 하는 이유를 설명해준다. 또 자폐인이 자신의 감각 경험이나 감각의 차이를 서술하는 방식 또한 공감각자와 유사한 측면이 있다는 사실도 밝혀졌다.

예를 들어 하트는 이렇게 말했다. "저는 기차를 탈 때 DJ가 소음 차단을 목적으로 쓰는 헤드폰을 써요. 집중해서 듣고 싶은 소리가 있어도 주위에서 들리는 소리를 잘 걸러내지 못하거든요. 대화하는 사람이 바로 옆에 있다고 해도 말이죠. 또 소리는 제 몸속에서 색과 감정을 불러일으키기 때문에 감각 자극이 지나친 환경에 있으면 두드려 맞는 듯한 느낌이 들어요."

그녀가 감각 경험을 묘사하는 방식은 자폐 여성들이 자기 삶을 묘사하는 방식과 매우 흡사하다. 하트는 또 이렇게 말했다. "공감각에 대해 알게 되면서 저는 제가 늘 겪어온 감각처리 문제, 특히 촉각이나 청각과 관련된 문제를 이해할 수 있었어요. 저는 강한 냄새를 잘 참지 못해요. 인파나 소음도 마찬가지고요. 그래서 그런 감각을 조금씩만 받아들이죠."

전문 의료인이자 공감각자로서 살리나스가 제시하는 관점은 놀랍도록 통찰력이 깊다. 그의 책을 읽고 연락을 취하자 그는 보스턴에서 샌프란시스코까지 날아와 신경다양성 프로젝트 행사에 참석해줬다. 신경다양성 프로젝트는 의학계와 사회 전반에서 혁신적인 연구를 수행하고 해결책을 모색하는 저자들을 모아 주최한 공동체 포럼이다. 살리나스는 굉장히 유창하고 명확한 말솜씨는 물론이고 따뜻한 매너와 날카로운 과학적 식견까지 두루 갖춰 그의 이야기를 듣자마자 순식간에 존경심이 솟았다.

잠시 니카라과에 머문 시간을 제외하면 성장기 대부분을 마이애미에서 보낸 살리나스는 감각 경험을 강렬하게 체험했지만 자신의 일상을 채우는 색과 공감능력을 대체 뭐라고 표현해야 할지 알지 못했다. 의과대학 시절 인도로 수학여행을 갔을 때 누군가 그에게 공감각에 대해 이야기해줬고, 마침내 그는 그 모든 경험을 명확히 이해할 수 있었다. 그는 공감각자로서 수술을 집행하고, 누군가를 포용하고, 정신질환자를 치료하는 경험이 어떠했는지를 책 안에 생생하게 묘사했다. 그는 모든 감각을 강렬하게 느꼈기 때문에, 그런 경험을 포용하는 동시에 감당해야만 했다. 깊은 공감을 느낀다는 건 버거운 일이었고, 마침내 그는 자신과 타인 사이에 적절한 경계를 설정하는 법을 터득했다. 그가 하버드와 매사추세츠 종합병원에서 신경과의사로서 그토록 유명해진 까닭은 신경다양성의 틀에서 환자를 이해한 덕분이기도 하다. 그는 신경학적 차이를 이해하고 포용하며, 차이를 질병으로 간주하지 않고, 환자들이 고통을 토로하거나 치료를 원할 때만 '치료'한다.

"공감각은 선물일까요, 저주일까요, 아니면 선물도 저주도 아닐까요?" 살리나스는 근래에 열린 한 컨퍼런스에서 이렇게 질문했다. 그리고 내게 자폐나 공감각, 다른 신경학적 특성뿐 아니라 뇌 자체에 대해서도 같은 질문을 던질 수 있다고 말했다. "뇌는 선물일까요, 저주일까요, 아니면 선물도 저주도 아닐까요?" 그는 해답의 열쇠가 맥락에 있다면서, 어떤 상황에서는 매우 유익한 특성이 다른 상황에서는 '걸림돌'이 될 수 있다고 말했다.

살리나스는 《DSM》의 기준으로 볼 때 강박장애가 있는 한 여성을 그 예로 언급했다. 그녀는 매우 강박적이어서 의사결정을 빠르게 내려야 하는 상황에서는 무력한 모습을 보인다. 하지만 수술실 안에서 수술 보조사로 일할 때는 굉장히 뛰어나서 시간을 딱 맞춰 외과의사 앞에 수술기구를 착착 준비한다. 그녀는 굉장히 꼼꼼한데, 이는 일정 부분 그녀의 뇌가 그런 식으로 만들어지고 프로그래밍돼 있기 때문이다. 이렇듯 특정 상황에서는 걸림돌이 되는 특성이 수술실 안에서는 강점이 된다. "그래서 결국은 맥락이 중요해요. 《DSM》이나 정신질환을 규정하는 정의에 맥락이 반영돼야 한다고 주장하는 이유죠. 《DSM》의 역할은 누군가 인생을 잘 살아내지 못할 때, 다시 말해 직장이나 사회에서 제 기능을 하지 못할 때 그 문제에 이름을 부여하는 거예요. 그런 사람들은 기본적으로 이런저런 곤경에 처하죠. 괴로움을 겪고 있다고 말하는 사람은 환자의 행동 때문에 힘들어하는 가족이 아니라 환자 당사자여야 해요."

환자의 문제를 깊이 파고들어 문제가 환경에 있는지 아니면 뇌나 몸 안에서 정말로 무슨 일이 일어나고 있는지 판단하는 것이 임상의의 역할이다. 살리나스가 말했다. "그것이 의학의 목표고, 목표가 돼야 해요. 저는 《DSM》을 사람들에게 꼬리표를 붙이는 수단으로 활용해서는 안 된다고 생각해요. 소외와 외로움을 불러와서 도리어 문제를 일으킬 수 있으니까요.

《DSM》은 고통을 겪는 사람을 돕는 데 사용돼야 합니다. 진단으로 도움을 받는 사람도 있지만 모두가 그런 건 아니에요." 그는 여러 가지 우울 자각증상을 보였던 어느 여성 환자를 언급했는데, 그의 설명을 들은 환자는 자신의 경험을 설명할 명칭을 찾았다는 사실에 감사해서 눈물을 흘리기 시작했다. "이런 상황에서《DSM》은 유용한 도구죠. 하지만 누군가에게 낙인을 찍거나 강제로 진단을 내리려는 목적으로 사용한다면 문제가 되죠."

살리나스는《DSM》은 뇌 이해에 사용되는 광범위하고 원시적인 도구이고, 생물학적 특성과 환경의 상호작용에 초점을 맞출 때 뇌를 훨씬 더 깊이 이해할 수 있다고 믿는다. "저는 정신의학이 그 방향으로 나아가고 있다고 봐요. 다시 말해 정신의학은 점점 신경과학 쪽으로 이동하고 있어요." 사람들은 이제 관찰을 바탕으로 증상 목록을 체크하는 대신 생리적 패턴에 집중한다. 예를 들어, 뇌가 이러저러한 맥락에서 이러저러한 방식으로 반응하는 경향이 있다거나 뇌가 X나 Y 방식이라거나, 뇌 연결성이 A나 B와 같다거나, 이러저러한 유전자 집합을 가지고 있다고 설명한다. "저는 이렇게 하면 고통의 근본 원인을 더 잘 이해할 수 있게 되리라고 봐요. 그리고 근본 원인을 구체적으로 밝힐수록 고통을 겪는 사람을 더 구체적인 방법으로 치료할 수 있겠죠."

행동 신경과학자로서 살리나스의 목표 중 하나는 내담자가 전달하고자 하는 내용을 정확히 파악하는 것이다. "우리 모두는 선택의 여지 없이 타고난 몸 안에서 살아가는데, 우리 몸에는 온갖 이상한 것들이 딸려 오고, 더군다나 우리 뇌는 이 어두운 무덤 안에 갇혀 있어서 타인의 경험을 정확히 알아낼 방법이 없어요." 언어는 우리의 주된 의사소통 수단이지만 당연히 한계가 있다. "그래서 저는 내담자가 말하고자 하는 내용을 낱낱이 밝혀내려고 애써요. 그러면 굉장히 도움이 되거든요."

표면 아래에 있는 여성의 ADHD

자폐와 공감각이 동반하여 나타나는 현상은 익히 알려져 있으며, 자폐와 ADHD에서 모두 민감성이 두드러지게 나타난다는 사실은 더더욱 잘 알려져 있다. 자폐인은 감각 민감성으로 인해 발달과정에서 자기 자극 행동이라고 불리는 독특한 행동 양상을 보인다. 손을 펄럭거리거나 손가락으로 뭔가를 두드리는 식의 자기 자극 행동은 과도한 자극에서 비롯된 불안을 누그러뜨리는 데 도움이 된다. 또 반향어echolalia라고 부르는 정신적 유형의 자기 자극 행동도 있는데, 숫자나 단어, 문자를 되뇌는 식이다. 예를 들어 나는 어렸을 때 차를 타고 어딘가로 갈 때면 거리에 서 있는 전봇대를 속으로 세면서, 머릿속으로 전봇대와 전봇대 사이의 중간 지점을 표시하곤 했다.

ADHD인 사람에게 자극은 흥미와 혼란을 동시에 불러일으키는데, 자신이 한계점에 다가가고 있다는 사실을 미처 깨닫지 못한 채로 자극을 과도하게 받아들여 쉽게 압도되기 때문이다. 감각조절뿐 아니라 감정조절도 잘 안 되기 때문에 ADHD가 있는 사람은 자폐인과 마찬가지로 감각 과부하, 즉 정서적으로 '무너지는' 모습을 자주 보인다. 이 두 가지 신경다양성에서는 감각자극에 점차 압도당하고 회복하는 양상이 똑같이 나타난다.

2006년 자폐협회National Autistic Society의 보고에 따르면 자폐인은 시각, 청각, 미각, 촉각 자극에 대한 역치가 낮았다.[6] 이러한 '이상 반응'은 촉각 민감성을 제외하고는 성장하면서 점차 감소하는 것으로 나타났다. 2014년 〈미국 정신의학저널 American Journal of Psychiatry〉에 실린 한 연구는 ADHD가 있는 사람의 30~70퍼센트가 '정서 조절장애'를 겪는다고 보고하면서, 정서적 민감성이 ADHD에서 차지하는 비중이 생각보다 더 크다는 점을 밝혀냈다.[7] 민감성은 자폐와 ADHD의 핵심 특성이지만 조절장애나 이상, 혹은 기능장애와 같은 표현에 묻혀 주목받지 못하고 있다.

ADHD는 흔히 어린 사내아이들이 가만히 있지 못하고 들썩이며 산만하게 구는 문제로 여겨졌다. 의사와 연구자는 그 표면 행동 아래나 광범위한 환경에서 일어나는 현상에는 그다지 관심을 보이지 않았다. 게다가 여자아이와 여성 ADHD에 대해서도 거의 관심을 두지 않았다. 자폐와 마찬가지로, ADHD에 대한 고루한 고정관념은 대개 의료계가 새롭게 부상하는 일련의 행동 양상을 포착하고 체계화하려고 발 벗고 나섰던 초기 연구에서 비롯됐다. 그리고 ADHD가 있는 여자아이나 여성 중 다수는 '명석하고' 학업성적이 우수했기 때문에 진단 및 연구의 레이더망에 잡히지 않았다. 하지만 이들은 수년간 실행 기능에 문제를 겪으면서 자기가 맡은 일을 제대로 해내지 못한다는 느낌, 직장에서나 가정에서나 결코 목표에 '다다르지' 못할 듯한 느낌을 받으면서 불안과 우울에 허덕인다. 그럼에도 여러 ADHD 여성이 초집중이라는 재능을 발휘해 집필, 연구, 예술 등의 분야에서 뛰어난 활약을 보이는 것 역시 사실이다. 여기서 기억해야 할 것은 ADHD를 가진 사람은 주의력 '부족'이라는 진단명과 달리, 자신이나 타인의 요구에 따라 주의력을 '조절'하는 데에 어려움을 겪는다는 점이다. ADHD인 사람은 주의력이 지나치게 뛰어난 경우가 많다. 단지 엄격하게 체계화된 현대사회에서 '사회적으로 용인되지 않는' 시간과 상황에 그 주의력이 발휘될 뿐이다.

ADHD를 가진 사람들에게서 나타나는 민감성은 굉장히 중요하고 흥미로우며 매우 민감한 사람이나 자폐인이 보이는 민감성과는 그 성격이 뚜렷하게 다르다. ADHD인 사람에게 나타나는 민감성은 두 부분으로 나눠 생각할 수 있다. 첫째로, 이들은 꽃가루를 가능한 한 많이 찾아다니는 벌처럼 새로운 정보와 자극에 굉장한 호기심과 민감성을 보인다. 둘째로 ADHD로 살아온 결과, 특히 자신이 ADHD라는 사실을 알지 못한 채 생활을 지속한 결과, 타인의 비판과 판단에 민감해진다. 이들은 지각하고, 약속을 잊고, 마감을 넘기고, 데이트 약속이나 시간을 혼동하는 등 시시때때로 자기가 해야 할 일을 감당하지 못하고 그러다가 자괴감에 빠져들곤 한다. 이들은 스스로에 대해서도 민감하게 반응한다. 이는 전전두엽 피질상의 문제로 실행 기능이 제대로 작동하지 않는 탓이다. 자기감정과 감정조절에 민감할 뿐 아니라 자신이 스스로에게 엄격하지 못하다고 느낄 때도 민감해진다. 그러다 보니 ADHD 성인들에게는 아이처럼 발끈 화를 내며 '폭발'하거나 정서적으로 무너지는 일이 드물지 않게 일어난다. 누군가 여러 가지 정보를 한꺼번에 제시하거나 동시에 여러 가지를 기대하는 일반적인 상황에서 ADHD인 사람은 감각 과부하에 걸려 한계에 부딪힌다.

나는 어린 시절부터 이처럼 자제력을 잃는 일을 겪어왔는데, 그 이유를 도무지 이해할 수 없었다. 또 남들의 평가나 비판에 매우 민감해져서 좌절감이나 분노가 갑자기 치솟을 때도 있었다. 이런 경험 대부분은 누적된 트라우마accumulated trauma(사소한 사건이 반복돼 일어난 트라우마-옮긴이)의 일종이었다. 뭔가를 '제대로' 해내려고 몇 번이고 시도했는데도 그 방법을 '터득'하지 못하면 마침내 좌절감에 폭발하고 마는 것이다. 그러면 주위 사람들은 깜짝 놀라거나 혼란스러워한다. 왜냐하면 폭발하기 전까지는 모든 일이 표면 아래에서 보이지 않게 일어나기 때문이다. ADHD 여성들은 이렇게 수년간의 몸부림 끝에서야 실제로 자기 내면에서 무슨 일이 일어나고 있는지 알아차리곤 한다.

ADHD와 감각 과부하

"박사후과정을 세 달쯤 버텼을까 싶은 시점부터 더 이상 일에 집중할 수가 없어서 일주일 내내 넋이 나간 듯이 살았어." 내 친구 스테파니는 ADHD를 진단받기 전에 내게 이렇게 털어놨었다. "집에 돌아오면 정신적으로나 감정적으로 진이 빠져서 쉬는 날에는 거의 멍하게 정신을 놓고 지냈지. 또 주말에는 이틀 내내 혼자 있었는데도 아무 이유 없이 지치고 힘들었어. 시간은 쏜살같이 흐르는데 나는 정말이지 아무것도 이룬 것 없이 시간만 흘려보냈어."

"대학원은 체계가 있고 할 일이 다양했지. 매일같이 똑같은 책상에 앉아서 똑같은 컴퓨터로 똑같은 일을 반복하지 않아도 됐어. 그래서 나는 학교를 졸업하는 게 무서웠어." 스테파니는 자기 지향self-direction이 부족하다며 염려했고 학업에 너무나 집중한 나머지 졸업 후 진로를 다양하게 생각해보지 못했다. 그러던 어느 날 스테파니가 치료사에게 물었다. "저는 왜 이렇게 비생산적일까요? 도대체 왜 늘 멍하니 앉아 있는 거죠?" 치료사는 ADHD 가능성을 언급했지만 스테파니는 그럴 리가 없다고 생각했다.

스테파니는 나와 함께 하버드대학교 공중보건 대학원을 다닌 친구로, 우리 두 사람 모두 자신의 신경학적 특성을 알기 이전부터 늘 어울려 지냈다. 스테파니는 캘리포니아주 오클랜드에서 베트남 이민자 가족의 맏딸로 자랐다. 그녀는 불안한 아이였고, 언제나 주위를 관찰하면서 친구나 가족이 놓치는 세부사항을 알아차리곤 했다. 또 레즈비언으로 커밍아웃을 한 까닭에 가족들에게 애물단지 취급을 받았다고도 했다. 대화를 나누는 중에 스테파니가 감각 과부하로 압도당할 때의 느낌을 설명하는데, 그 방식이 신경 쓰이기는 했었다. 스테파니는 학업성적이 우수했고 지금은 서던캘리포니아대학교에서 학생들을 가르치고 있지만 뭔가 이상한 면이 있었다. 현대사회의 업무 체계와 업무방식이 그녀의 몸과 마음에는 잘 맞지 않는 것 같았다.

스테파니는 자신이 ADHD라는 것을 파악한 이후, 자기 일상을 지배하는 갖가지 감각처리 방식이 보통 사람과 어떻게 다른지 설명했다. "삐걱거리는 소리가 정말 거슬려. 그리고 감각 과부하보다 정보 과부하가 더 빨리 오는 편이라 쇼핑몰에서 쇼핑하는 게 너무 힘들어." 그녀는 옷을 고르거나 장보기를 하면 진이 빠졌다. "반짝거리는 불빛이며 상자며 가격표며, 사야 할 물건의 목록을 적어 온 건 잊어버리고 그냥 물건을 둘러보고 거기서 패턴이나 색상이나 진열 방식 같은 정보를 흡수하는 거야. 그것 자체는 나쁘지 않아. 감각 정보가 쏟아져 들어오는 경험 자체는 유쾌하고 난 그런 경험을 즐기지만 그 정보들을 실제로 전부 처리해야 할 때면 진이 빠지고 말지."

또 스테파니는 혼자 방에 있을 때면 세상과 자신이 '분리'된 듯한 느낌이 든다고 말했다. 실생활에서 해야 할 일을 까맣게 잊고 마는 것이다. "나는 혼자 지내기가 어려워. 아침에 일어났을 때 누군가가 내 머릿속 생각이 현실이 아니고, 지금 내가 현실 세계에서 해야 할 일이 있다는 사실을 알려주지 않으면 곤란하거든. 잠자리에서 나와서 이를 닦기까지 몇 시간이 걸릴 때도 있어. 침대에 누워서 머릿속으로는 빨래도 하고 이런저런 볼 일도 보는데 현실에서는 아무것도 안 하고 침대에 누워 있는 거지."

스테파니는 서던캘리포니아대학교와 하버드, 존스홉킨스에서 학위를 받았다. 그녀는 '사회생활을 시작도 못 한' 실패자가 아니라 높은 성취를 이룬 의욕적인 사람이었다. 그리고 그녀가 침잠이라고 표현한 상황은 사실 민감성의 지배를 받는 경험으로, ADHD 여성에게서 흔히 보고된다. 내가 인터뷰한 많은 ADHD 여성이 오늘날의 엄격한 일상의 체계에 '지나치게 민감해져서' 금방이라도 무너질 듯한 느낌을 받고, 사회의 기대에 부응하지 못한다는 생각에 수치심을 느낀다. 이들은 양자물리학을 연구하고 박사논문을 쓰고 전 세계 무대에서 스탠드업 코미디언으로 활약하면서도 '일반적인 성인'이라면 '기본적으로 할 줄 알아야 하는 일'에는 굉장히 무능하다고 느낀다.

마리아 야고다는 예일대학교에서 공부하던 시절에 ADHD 진단을 받았다. 재능 있는 저자이자 기자인 야고다는 이후 자신의 진단명을 '커밍아웃'하면서 ADHD 여성의 대변자가 됐다. "저는 뭔가에 완전히 빠져들어서 시간과 에너지를 전부 쏟아붓곤 해요." 야고다가 나와 인터뷰하면서 말했다. 그녀는 또한 감각 과부하에 따른 번아웃과 불안감, 그리고 때때로 찾아오는 우울감을 설명했다. 야고다는 계속해서 변하는 여러 일의 마감 시한을 놓치지 않고 맞출 줄 알지만, 열쇠를 어디에 뒀는지 입출금 날짜가 언제인지는 잘 기억하지 못한다. "때로 정신 없이 바쁜 날, 예컨대 뉴스거리가 여럿 터지고 회의가 너무 많이 잡히고 갖가지 일로 집 안이 시끄러운 날이면 집중력이 평소보다 훨씬 더 올라오곤 해요. 마치 생산성을 극대화하는 특수 기어를 장착한 느낌이죠."

선택의 폭을 넓히기 위하여

이처럼 부조리한 일이 발생한 원인 중 하나는 ADHD를 비롯한 신경다양성에 대한 학술 연구에서 여자아이와 여성이 배제돼 교사와 의사, 일반 대중이 이들 여성의 행동이나 사고 패턴을 ADHD나 아스퍼거와 연관 짓지 못해서이다. 신경다양성에 대해 우리가 알고 있는 지식은 대부분 남성을 대상으로 실시한 연구에 토대를 두고 있어서, 수많은 여자아이와 여성이 자신의 신경다양성을 알아채지 못하거나 오진을 받고 불필요하게 고통을 겪는다.

그와 동시에, 자폐나 ADHD가 신경다양성의 체계에서 말하듯 그저 인간 경험의 일부분일 뿐이라면 우리는 이러한 진단을 어떻게 활용해야 할까? 사람들이 자기 경험을 설명하고 정리하며 규정하는 과정을 돕는 유용한 출발점으로 인식해야 한다. 하지만 ADHD나 자폐에 대한 고정관념은 특히 여성이 경험하는 현실과 동떨어져 있고 이들 중 일부만의 경험을 설명하고 있기에 도움이 되기는커녕 장애물이 될 때가 더 많다.

최신 연구 결과와 일화적 증거에 따르면, 신경다양성은 여자아이와 여성에게 매우 흔히 나타나며, 관련 증상이 뻔히 드러나는데도 못 보고 지나칠 때가 많다. 예를 들어 ADHD를 지닌 여자아이나 여성은 자주 몽상에 빠지는 등 주의력이 부족한 ADHD의 특성을 보이는 동시에 뭔가를 숙달하기까지 완전히 몰두하는 초집중 성향을 보인다. 이들은 책이나 과제, 시험 준비에 집중하는 능력 덕분에 학업성적이 우수한 경우가 많아서 이들의 부모, 교사나 의사는 결코 ADHD를 의심하지 못한다. 하지만 대학 입학을 비롯한 생의 중요한 전환점을 맞아 일상에 체계가 사라지고 이전에는 생각할 필요가 없었던 자잘한 일들을 실행 기능을 발휘해 스스로 처리해야 할 시기에 이르면 이들의 삶은 극적으로 바뀐다.

연구 조사와 인터뷰에 따르면, ADHD 여성은 자폐 여성과 마찬가지로 사회화 과정에서 주위 여성들의 행동을 모방하면서 이상적 '자아상'과 사람들과 상호작용하는 방식을 학습한다. 하지만 내면적으로는 어떻게 행동하고 말할지, 언제 무슨 이야기를 할지, 특정한 사회적 상황에서 어떤 자세를 취할지 등을 신경 쓰느라 엄청나게 많은 에너지를 소모한다. 그러다가 인생의 어느 시점, 흔히 성인으로서 책임이 무거워지는 시기에 이르면 아무렇지 않은 척 가장하거나 패싱을 더 이상 지속하기 어려워지는 때가 찾아온다. 그러면 우울과 불안, 번아웃, 피로가 수면 위로 떠오른다. 이들은 자신이 진짜 모습을 숨기거나 타인을 모방하곤 한다는 사실을 깨닫지 못한다. 하지만 정신적 에너지 소모가 커지는 삶의 영역이 점점 더 늘어나면서 이전의 사회적 상황이나 관계를 유지하기가 점점 더 버거

위지기 시작하면 이를 알아차리기 시작한다. 그리고 자신의 실제 성향과 이제껏 사회적 의무에 따라 취해온 행동 방식 사이에 괴리가 있음이 명확히 드러난다.

신경다양성 프로젝트 모임에 참석했던 이자벨은 학창시절 반에서 인기가 좋았고 성적도 상위권이었지만 대학에 들어가면서 모든 게 달라졌다고 말했다. 이자벨은 예술가와 혁신적인 사상가가 많은 개방적인 집안에서 자란 재능 많은 아이였고, 자신이 남다르거나 문제가 있다는 생각을 단 한 번도 해보지 못했다. 하지만 대학에 들어가서 동년배 대학생들의 빠른 삶의 속도와 경쟁적인 문화를 자신이 버텨내지 못한다는 사실을 깨닫고는 고향으로 돌아와 다른 곳에서 대학을 마쳤다.

세월이 흘러 결혼을 하고 아이들을 낳은 후 그녀는 무엇 하나 제대로 해낼 수가 없었다. 몸에 병이 났고 모든 것이 버겁기만 했다. 그러다 아들이 아스퍼거와 ADHD 진단을 받고 나서야 자신의 신경다양성을 깨달았다. 그동안 가면을 쓰고 사느라 정서적으로나 신체적으로 엄청난 대가를 치렀지만, 가면을 벗고 나자 몸도 마음도 몰라보게 좋아졌다.

"아스퍼거에 대해서 조금 더 일찍 알았더라면 그 모든 상황에 더 수월하게 대처할 수 있었을 거예요. 우린 정말 딱 아스퍼거거든요." 이자벨이 자신과 아들을 지칭하며 말했다. "제가 흔히 아스퍼거 하면 떠오르는 이미지와는 전혀 다르다는 점이 당황스러웠어요. 저는 컴퓨터광이나 기술 전문가도 아니고 코딩에 빠지지도 않았거든요." 많은 자폐 여성과 마찬가지로 이자벨은 신경다양인 여성들이 자기 경험을 터놓고 나누는 트위터나 블로그 같은 온라인 공동체에서 위안을 얻었다. 그런 공유를 통해서 실제로 많은 이들이 구원을 받았다. "아스퍼거에 대해서 다른 여성들과 이야기를 나누고 동지애를 느끼면서 상처가 많이 치유됐고 힘을 얻었어요. 이제는 저는 기쁨과 경외심을 꽤 자주 느낍니다. 자부심이 생겼어요."

이자벨은 자신의 경험을 반영해서 예술작품을 창작하는 일이 자신의 소명이라고 느낀다. "마침내 예술을 해야겠다, 그리고 그 예술작품이 신경전형인과 신경다양인을 잇는 다리가 되게 해야겠다는 생각이 확고해졌어요. 저는 소수이자 비주류인 우리가 사회를 비추는 거울이 돼야 한다고 생각해요. 우리 신경다양인은 큰 사상가이자 창조가로서 혁신이나 미적 아름다움을 지닌 작품으로 세계에 기여해요. 저는 둘 사이를 잇는 다리를 만드는 것이, 다시 말해서 서로를 향한 열린 마음과 이해심을 유지하도록 도우면서 삶의 질을 증진하는 것이 제 작업의 참 의미라고 생각해요." 요즘 이자벨은 집에서 예술 토론회를 열고, 사진 찍기에 몰두하고, 신경다양성을 지닌 가족 구성원들을 돌본다.

데니스는 컬럼비아대학교에서 영문학을 전공한 의학대학원

생이다. 그녀는 자신을 매우 민감한 사람으로 여겼고 20대 후반에는 자폐 진단을 받았으며 그녀의 어머니와 언니는 모두 ADHD이다. 데니스는 이렇게 말했다. "양상은 다르지만 저희 가족은 모두 민감해요. 저마다 방식은 달라도 모두가 민감했기 때문에, 저는 제가 민감한 사람이라는 것을 눈치 채지 못했어요. 제가 남자아이였다면 분명 뭐든 진단을 받았을 거예요. 아마 아스퍼거였겠죠." 데니스는 어릴 적 까치발로 걸었고 자기만의 세계에 빠져들곤 했으며, 손에서 책을 놓지 않았고 걸핏하면 나무 위로 기어올랐다. 중학교 시절에는 자신과 제일 친한 친구가 학교에 책을 가져오지 못하게 한 덕분에 조금 더 사회적이 될 수 있었다. "제가 남들과 사고방식이 다르다는 건 알았어요. 늘 다른 사람들은 어떻게 생각할까를 짐작하며 많은 시간을 보냈죠." 데니스는 아주 긴 세월 동안 유지해온 관계를 두고 마치 '맹인을 안내해주는 사람'이 있는 것과 비슷하다고 설명했다. 자기보다 더 자주 세상 밖으로 나가고 싶어 하는 사람과 함께하다 보면 데니스 자신도 사람들과 어울리고 상호작용을 할 기회가 늘어났다. "하지만 파티에 참석한 날처럼 사람들과 지나치게 많이 어울렸다 싶으면 그다음 날에는 베일이 걷히기 전까지 계속 잠을 자야 해요."

데니스가 '베일'이라고 부르는 이 보호막은 유아기부터 청년기에 이르기까지 그녀를 보호해줬다. 데니스는 스테파니가 그랬듯 자기 인생의 전반부를 지배해오다가 어느 날부터인가 소멸되기 시작한 '분열'의 경험에 대해 이야기했다. "저는 대학에 온 이후 어느 시점부터 사물을 조금 더 명확히 느낄 수 있었어요. 어느 날 켄터키주 루이빌에 있는 길모퉁이에 서 있을 때 안개가 걷혔죠. '아, 다른 사람들은 이런 느낌으로 살아가는구나' 하고 혼자 생각했어요. 저는 제가 25년 동안이나 스스로와 일정 부분 분리돼 살아왔고 점차 제 몸으로 돌아오고 있다고 느꼈어요." 데니스는 이제 자신의 민감성과 관련해서 선택의 폭이 넓어졌다고 느낀다.

데니스는 여성들이 자신의 증상을 제대로 '진단받지 못해서' 겪는 어려움, 예컨대 우울증이나 정체성의 위기를 한 번도 겪지 않았다. 그 대신 다른 것을 겪었다. "저에게 최악의 고비는 관절통, 생리통, 브레인 포그brain fog(뇌기능 저하, 머리에 안개가 낀 것처럼 멍한 느낌이 지속되는 상태-옮긴이) 같은 신체 증상이었어요. 자극을 더 이상 받아들일 수 없었던 거죠. 굉장히 혼란스러웠어요." 여성의 신경다양성을 파헤친 최신 연구를 살펴보고, 같은 성향을 지닌 사람들의 공동체를 찾고 정신건강 훈련 프로그램에 참여한 것이 종합적으로 효과를 발휘한 덕분에 데니스는 전반적으로 예전보다 명확하게 세상을 감지할 수 있게 됐다. "상담을 받은 지 2년이 됐어요. 우울하거나 불안해서가 아니라 저 자신을 더 잘 이해하고 선택권을 갖기 위해서요.

저는 민감성이 세상을 바라보는 또 다른 방식이라고 생각해요. 이런 성향을 표현할 수 있는 용어가 있고, 또 저와 똑같은 경험을 하는 사람들이 있다는 사실을 알고 난 후로는 마음이 얼마나 편안해졌는지 몰라요."

데니스는 재능이 많다. '책으로 배운 지식이 많은' 데니스는 자신의 독특한 두뇌 회로가 어떻게 그녀를 뛰어난 청취자이자 의료인으로 만드는지에 대해서도 잘 안다. "저는 신체적인 공감을 많이 경험하는 편이에요." 하지만 다른 사람에게 자신의 경험을 설명하기란 여전히 쉽지 않다. 데니스와 같은 여성에 대한 학술 연구가 이제 막 걸음마 단계에 있기 때문이다. 만약 우리가, 특히 여성이 생활 속에서 겪는 실제 경험을 과학과 의학, 건강 및 신경과학 연구가 제대로 포착해내지 못한다면 어떻게 해야 할까? 다행히 매우 민감한 사람의 뇌 스캔이나 거울 뉴런에 대한 연구가 부상하고, 더불어 사라 시거나 조엘 살리나스 같은 저명인사들이 전면에 나서면서, 그리고 가장 중요하게는 여성의 관심사와 의문 그리고 경험이 드디어 학술 연구에서 다뤄지기 시작하면서 신경다양인 여성들의 집단적 경험이 신경전형인 중심의 가부장적 의제를 밀어내고 있다. 명석하고 재능과 능력을 갖춘 사람들이 스스로의 신경다양성을 '커밍아웃'하면서 신경다양성에 대한 담론은 획기적으로 변화하고 있다.

4장

감각이
예민한 사람들

감각 정보 조절에 어려움을 겪는 사람은
냉장고나 형광등이 윙윙거리는 소리 따위가
계속 귀에 들어와서 높은 각성 수준에 머문다.
그래서 쉽사리 짜증이 나고 불행하다고 느끼거나
일에 집중을 못 하는 집중력 문제를 겪는다.

감각처리장애 활동가이자 저자인 레이철 슈나이더Rachel Schneider는 인터뷰를 하면서 자신의 감각처리장애가 남다른 장점이자 관리해야 할 장애라고 말했다. 수많은 신경다양인과 마찬가지로 그녀에게는 좋은 날도 있고 나쁜 날도 있다. 레이철은 감각처리장애에 따르는 이점, 그러니까 민감하고 주변 사정에 밝고 주변 환경과 조화를 이룬다는 이점을 잘 알지만 특정 작업 환경과 특정 장소, 자극적인 환경을 못 견디는 성향이 자신의 삶에 영향을 미친다는 점도 인지하고 있다.

감각처리장애는 이 책에서 논의한 다른 신경다양성과 여러 면에서 유사하지만, 특징적인 신체 증상이 나타난다는 면에서 차이가 있다. 슈나이더 같은 감각처리장애자는 다른 유형의 신경다양성인과 마찬가지로 정서적 민감성, 뛰어난 지각력, 자극을 과도하게 받기 쉬운 성향을 가지고 있지만, 특정 감각 자극을 갈구하거나 철저히 회피하는 특성을 보인다. 이런 성향은 흔히 촉각, 미각, 청각, 후각에서 나타나는데, 슈나이더는 꼭 껴안는 것은 아주 좋아하지만 갑작스레 들리는 큰 소음은 회피한다. 가까운 친구들과는 기꺼이 어울리지만 하루에 너무 많은 친구를 만나지 않으려 하고 재택근무를 고집해서 구직할 때 고용주와 협상을 해야 한다.

첫 인터뷰 당시 슈나이더는 어린 딸을 기르는 6개월 차 엄마였다. 슈나이더는 감각처리장애를 수년간 겪어냈고 그만큼 자신감이 생겼기 때문에 그녀의 집과 삶 속으로 아이가 들어오면서 생긴 일상의 변화와 소음, 혼란에도 심하게 당황하지는 않은 듯했다. 하지만 이는 그녀가 이미 자신에게 잘 맞는 환경을 조성했고, 가까운 친구와 가족 모두가 그녀의 감각처리장애를 잘 알고 있기에 가능한 일이었다. 마사지 치료사이자 공감각자인 하트가 때로 움직이는 물체와의 상대적 거리를 가늠하지 못해서 고속도로에서 운전을 하지 않듯, 슈나이더도 몇몇 환경에서는 주변 자극에 압도되기 때문에 이제 그녀의 남편과 가까운 친구들은 그녀가 멍해지거나 '정신을 놓기' 시작하는 기미를 금세 알아챈다.

감각처리장애에 따른 불안감을 줄여주는 약물치료는 심리치료나 작업치료만큼이나 슈나이더에게 도움이 됐다. 그녀는 처음에 '공황장애' 진단을 받았었고, 스물일곱이 돼서야 감각처리장애로 인정을 받았다. 감각처리장애를 의심한 심리학자가 그녀를 작업치료사에게 보냈고 드디어 자신에게 꼭 들어맞는 진단명을 부여받은 것이다. 체육관에 가는 것이 "나에게는 만병통치약"이라고 말하는 슈나이더는 이제 자기 신체와 훨씬 더 깊이 교감한다.

감각자극을 처리하는 다양한 방식

감각처리장애는 아직 《DSM》에 포함돼 있지는 않지만 심리치료사와 연구자, 부모, 작업치료사, 그리고 많은 지원 단체에서 받아들여지고 있다. 루시 제인 밀러 박사Lucy Jane Miller, PhD.가 콜로라도에 설립한 '감각처리장애 스타협회STAR Institute for Sensory Processing Disorder'는 감각처리장애 연구와 치료, 지원을 선도하고 있는데, 이 협회는 아래 주요 증상에 해당한다면 감각처리장애 가능성이 있다고 본다.

- 환경 자극에 지나치게 민감하다. 타인과의 접촉을 싫어한다.
- 시각 자극이 많은 환경을 회피하거나 청각이 예민하다.
- 아침에 일어나기 힘들고 시동이 천천히 걸린다.
- 여러 가지 일을 한꺼번에 벌이고서는 대부분 제대로 마무리하지 못한다.
- 물건을 다룰 때 힘 조절이 안 된다.

- 여기저기 잘 부딪혀서 어디서 생긴지 모르는 멍이 들곤 한다.
- 몸을 써서 하는 일이나 순서대로 해야 하는 일을 새로 익히기 어렵다.
- 신체활동을 하면 종일 집중력을 유지하는 데 도움이 된다.
- 일이나 회의에 집중하기가 어렵다.
- 상대의 질문이나 요청을 잘못 이해해서 되묻는 경우가 많다.
- 읽기, 특히 소리 내어 읽기가 어렵다.
- 말이 유창하지 않고 더듬는다.
- 글의 내용을 흡수하려면 여러 번 읽어야 한다.
- 말하면서 생각하기가 어렵다.
- 학교 리포트나 글쓰기 과제를 위한 아이디어를 구상하기가 힘들다.

많은 여성이 결혼이나 출산 이후에 불안감이 높아진 이유를 찾다가, 타인과 함께 살기 시작하면서 늘어난 스킨십에 그 원인이 있다는 것을 알아채곤 한다. 그 외에 균형 잡기와 협응의 문제, 후각 민감성, 이유를 설명할 수 없는 성관계 기피, 일 처리의 어려움 등을 호소하는 여성도 있다. 작업치료사들은 감각처리장애에 대한 이해를 높이기 위해 특히 고유 수용성 감각 proprioception(자기 신체의 위치와 자세를 파악하는 감각), 내수용성 감각(온기나 허기를 포함한 신체 내부의 감각), 평형과 운동을 감지하는 전정 감각vestibular sense 같은 기본 개념을 대중에게 널리 알리는 작업에 힘써왔다.

감각처리장애 관련 단체는 감각처리장애가《DSM》에서 공식적으로 인정을 받아서 해당 아동이 학교에서 배려를 받고 작업치료를 받을 때 보험이나 의료체계가 지원할 수 있도록 하기 위해 애쓰고 있다. 이처럼 감각처리장애를 공식적으로 인정받아서 지원을 받고자 하는 욕구와, 그와 정반대로 신경학적 차이로 존중받기를 바라는 욕구 사이의 긴장감은 신경다양성을 경험하거나 연구하는 현장에서 흔히 나타난다. 두 욕구가 모두 타당하다. 그리고 공존할 수 있다. 많은 사람이 이두 가지 욕구를 동시에 품는다. 예를 들어, 앞의 증상 목록 중에서 "글의 내용을 흡수하려면 여러 번 읽어야 한다"라는 진술을 마땅히 치료나 배려를 받아야 한다는 의미로 받아들일 수도 있지만, 다른 한편으로는 정보를 깊이 처리하는 특유의 성향이 있다는 의미에서 자신의 정체성에 자부심을 느낄 수도 있다.

감각처리장애 진단은 주로 작업치료를 받는 아동에게서 두드러지게 나타나고 성인이 진단을 받는 사례는 드문데, 이는 감각처리장애가 자폐나 ADHD와 겹치는 면이 있어서 제대로 알아채지 못할 때가 많기 때문이다. 1970년대에 진 에어스가 '감각통합장애'라고 이름을 붙였던 감각처리장애는 감각처리

방식에서 차이를 보이는 아동의 수가 증가함에 따라 작업치료 분야에서 받아들여졌다. 감각처리장애로 도움을 요청하는 가족들의 이야기를 들어보면 사람이 감각자극을 처리하는 방식이 얼마나 다양한지 명확하게 드러나기 때문에 나는 감각처리와 관련해서 '차이'라는 단어를 사용한다. 감각처리장애에서 흔히 나타나는 '증상'으로는 접촉이나 소리 등의 자극에 대한 과잉 혹은 과소 반응이 포함된다. 이러한 양극단의 반응은 아동이나 성인이 타인과 상호작용하는 과정을 방해한다.

감각처리장애는 대개 감각조절장애SMD, sensory modulation disorder, 감각변별장애SDD, sensory discrimination disorder, 감각기반 운동장애SBMD, sensory-based motor disorder로 나뉜다. 이들 하위 유형에서는 정도의 차이는 있지만 감각 과잉 반응, 청각 민감성, 자세 잡기 문제 등이 나타난다. 이처럼 세분화된 하위 유형은 2007년 루시 제인 밀러와 동료들이《DSM》진단 범주의 기준 척도를 공고히 하려는 목적으로 제안했다. 일부 의료 전문가들은 감각처리장애를 '장애'에 포함시키자는 주장에 반대하지만 많은 부모와 현장 전문가는 감각처리장애가 아동과 성인, 그리고 그들의 가족에게 미치는 영향을 고려해서 장애로 공인받기를 바란다.

다른 유형의 신경다양인도 이와 비슷한 상황에 처해 있다. 신경다양성은 선천적 '장애'가 아니지만, 우리 사회를 지배하는 신경전형적인 문화와 체계는 그 환경이 지나치게 자극적이라 신경다양인은 스스로에게 장애가 있는 것처럼 느낀다. 닉 워커를 비롯한 자폐 학자 및 저술가들은 이를 의학적 장애 모형medical model of disability과 대비해서 사회적 장애 모형social model of disability이라고 부른다. 앞에서도 의문을 제기했듯, 장애가 있는 사람은 과연 누구인가? 누가 '장애'를 만들었는가? '정상'을 규정하는 사람은 누구인가?

내 경험에 붙일 이름이 있다는 것만으로도

리사는 감각조절에 어려움을 겪고 있고, 감각 과민반응 및 감각추구sensory craving 성향이 있다. 모든 것을 너무나 강렬하게 느끼는 그녀는 자극에 쉽사리 압도당하는 동시에 특정 향기 등의 자극을 추구한다. 통합운동장애dyspraxia도 있어서 새로운 몸동작을 익히기 어렵고 자주 부딪힌다. 창의적이고 온화하며 매력적인 그녀는 미술 교사로 수년간 학교에서 근무했고 마흔 여덟이며 10대와 20대 자녀 셋을 두고 있다.

그녀는 이렇게 말했다. "저는 자극을 과도하게 받으면 정서적으로 무너져요. 울음이 터져서 그칠 수가 없죠. 이런 일이 일주일에 몇 번씩 일어나요." 그 뒤로는 감각처리장애 여성을 인터뷰할 때마다 나오는 이야기가 이어졌다. "스킨십이 힘들어요. 살짝 건드리기만 해도 아프거든요. 남편과의 성관계도 힘들었어요. 그래서 남편과 부부치료사를 찾아갔죠. 도대체 뭐가 문제인지 알고 싶었거든요." 리사는 부부치료사에게 감각처리장애일지 모른다는 이야기를 들었지만 상황이 명확해지기까지는 시간이 걸렸다.

"주치의를 찾아갔는데 주치의는 감각처리장애가 뭔지도 몰랐어요. 누구를 소개해줘야 할지 몰라 난감해하더라고요. 결국 정신과의사를 찾아가보라고 권해주더군요." 하지만 정신과의사도 감각처리장애가 뭔지 몰랐다. "저는 병원 진료실에서 울음을 터트렸고 의사에게 감각처리장애를 설명해주고는 10분 만에 진료실에서 나왔어요……. 어디로 가야 할지 알 수가 없었죠. 정신과의사는 시카고의 대형 병원으로 가보라고 했지만 감각처리장애를 알고 있는 병원이 없었어요. 그래서 인터넷에서 정보를 찾다가 콜로라도에 있는 스타협회를 만났어요. 거기에 좋은 정보가 많더라고요. 저는 덴버에 가서 협회를 방문하기로 했죠."

아주 흔한 이야기다. 여성들은 숨겨진 감각 문제를 알지 못하고 구시대적 개념에 사로잡혀 있는 의사나 치료사와 마주한다. 의료 전문가들에게는 감각 관련 이슈에 대한 교육과 훈련, 인식이 부족한데, 거기에 여성 및 여성의 '히스테리'에 대한 고정관념과 편견까지 더해지니, 여성은 스스로를 옹호하면서 여러 의사나 치료사를 전전해야 한다. "평생 감각처리장애를 갖고 있으면서도 그걸 알 도리가 없었고, 감각처리장애가 뭔지도 몰랐죠. 저는 성인이 돼서야 감각처리장애 진단을 받았어요. 감각처리장애는 제 증상에 딱 맞아떨어졌죠. 제 경험을 지칭하는 명칭을 알고 나니 참 좋더군요."

젠 역시 스타협회를 찾았다. "제게 감각처리장애가 있는 줄 전혀 몰랐는데, 발달지체가 있던 아들이 18개월에 조기 작업 치료를 받기 시작했어요. 아들과 관련해서 여러 검사지를 작성하는데 의아하더군요. '다들 그런 거 아니었어?' 하는 생각이 들었죠. 그래서 남편에게 물었더니 남편은 그렇지 않다고 답하더라고요." 예전에 판매업과 건설업에 종사했던 젠은 매일 여러 곳의 건설 현장을 거뜬히 돌아다녔지만 책상 앞에는 도저히 가만히 앉아 있을 수가 없었다. 엄마가 된 그녀는 "누가 늘 저를 만져요"라면서 그게 힘들다고 말했다. "이 문제는 지금껏 늘 저를 따라다녔어요. 저는 늘 옷을 딱 붙게 입었고 단추 수를 세면서 언니에게 단추가 다 채워졌는지 확인해달라고 부탁했어요."

젠은 시시때때로 "다들 너무 시끄러워"라든지 "여보, 제발 좀 만지지 말아요"라고 말하곤 한다. 과장된 표정으로 내게 "그러니까 마트에 들어설 때 모든 사람이 어지럼증을 느끼는 건 아니라는 말씀이죠?"라고 묻기도 했다. "작업치료를 시작하고 나서 정말 감사한 마음이 들었어요. 그저 치료사에게 제 느낌을 이야기하고 주위 환경에서 무엇이 어떤 느낌을 주는지 알아차리는 것만으로도 예전보다 훨씬 더 좋아졌거든요. 공이나 그네는 그다지 도움이 되지 않았지만 뭔가를 꼭 껴안거나 꽉 쥐는 건 좋아요." 작업치료사들의 다양한 기법을 언급하면서 젠이 말했다.

리사와 젠은 스타협회에 소속된 같은 작업치료사를 만나고 있다. 레이철 슈나이더와 마찬가지로 젠도 운동이 치료의 핵심이라고 말한다. "저는 남편에게 이렇게 말하곤 해요. 운동을 안 하면 어두운 쪽으로 간다고요." 운동(젠의 경우 웨이트 트레이닝)은 불안감과 우울감을 예방해준다.

"작업치료사가 저를 해먹에 태워 흔들기도 하는데 그 흔들림이 생각을 명료하게 해줘요. 하루 중에 있었던 일이나 어떤 느낌이 들었던 이유에 대한 깨달음이 불현듯 찾아오죠. 뿐만 아니라 치료사는 제가 제 자신의 감각 경험을 이해하고 나쁜 감정 상태에 빠져들지 않도록 도와줘요. 그게 그들의 진짜 역할이죠. 감각처리장애는 감각 차원의 문제인 동시에 정서 차원의 문제이기도해요. 물리적인 측면은 제가 관리할 수 있어요. 옷을 입는 제 나름의 방식이 있고, 사람들이 저를 만지지 못하게 하죠. 가족들과는 접촉 없이 포옹하는 시늉만 하고요."

우울이 아닌 감각의 문제

사라 노리스Sarah Norris와 캐리 아인크Carrie Einck는 스타협회 소속 작업치료사로 리사와 젠을 치료했고, 협회가 성인 및 청소년을 대상으로 치료 영역을 넓히도록 도왔다. 2016년에는 치료 프로그램을 확장해서, 이제는 더욱 다양한 사람들이 자율적이고 독립적으로 일상생활을 영위하도록 돕는 광범위한 일을 하고 있다. 감각통합치료는 작업치료사의 전문영역 중 하나일 뿐이고, 스타협회에서는 연구와 교육, 치료를 병행하고 있다.

"아동을 대상으로 한 작업치료는 치료법이 다양하고 정보도 많지만, 성인을 대상으로 하는 치료법과 정보는 매우 제한적이에요." 노리스는 아인크와 함께 방대한 문헌을 검토하고, 현장에 있는 치료사들을 교육하고 훈련시켰으며, 인파, 밝은 빛, 갑작스런 접촉, 불편한 옷 등에 민감해서 불안함을 느끼는 성인과 청소년을 위한 프로그램을 개발해왔다. "아동기 트라우마가 전부가 아니에요. 저희를 찾아오는 성인 여성들은 이곳에 올 때쯤이면 대부분 이미 여러 곳에서 상담을 받고 이런저런 진단을 받은 상태예요. 흔히 우울증이나 불안장애, 조울증을 진단받죠. 이런 진단은 그중 어느 것 하나도 그들의 증상과 잘 들어맞는다는 느낌이 들지 않고 치료도 효과가 없어요. 검사를 하다 보면 자신과 잘 맞지 않는 것 같고 이해가 안 되죠.

그러다가 감각 기반의 정보나 연구를 접하면 '딱 나네! 이제 이해가 가!' 하는 순간이 찾아와요."

"다른 원인이나 정신질환이 공존할 수 없는 건 아니지만 감각 관련 정보는 이들 여성이 자신을 더욱 온전히 이해하는 새로운 틀을 제공해요." 그 말 뒤에 노리스는 이렇게 덧붙였다. "영아에서부터 성인에 이르기까지 감각처리장애가 있는 사람의 생애 전반을 돌아보면, 그중 중기 아동기와 초기 청소년기가 특히 중요한 시점이에요. 심리적 문제가 감각 관련 이슈를 더 견디기 어렵게 만들기 시작하거든요." 그 예로 재능 있고 민감한 아이 중 다수가 그 시기에 심한 불안장애를 앓기 시작한다고 한다. 그리고 적절한 도움을 받지 못한 채 청소년기를 보내고 성인기에 이르면 여러 정신질환을 진단받게 된다.

아인크를 찾아오는 내담자는 대개 이제 막 결혼했거나 아이를 낳은 여성으로, 이들은 타인과 공간을 공유하면서 새로운 문제를 발견한 참이다. 이를테면 이전까지 듣지 못했던 소리를 견뎌야 하고, 촉각을 비롯한 여타 감각자극이 늘어난다. 때때로 여성들은 자녀가 감각처리장애를 진단받은 후에야 자신의 문제를 알아차리곤 한다. 그렇기에 노리스는 "부모는 자기 경험을 말로 상세히 표현할 수 있기 때문에 캐리와 제가 아동 작업치료를 할 때 도움이 많이 돼요"라고 말한다. 아인크와 노리스는 감각처리장애와 작업치료가 대중에 더 널리 알려지는 날이 오기를 꿈꾼다. 아인크는 이렇게 말했다. "작업치료사가 어떤 일을 하는지 모르는 사람이 여전히 많아요."

감각과 감정

아인크는 각 내담자가 다양한 체험을 하면서 맞춤형 치료를 받는다고 설명했다. 작업치료는 약물치료와는 다르고, 감각통합 클리닉에는 대개 운동 영역과 평가 영역이 있다. 바닥에는 선명한 빨간색 파란색 운동 매트가 깔려 있고, 천장에는 그네가 매달려 있고, 서랍과 선반에는 더 미세한 운동을 위한 소도구가 정리돼 있다. 작업치료사는 일단 내담자의 강점과 문제를 파악하기 위해 문항검사를 실시한다. 후각, 미각, 청각 민감성을 모두 평가하고 평가가 끝나면 피드백을 시작한다. 예컨대 내담자에게 그네나 공 같은 도구를 다뤄보게 한 다음, 그들이 관찰하고 느낀 바를 이해하도록 돕는다. (공간을 가로지르는 움직임과 관련된) 전정기관이 민감한가? 차멀미를 잘 하는 체질인가? 그 후 지극히 일상적인 생활 속의 각 영역, 다시 말해서 성생활이나 스킨십에서부터 피로 관리나 장보기에 이르는 거의 모든 영역을 통합하고 개선하기 위한 목표를 설정한다. 이 밖에도 어린아이나 아기가 집 안에서 시끄럽게 굴거나 우는 상황에서 청각 민감성이 어느 정도나 되는지도 자주 다룬다.

아인크는 일상에서의 기능과 기쁨, 그리고 평온을 번갈아 가며 언급했는데 그녀가 보기에는 바로 이런 요소들이 작업치료, 특히 성인 여성을 대상으로 하는 작업치료의 주요 목표다. 아인크에 따르면 평온한 상태와 높은 각성 상태에서의 느낌을 파악하지 못하는 여성이라면 특정 직물이나 신축성 있는 재료를 사용해보거나 높은 곳에 올라보거나 트램펄린에서 뛰어보면 각자에게 이상적인 자극 수준이 어느 정도인지 감을 잡기가 좋다고 한다. 신경다양인 여성들은 흔히 심리적으로 불안하기 때문에 스스로 생활 전반을 적절히 '조절'하고 있다는 느낌을 원한다.

감각처리장애가 있는 성인을 치료하는 방식은 아직 일정한 틀이 잡혀 있지 않아서 오히려 흥미진진한 면이 있다. 감각처리장애 여성이 자신에게 필요한 것과 자신이 원하는 것을 치료사에게 요구하면 치료사가 그때그때 내담자의 요구사항에 맞춰 즉각 반응할 수 있기 때문이다. 접촉이나 압력을 더 많이 받고 싶은가, 아니면 적게 받고 싶은가? 특정 색상이 다른 색상보다 더 편안하게 다가오는가? 작업치료사는 내담자를 불편하게 만드는 기폭제trigger와 마음을 안정시키는 진정제soother에 실시간으로 반응한다.

예를 들어 아인크는 리사에게 스티븐 포지스Stephen Porges의 연구를 토대로 만들어진 통합 청지각 훈련 프로그램인

iLSIntegrated Listening Systems를 소개했다. 포지스의 연구와 iLs는 미주신경(외상후스트레스 장애와 감각처리장애에 영향을 미치는 신경)을 진정시키는 것을 목적으로 하며, 그 과정에는 헤드폰으로 마음을 진정시키는 치료용 음악을 듣는 활동이 포함된다. 리사는 또 공, 트램펄린, 무게감 있는 담요, 피부용 브러시를 가지고 있는데, 이 도구는 모두 스타협회에서 소개받았다. 리사는 이 도구를 활용하여 뛰어 오르고, 튀기고, 직물의 감촉을 느끼고, 피부에 압력을 가하는 등, 신체에 필요한 자극을 주면서 긴장을 누그러뜨리고 자기 상태를 조율한다. 작업치료사는 내담자가 이들 도구와 상호작용하는 과정을 이끌어주고 지켜보면서 내담자가 안정될 때, 망설일 때, 놀랄 때, 신날 때, 불편해할 때 등등 관찰한 바를 짚어주는 역할을 한다. 작업치료사는 감각처리장애를 지닌 내담자를 불편하게 하는 자극과 편안하게 하는 자극 모두를 알려준다.

리사는 iLs가 자신에게 가장 효과가 좋으며, iLs에서 들려주는 소리를 들으면 긴장이 풀리고 몸과 마음이 편안해지는 한편 정신이 깨어난다고 했다. 다시 말해, 더 명료하게 보고 듣고 느끼고 생각하고 이해할 수 있다는 것이다. 그러다 보니 집중력과 실행 기능도 훨씬 더 좋아졌다. "이제는 정서적으로 무너지는 일이 거의 없어요."

정서적으로 압도당하고 무너지는 경험에 대해 아인크에게

묻자 그녀는 감정은 늘 감각 위에 덧입혀진다고 설명했다. 감각과 정서는 신경학적으로 '이중 부호화dual-coding'되기 때문에 감각 경험에는 언제나 정서 경험이 동반된다. "감정과 감각은 반드시 함께 다뤄야 해요. 둘 다 현실 속에서 일어나는 매우 실재적인 현상이니까요." 아인크의 말에 리사도 예전에 정서적으로 무너졌던 경험을 언급하며 말했다. "울음은 신경학적 반응이에요. 울음이 터진 건 감정 때문이 아니었어요. 뇌가 과도하게 자극받았기 때문이었죠. 이상하게도 머리로는 괜찮다는 걸 알면서도 울음을 멈출 수가 없었어요. 마음은 괜찮다고 말하지만 자극을 지나치게 많이 받아서 뇌가 더 이상 자극을 받아들일 수 없는 거예요."

노리스는 인생이 늘 버겁고 피곤하다던 한 내담자를 언급했다. 그녀는 우선 스타협회에 일주일 간 방문해서 평가를 받았고, 그 후 아침에 일어나서 하루를 편안하게 시작하는 것에서부터 하루 종일 '감각 차원에서' 그녀의 욕구에 맞는 '생활방식'을 계획하는 과정을 거쳤다. 트램펄린에서 뛰고, 피부를 브러시로 쓰다듬고, 츄잉 장난감을 씹는 활동이 하루 일과에 포함됐다. 그렇게 6개월을 보낸 후 그녀는 스스로 교사, 배우자, 엄마로서의 역할을 이전보다 훨씬 잘 해내고 있다고 느꼈고 일상에서 그토록 원하던 성취감을 맛볼 수 있었다.

우리는 심리학자, 사회복지사, 주치의 등 모든 정신건강 전문가들이 감각적 차이를 이해하고 치료 현장에 감각치료를 통합하고, 필요에 따라 작업치료사를 소개하는 것을 궁극적인 목표로 삼는다. 하지만 그러려면 먼저 감각적 차이에 대한 인식, 교육, 지원이 필요하다. 노리스에 말에 따르면 작업치료와 심리치료를 병행하는 것이 한 번에 하나씩 실시하거나 둘 중 하나만 실시하는 것보다 훨씬 효과적이다. 그래서 아인크는 늘 내담자가 최고의 돌봄과 지원을 받을 수 있도록 심리치료를 동시에 받고 있는지 확인하고 내담자에게 최선의 치료 계획을 제공하고자 한다.

아인크는 작업치료와 심리치료를 염두에 두고 이렇게 말했다. "제 생각에 앞으로 성인을 대상으로 한 감각처리장애 치료는 두 전문가가 협업하는 형태가 될 것 같아요. 촉각 경험과 감정은 떼려야 뗄 수가 없는 관계예요. 뇌에서 이 두 영역이 끊임없이 상호작용하면서 서로 대화하니까요." 하지만 여성들은 흔히 감각 경험보다는 정서 경험에 즉각적인 관심을 보인다. 그러면 아인크는 "그럴 때 어떤 느낌이 드나요?"라고 묻는다. 예를 들어 그네를 타면서 내담자가 무섭다고 말하면 그네를 잠시 멈춘 뒤 내담자가 어지럼증을 느낀다는 사실을 짚어준다. 그러면 두려움의 기저에 있는 민감성이(이 경우에는 전정 감각의 민감성) 확연히 드러난다.

아인크와 노리스 같은 작업치료사들은 내담자가 자기 신체와 자극에 대한 반응을 이해하도록 돕는다. 통증과 쾌락, 그리고 중립적인 감각 경험은 기억 속에 이중 부호화된다. 조부모, 냄새, 색깔, 인생의 고비, 호수, 계곡 등 각각의 감각 신호는 우리 과거와 기억의 실마리가 된다. 많은 여성이 감각 과부하로 압도당할 때 '공황발작' 같은 대중심리학 용어에 현혹된다. 하지만 실제로 감각처리장애가 있는 성인 여성에게 공황장애 치료는 아무런 효과가 없다. 그렇기에 판단과 이해의 바탕이 되는 준거 기준이 중요하다. 잘못된 진단과 초점이 빗나간 치료는 심각한 결과를 초래한다. 수년 동안 심리치료를 받으면서 아동기 경험에서 실마리를 찾으려 헤맬 수도 있다. 하지만 노리스는 프로이트 학파에서 말하는 심각한 아동기 트라우마가 늘 존재하지는 않는다는 것을 상기시킨다. 그런 경우도 있지만 그렇지 않은 경우가 더 많다. 감각 과부하는 불안과 유사해 보이지만, 여성들이 감각과 관련된 정보를 더 많이 알게 된다면 심리치료사를 비롯한 여러 치료사들과 감각 차원의 문제를 더 원활하게 공유하고 탐색할 수 있을 것이다.

성인 여성의 감각적 민감성

"역사적으로 오랫동안, 감각 영역이나 운동 영역에서 아동이 겪는 문제는 성인기까지 지속되지 않는다는 믿음이 이어져왔어요." 스파이럴 재단Spiral Foundation, Sensory Processing Institute for Research and Learning 상임이사인 테레사 메이벤슨Teresa May-Benson의 말이다. "1990년대까지 사람들은 아이가 성장하면서 그런 류의 문제를 극복해낸다고 믿었어요. 감각이나 운동 차원의 문제를 성인이 겪을 수 있다는 믿음이나 이해 자체가 없었던 거죠. 하지만 최신 연구들이 이 문제를 다루기 시작했고 이제는 성인도 감각처리 문제를 겪을 수 있다는 사실을 알게 됐죠."

메이벤슨은 대화를 시작한 순간부터 내게 깊은 인상을 남겼다. 그녀는 기자인 내가 어렴풋이 품어왔던 생각을 명료하게 설명해줬을 뿐만 아니라 작업치료 박사로서 성인 여성을 직접 치료한 경험이 풍부해서 대화 내내 여러 사례가 쏟아져 나왔다. "아동기 감각 문제는 성인기에 이르면 심리 문제로 뒤바뀌곤 해요. 그래서 성인기에 이르면 심리적으로 문제가 있는 사람으로 비쳐지는 거죠. 이곳 스파이럴 재단에 있다 보면, 지금 껏 여러 심리치료사에게 치료를 받고 갖가지 진단을 받았지만 아무런 효과도 못 봤던 성인 내담자를 많이 만나게 돼요……. 여기 와서 마침내 감각 방어sensory defensiveness나 실행 기능 문제 때문에 삶을 체계적으로 정돈하지 못한다는 이야기를 들으면, 그들은 굉장히 안도하면서 '휴, 드디어 내 문제를 이해해주는 사람이 나타났군!'이라고 생각하죠."

메이벤슨에 따르면 성인은 자율적으로 행동하기 때문에 문제의 근원을 파악하기가 더 어렵다. 아동은 불편한 상황을 회피하기 어렵지만 성인은 그럴 수 있다. 스스로 무슨 이유로 특정 상황을 회피하는지 알지 못하면서도 어쨌든 피하고 보는 것이다. 아이는 시끄러운 놀이터나 부모가 얼굴 앞에 들이민 짜증스러운 장난감, 시끄러운 형제자매 등 그들이 지닌 감각 문제를 직면할 수밖에 없는 상황에 처하기 마련이다. 반면 성인은 특정 소음이나 장소를 피할 수 있기 때문에 감각 문제가 다른 방식으로 삶에 영향을 미친다. 이들은 사교적인 목적의 외출이나 로맨틱한 상황에서 스킨십을 잘 못한다. 그러다 보니 감각이 아닌 자신의 행동으로 초점이 옮겨져서 심리치료사를 찾아간다. 감각처리장애자를 소리 높여 옹호하는 슈나이더 역시 이 같은 일을 겪었다. 감각처리장애의 징후는 아동기부터 나타났지만 치료사나 의사는 슈나이더가 감각 차원에서 겪는 문제를 이해하거나 정확히 짚어내지 못했다. 그들은 슈나이더에게서 오직 불안이라는 요소만을 들여다봤다. 메이벤슨은 이 같은 일이 흔하며 이 때문에 성인 감각처리장애자들이 곤란한 입장에 처한다고 말했다. 이들은 "뭘 하든 좀 어설픈 친구예요"라든가 "식성이 까다로워요"라는 말을 듣곤 한다. 가장 흔하게 듣는 말은 "조금 예민해요"이다.

자녀가 섭식 행동에 이상 징후를 보이거나 옷차림에 유난히 까다롭게 굴면 부모는 재빨리 전문가를 찾아간다. 그래서 감각처리장애는 아동에게서 더욱 자주 발견된다. 메이벤슨은 이렇게 말한다. "부모들은 문제를 알아차리고 해결하려는 경향이 강해요. 그래서 지금껏 감각통합치료나 그와 관련된 평가 과정은 대부분 아동에게 집중됐죠." 성인을 대상으로 한 작업치료 훈련은 대개 요양원에 있는 고령자 치료에 집중돼 있기 때문에 일반인을 대상으로 하는 치료법은 훈련 과정에서 보통 배제된다.

감각처리장애는 자폐인에게서 흔히 나타나는데, 자폐 아동이 성장함에 따라 "적어도 자폐와 관련해서는 감각처리장애에 대한 인식이 높아졌다"고 메이벤슨은 말한다. 성인 자폐 인구가 증가하고 감각 문제가 자폐인의 성인기까지 지속되면서 연구자와 현장 치료사는 감각적 민감성이 성인 자폐인뿐 아니라 성인들 사이에 더 광범위하게 나타날 수 있다는 사실을 수용하기 시작했다. 메이벤슨은 말한다. "저희는 수년 전부터 이런 사실을 알고 있었어요. 왜냐하면 아이를 데리고 온 부모 중 열에 여덟은 깜짝 놀라며 '어머! 꼭 제 얘기 같네요!'라고 말하거든요. 저희는 부모들에게서 이미 이러한 현상을 발견한 거죠. 이제 우리는 민감성이 성인기까지 지속된다는 사실을 확실히 알아요."

여성 내담자가 찾아오면 메이벤슨과 팀원들은 성인/청소년 감각 이력 검사AASH, adult adolescent sensory history와 심리 검사, 삶의 경험에 대한 인터뷰 질문 등을 활용해 내담자를 진단한다. "성인 남성보다는 여성이 더 상담을 많이 받아요." 메이 벤슨은 마침내 스파이럴 재단을 찾아온 남성들은 과거에 감각 과부하로 압도당할 때 알코올이나 약물로 자가 치료를 시도한 사례가 많다고 말했다. 하지만 여성들은 주로 감각 방어 문제나 체계적이지 못해서 고용 상태를 유지하는 데 어려움을 겪는 문제로 찾아온다. "이들은 심리적으로 굉장히 불안해요. 감각 방어가 강하고 감각 정보에 굉장히 민감한 사람들은 처리하기 힘든 감각자극의 폭격에 평생 동안 시달리거든요. 그러니까 지속적으로 트라우마를 겪는 거예요. 감각처리장애는 그들 인생 전체를 지배해요. 그래서 세상 모든 것이 자신을 불안하게 만든다는 믿음을 학습하고 그 결과 불안감이 높아지죠. 뿐만 아니라 불안과 우울은 밀접한 관계가 있기 때문에 감각처리장애는 우울증과도 연관성이 있어요."

청각 과민증

"증상은 일고여덟 살쯤 나타났고 지금은 서른여섯이에요. 밥을 먹다가 부모님이 음식을 씹는 소리가 갑자기 너무너무 짜증스럽게 들렸던 기억이 나요. 부모님은 갑작스레, 끊임없이 짜증을 부리는 아이를 기르는 악몽을 겪으셨죠." 캐서린 르네 토마스Kathryn Renée Thomas는 텔레비전 프로그램 〈티쳐스 Teachers〉의 주연배우로, 시카고에서 활동하는 희극단원 동료들과 함께 이 프로그램의 제작에도 참여했다. 인터뷰하는 내내 토마스는 나를 웃겼고, 목소리가 내 고등학교 단짝 친구(그녀 역시 희극배우다)와 판박이여서 대하기가 편했다. "그날 이전에는 그런 증상이 없었지만 유아기에 촉각이 민감한 편이기는 했어요. 부모님은 저한테 옷을 입힐 때마다 늘 고역을 치르셨죠. 특정 양말의 감촉이나 바지 고무줄의 느낌을 싫어했거든요. 그리고 반드시 정해진 위치에 손목 밴드가 와야 했어요." 토마스는 정확히 감각처리장애가 있는 아이를 묘사하고 있었지만, 당시에는 그런 증상을 부르는 이름이 있는지도 몰랐다.

어린 시절에는 촉각에 더 예민했지만 그녀의 성인기 삶을 지배한 것은 촉각 장애가 아니라 '청각 과민증Misophonia'이라고 불리는 청각 민감성의 한 부류였다. 감각처리장애의 하위유형으로 공식적인 인정을 받지는 못했지만 다수의 감각처리장애 연구자와 옹호자가 이 둘 사이에 연관성이 있다고 본다. 청각 과민증은 소리에 민감하게 반응하는 증상으로 그 정도가 심한 경우가 많고, 씹는 소리에 민감한 증상이 흔히 나타난다. "그때 이후로 평생 증상이 지속됐고 불안증을 뚜렷하게 경험했죠. 안절부절못할 정도로 가슴이 뛰고 손바닥에서 땀이 나기 시작하고 화가 치밀어 올라요. 정말 무지막지하게 화가 나요.

그래서 그 소리의 출처가 뭐든(대체로 사람이죠) 엄청 째려보게 돼요. 요즘은 TV 프로그램을 촬영 중인데, 어느 날 촬영감독이 딱딱거리면서 껌을 씹는 거예요. 그 소리를 듣고는 펄쩍 뛰면서 뒤를 돌아봤죠. 촬영 감독에게 칼을 던지고 싶은 심정이었어요. 화가 치밀어 올랐죠. 집중을 할 수가 없었거든요. 그 소리는 단숨에 제 집중력을 앗아가버려요."

껌 씹는 소리는 토마스에게 가장 큰 기폭제가 되는 경향이 있고, 달리 주의를 돌릴 도리가 없을 때면 헤드폰을 쓰기도 한다. 작가들과 공동으로 대본을 개발하는 작가실에 있을 때처럼 피치 못할 상황에서는 다른 데 집중하면서 주의를 돌리려 애쓰는데 그러다 보면 대화에 참여할 수가 없어서 자신만 뒤처지고 길을 잃은 듯한 느낌이 든다. 기폭제에서 벗어나려고 자기만의 세계에 빠져들기 때문이다.

토마스는 정서적 차원에서는 죄책감을 느낀다고 말했다. 함께 희극 극단을 창립한 친자매 같은 동료에게 화를 내고 나면 때로 너무 터무니없이 화를 낸 것 같아 미안하다고 했다. 부모님과의 관계에서도 마찬가지였다. "사랑하는 사람들을 노려보고 싶지 않은데 어쩔 수가 없어요. 막상 그러고 나면 심한 죄책감이 들죠."

"3년 전까지도 이런 증상을 부르는 명칭이 있다는 걸 몰랐어요. 스무 해가 넘도록 그냥 제가 이상한 사람이라고, 불쾌한 인간이라고만 생각했어요. 하지만 그게 아니었죠." 어느 날 그녀가 작가실에서 회의하면서 경험한 극도의 짜증스런 감정에 대해 페이스북에 글을 올렸을 때 누군가 그녀에게 청각 과민증이 있을지도 모른다는 답변을 달았다. 토마스는 즉시 청각 과민증을 검색했고 자신과 똑같은 경험을 하는 사람들이 또 있다는 사실에 깜짝 놀랐다. 그 이후 토마스는 남편과 부모님, 동료들에게 자신의 증상을 터놓고 이야기하기 시작했다. 변명하는 것처럼 보이고 싶지는 않았지만 그래도 사람들이 자신이 겪는 일을 알아주기를 바랐다.

"시각적 기폭제도 있어요." 청각뿐 아니라 시각적으로도 민감해서 누군가 입을 움직이는 걸 보기만 해도 화가 날 수 있다. 토마스는 사람들이 음식을 씹는 방식을 기억해뒀다가 '토끼처럼 씹는 친구'라거나 '소처럼 씹는 친구'라고 불렀다. 우리가 나눈 대화가 정말 우스꽝스럽다는 건 인정한다. 어쨌든 토마스는 희극배우니 말이다. 하지만 나는 청각 과민증이 심각한 신경학적 특성이라는 것을 안다. "제 신경을 거스르는 사람이 있으면 제 옆자리에 앉는 사람이 그 모습을 가리도록 확실히 손을 써두죠." 토마스는 아버지가 자기 콧수염을 배배 꼴 때도 화가 치솟았다. "반복적인 움직임이 절 못 견디게 해요." 어머니가 특정한 방식으로 손가락을 움직이며 핸드폰을 조작하는 모습도 참기 어렵다. 손톱 깎는 소리도 마찬가지다.

토마스는 '안테나'를 늘 곤두세우는 덕분에 많은 관중을 대상으로 하는 연기라는 직종에서 성공했다. 누군가 장애나 약점으로 볼 만한 바로 그 특성 덕분에 그녀는 남달라졌고, 극작가와 배우로서 리더십을 발휘할 수 있었다. 그녀는 디테일을 잘 알아차리고, 알아차린 정보를 대본 작업과 연극에 통합해 카타르시스를 주는 희극 작품을 만들어낸다. "저는 청각 과민증이 아니래도 전반적으로 심리 상태가 많이 불안한 편이에요. 그래서 요가를 시작했어요. 요가는 정말 좋긴 한데, 어딜 가나 자기가 요가를 제일 잘한다는 걸 드러내고 싶어서 엄청나게 큰 소리로 호흡하는 사람이 꼭 있더군요. 그 소리를 들으면 짜증이 치밀어 올라서 요가를 해도 전혀 긴장이 풀리지 않는 거예요. 그렇게 큰 소리로 호흡할 필요는 없다고요!"

토마스는 자신에게 공황발작이 있다고 생각했었다. "저는 숨기는 게 없어요. 엄마는 심리치료사였고 저희 가족은 늘 정신건강에 대해 터놓고 이야기했어요." 우울증은 몇 차례 경험했지만 불안 증세가 얼마나 심각한지는 알지 못했다. 렉사프로 Lexapro라는 약이 범불안 감소에 도움을 줬지만 청각 과민증에 도움이 됐는지는 확실치 않다.

토마스의 심리치료사조차 청각 과민증에 대해 들어본 적이 없었다. "제 증상에 이름이 있다는 걸 알고 나서 여러 의사를 찾아봤지만, 청각 과민증이 발견된 지 얼마 되지 않았고 연구 역시 아직 걸음마 단계라는 것만 알게 됐죠. 청각 과민증이 있는 사람들은 대개 의사를 비롯한 정신건강 전문가를 만나는 행운을 누리지 못해요." 그래서 토마스는 필요하다면 주위 사람들에게 청각 과민증에 대해 이야기하고 사람들이 음식을 씹는 소리를 차단하기 위해서 영화관 같은 곳에 귀마개를 가지고 간다. "켈리 리파Kelly Ripa(미국 배우이자 셀럽-옮긴이)도 청각 과민증이 있으니, 청각 과민증은 확실히 존재해야죠." 토마스가 반농담조로 말했다.

토마스는 〈소리 알레르기Allergic to Sound〉라는 뉴스레터에 대해서도 이야기했다. 청각 과민증의 의미를 새롭게 조명하는 이 뉴스레터는 많은 구독자를 거느리고 있다. 그녀는 청각 과민증을 알레르기에 비유한 표현법이 마음에 든다고 했다. 청각 과민증과 관련된 반응이 알레르기와 마찬가지로 자동적으로 일어나는 것처럼 느껴지기 때문이다. 또 여러 페이스북 그룹에서 "시끄럽기 그지없는 빌어먹을 사과(사과는 통째로 베어 먹을 때 시끄러운 소리가 나기 때문에 청각 과민증을 가진 사람들이 싫어하는 대표적인 음식이다-옮긴이)"를 비롯해서 언뜻 보기에는 아무 잘못이 없지만 불쾌한 대상에 대해서 사람들이 마음껏 소리 높여 불평한다는 얘기도 들려줬다. 같은 심정을 공유하는 사람들을 접하면서 그녀는 용기를 얻었고 자신의 경험을 유머러스하게 받아들일 수 있었다. 수많은 여성이 오프라인이나 온라인에서 이러한 모임을 찾아냈다. 그리고 그보다 더 많은 여성들이 이런 연결고리를 필요로 하지만 그들은 스스로 무엇을 찾고 있는지조차 아직 모른다. 청각 과민증 같은 민감성은 연구 조사 영역에서뿐만 아니라 각종 미디어에서도 거의 알려지지 않았기 때문이다.

마음의 평정을 찾아서

"사랑스러운 아이예요! 정말 사랑스럽죠!" 스파이럴 재단의 테레사 메이벤슨이 수화기 너머로 반복해서 말했다. 대마초 흡연과 무단 침입죄를 번갈아 저지르다 체포된 한 10대 소년을 두고 하는 말이었다. 어느 날 그 아이가 메이벤슨에게 말했다. "제가 온전히 평온한 순간은 마약을 할 때뿐이에요." 메이벤슨이 무단 침입에 대해 물었을 때 그 아이는 "글쎄요, 스릴 있잖아요"라고 대답했었다.

이 아이는 감각처리 방식에서 몇 가지 남다른 면이 있었고, 그에 대처하기 위해 약물과 스릴을 추구했다. 반면 여자아이와 여성은 보통 감각추구 성향이나 감각 과부하에 대처하는 방식이 이와 딴판이라고 메이벤슨은 설명한다. 행동으로 표출하지 않고 내면에서 처리하느라 생각과 감정이 점점 악화되는데도 그런 사실을 잘 알아차리지 못한다는 것이다. 그들은 하루 종일 책을 읽거나 예술에 몰두하거나 더러는 가족에게 속내를 털어놓는다.

성 사회화와 성 규범, 언론의 편견과 문화적 태도는 여성과 남성이 감각 경험에 대처하거나 도움을 청하는 방식에 커다란 영향을 미친다. 메이벤슨에 따르면, 여성은 내면이 불안과 우울로 겹겹이 싸인 경우가 많은 반면 남성에게서는 알코올 의존증 같은 대처 매커니즘이 훨씬 자주 나타난다. "이 아이는 촉각 방어를 비롯해서 감각 방어가 전반적으로 매우 강했고, 불안을 잠재우려면 마약을, 그중에서도 특히 대마초를 피워야 한다고 생각했어요. 그러면서 한편으로는 자신의 감각계를 거스르며 아드레날린을 분출하는 행동도 필요했던 거예요. 그게 바로 무단 침입으로 나타난 거고요."

나도 20대에는 며칠에 한 번씩 억눌린 에너지를 분출하기 위해 난리를 피우곤 했다. 또한 마음속에서 불안, 초조, 탈출하고 싶은 욕구가 솟구치면 어김없이 남편과 말다툼을 벌였는데 내 분출구는 늘 목소리였다. 메이벤슨과의 대화는 내게 깨달음을 줬다.

메이벤슨의 내담자 중에 감각 반응성이 매우 낮고 공간 지각능력이 부족한 탓에 자기 위치를 파악하지 못해서 자동차 운전에 어려움을 겪는 남성이 있었다. 그래서 그는 자동차 대신 오토바이를 타기로 했는데, 오토바이의 진동이 강렬한 감각 경험을 제공해 자기 위치를 인식하는 데 도움을 줬기 때문이다. "많은 젊은이들이 번지점프 같은 걸 시도하는 이유가 바로 그거예요. 일상생활 속에서는 그만큼 강렬한 감각 경험을 할 수 없으니까요." 사람은 누구나 마음의 평정과 강렬한 경험을 추구한다고 그녀는 설명했다. 우리 모두는 스스로 편안하다고 느끼며 몰입하고 집중할 수 있는 최적의 지점을 찾는다. 우리는 환경에서 기본적인 감각 정보를 받아들이는데, 먼저 그 정보의 중요성과 관련성을 평가한 뒤 각성 수준을 조절해서 중요하지 않은 자극은 습관화하고habituation(동일 자극에 대한 반응 강도가 점차 감소하는 현상-옮긴이) 위협적이거나 자신과 관련이 있는 자극에는 주의를 집중한다. 이 조절 과정이 약간 다르게 작동하는 사람은 높은 각성 수준이 지속되며 투쟁fight, 도피flight, 혹은 경직fright이라고 알려진 반응 상태에 머문다. 이들의 신경계는 대다수 사람이 주의를 기울이지 않는 정보에 끊임없이 신경을 곤두세운다.

감각 정보 조절에 어려움을 겪는 사람은 냉장고나 형광등이 윙윙거리는 소리 따위가 계속 귀에 들어와서 높은 각성 수준에 머문다고 메이벤슨은 설명한다. 그러니 쉽사리 짜증이 나고 불행하다고 느끼거나 일에 집중을 하지 못하는 집중력 문제를 겪는다. 이들은 안절부절못하고 신경이 곤두선다. 메이벤슨은 한 예로 남자친구가 어깨에 손을 얹거나 껴안을 때 자기도 모르게 남자친구를 주먹으로 치고는 당황스러워한 어느 여성의 이야기를 들려줬다. 그 여성은 소리도 자주 질렀는데, 나도 이따금 놀랄 때면 소리를 지르곤 하기 때문에 그녀에게 공감이 됐다. "감정 반응이 상위 집행기능을 가로막는 거죠." 메이벤슨이 말했다.

나는 메이벤슨에게 남편과 집안일을 의논할 때면 전투 모드에 돌입하곤 한다면서 가정에서 겪는 문제를 털어놨다. "그런 여성이 많아요. 특히 과잉 반응이나 방어적 반응이요. 거기서부터 문제가 불거져서 가정 내 큰 문제로 번질 때가 많죠."

감각통합치료의 목적은 내담자의 신경계가 환경에 적절히 반응하도록 돕는 것이라고 메이벤슨은 설명한다. 장난감, 공, 그네 등 감각통합치료에서 흔히 투입하는 자극은 "우리 몸이 기술을 습득할 채비를 갖추도록" 해준다. 내 귀에 편안하게 와닿는 그녀의 말에 내 안에 있는 체조선수가 신나했다. "우리는 내담자가 지엽적인 기술을 배우길 바라는 게 아니라 감각 정보를 효과적으로 잘 처리하길 바라요."

나를 배워가는 과정

"제가 말씀드릴 수 있는 건 날이 갈수록 감각 문제가 점점 줄고 있다는 거예요." 처음 대화를 나눈 시점에서 1년쯤 지나서

레이철 슈나이더가 내게 말했다. 나는 그녀가 어떻게 지내고 있는지 알고 싶었다. 이제 한 돌 반인 슈나이더의 딸은 '걸음마기'에 접어들었고, 슈나이더와 남편은 감각 차원에서 더 버거운 상황에 처했을 터였다. '엄마'로서의 정체성이 감각처리장애 공동체의 옹호자라는 정체성만큼이나 그녀에게 중요해졌다는 사실이 실감났다. "딸아이를 돌보는 게 제일 우선이고 늘 그렇게 해왔어요. 어떻게 보면 이제껏 겪어보지 못한 상황에 제 자신을 노출시키고 있는 거죠." 그녀는 자신의 감각처리장애를 부인하지 않고 오히려 그 반대쪽으로 나아갔다. 처음 감각처리장애를 진단받은 다음 그것을 수용하고 안도감을 느끼고 수년간 옹호하면서, 배우고 경험한 모든 것을 자신의 삶과 정체성에 통합했다. 이제 그녀의 삶에는 '타인'의 경험이나 감정이 들어설 자리가 없으며 그녀는 자신의 전문지식을 일에도 적용해서 인사 전문가와 채용 담당자들을 대상으로 하는 다양성 및 포용성 전문가로 거듭났다.

"몇 주 전에 남편과 함께 딸아이를 데리고 음악 수업에 갔는데 거기서 생애 최고의 시간을 보냈어요. 딸은 편안하게 느껴지는 테두리 밖에서도 제가 얼마나 잘 대처할 수 있는지를 알려주죠. 감각처리장애를 알기 전에는 제가 편안하게 지낼 수 있는 한계 바깥까지 밀려나서 고생하는 시간이 많았어요. 그 선을 넘으면 왜 편안하게 지낼 수 없는지 아무도 알지 못했죠.

하지만 성인이 되면서 제 한계가 어디인지, 제가 어디까지 갈 수 있는지 알게 됐어요. 그리고 딸이 태어나면서 여러 측면에서 제가 기대했던 것보다 훨씬 더 멀리 제 한계를 확장할 기회를 얻었고요." 슈나이더는 동생과 함께 아이들을 어린이 수영장에 데려갔던 날을 예로 들면서 그날 몹시 즐거워서 감각처리장애니 민감성이니 자기 한계니 하는 것들이 전혀 생각나지 않았다고 말했다. 슈나이더는 예상보다 훨씬 더 많은 자극에 적절히 대처할 수 있었다. 하지만 이런 말도 했다. "예전보다 진이 빠질 때가 더 많긴 해요."

뛰어다니고 끊임없이 움직이는 건 견디기 쉬워졌지만 감각적으로 여전히 참기 어려운 측면도 있었다. 슈나이더는 목욕시간이 특히 힘들어서 놀랐다고 했다. 흐르는 물소리며 비위가 약한 아이며 물의 감촉까지 "시각적으로나 청각적으로 갖가지 자극이 한꺼번에 몰려와서"였다. "한계에 도달해서 더 이상 아무것도 못 할 것 같은 때도 있어요. 그럴 때는 다른 방으로 가서 바닥에 누워 심호흡을 해요."

나는 슈나이더에게 모성애와 관련된 놀라운 경험이 감각추구 성향에서 비롯된 것은 아닌지 물었다. 음악이나 물놀이는 굉장히 유쾌하고 만족스러운 감각자극이 될 수 있지만, 자신이 그런 자극을 원한다는 사실을 알지 못하는 사람도 많기 때문이다. "물이 평화로운 느낌을 주는 건 사실이에요. 하지만 제게 가장 중요한 것은 물놀이가 딸을 위한 활동이고 딸이 즐거워 한다는 거예요."

슈나이더는 자기 욕구에도 지속적으로 관심을 기울인다. 딸의 음악 수업에 남편이 더 자주 참여할 수 있도록 수업 담당자에게 일정 변경을 요청하기도 했다. 남편이 함께 있어주면 더 편안했기 때문이다. 수업 담당자는 터놓고 자기 이야기를 하고 스스로와 가족을 위해 필요한 것을 요청하는 것은 매우 훌륭한 일이라며 칭찬했다. "저는 딸이 이 세상을 스스로 체험해보기를 원해요. 그리고 제가 겪는 어려움이 딸아이가 자신이 어떤 사람인지 탐색해가는 과정을 가로막지 않았으면 해요."

슈나이더는 이것이 자기 인생의 신조라고 했다. 주변 사람들의 삶을 가로막지 않기를 바랐기에 그녀는 자신은 할 수 없는 일일지라도 다른 사람은 해볼 수 있도록 격려했다. 슈나이더는 자신의 민감성에 긍정적이고 고유한 가치가 있음을 알지만 그에 따르는 감정적 무너짐이나 외부세계를 차단하는 것과 같은 어려움이 딸, 친구, 그리고 가족들의 경험에 영향을 미치지 않기를 바랐다.

일과 관련해서는 이제 카피라이터로 5년간의 재택근무를 마치고, 브랜딩과 채용 업무 분야에서 일하기 위해 취업 면접을 보는 중이다. 슈나이더는 고용주에게 감각처리장애에 대해 솔직하게 이야기하기로 했다. 그것이 자신을 차별화하는 특성이라고 믿기 때문이다. 인사 채용 문안을 작성하면서도 기업들이 자사에 대한 이야기를 드러내도록 함으로써 직원 모집에 도움을 줬다. 차이와 다양성이라는 주제는 그녀의 삶과 일에 스며들었다. 감각처리장애 문제를 처음부터 털어놓는 것은 슈나이더가 행복하고 편안한 팀원이 되는 데 있어 매우 중요한 일이다. 그녀는 자신을 기꺼이 받아주는 팀에서 일하기를 바랐다. "저는 이런 사람이에요. 그래도 괜찮다면 정말 잘된 일이죠. 괜찮지 않다면 지금 아는 게 나아요." 슈나이더는 면접과 구직에 임하는 자세를 이렇게 설명했다.

"저는 사람이 저마다 다르다는 점이 참 좋아요. 다양한 사람이 모여 고유한 태피스트리를 이루고 풍요로운 문화를 만들어 낸다고 생각하거든요." 그녀는 많은 이들이 자신의 감각적 차이를 드러내기 시작했다는 사실에 흥분을 감추지 못한다. 그녀는 특히 직장에서 감각적 차이를 드러내도록 사람들을 격려한다. 그것이 포용적인 조직으로 나아가는 길이기 때문이다. "저는 다양하고 포용적인 조직을 주제로 글을 쓰면서 그러한 조직의 일부가 되려고 노력하고 있어요. 이 두 가지 일을 함께 한다는 게 참 좋아요."

남편과의 생활에 관해서는 남편이 자신의 감각처리 문제를 누구보다 잘 알고 때로는 그녀 자신보다도 잘 안다고 말했다. 슈나이더가 한계에 다다라 소진될 때면 남편도 그 영향을 받을 수밖에 없지만 남편은 그녀를 깊이 이해한다. 슈나이더는 언젠가 스스로 한계에 몰렸다고 생각하는 시점에 남편이 옆방에서 평온하게 있는 모습을 보고는 "소리를 질렀던" 상황을 떠올렸다. 하지만 두 사람 모두 이런 상황이 슈나이더가 조용히 쉴 수 있는 시간을 갖지 못했거나 치료용 브러시(월버거 브러시Wilbarger brush라고 불리며, 보통 팔에 대고 문지른다)를 쓰지 않았기 때문에 일어났다는 사실을 알았다.

슈나이더와 나는 일상생활의 경계, 에너지, 감각 이슈, 활동 수준, 대인관계, 직장생활 등 우리가 일상에서 '관리'해나가야 할 것이 얼마나 많은지 이야기를 나눴다. 예를 들어 슈나이더는 동물원에 가자는 제안을 받으면 즉시 그곳의 열기와 소음, 복작대는 동물들과 수많은 인파가 떠오른다. 하지만 수영장은 예전에 여러 번 방문해봤기에 같이 가자는 제안이 조금은 더 편안하게 느껴진다. 설상가상, 엄마가 되면 관리할 것이 더 늘어난다. "저는 솔직히 감각 문제를 겪는 엄마들은 슈퍼히어로라고 생각해요. 살아가는 삶의 방식을 돌이켜보면 사실 우리가 일상의 슈퍼히어로죠!"

슈나이더는 결혼을 하고 누군가와 집을 공유하고 아기를 낳으면서 겪을 감각 과부하를 걱정했었다. 하지만 자신에게 무엇이 필요한지 더 많이 배웠고, 자신의 진가를 알아보는 사람들이 주위에 있고, 마음속에 열정이 있기에 충분히 가족들 곁을 지킬 수 있다는 사실을 깨달았다. 그리고 그런 생각은 그녀를 움직이는 원동력이다. "저는 우리가 스스로를 있는 그대로 인정할수록 나와 나의 남다른 면모를 더 편안하게 받아들일 수 있다고 생각해요."

3부 :

너와 내가
조화로운
새로운 세상

Something
New

5장

몸과 마음을
잇는 나날

우리 각자가
타고난 다양한 체질과 기질을 이해할 때
우리는 오랜 불안에서 벗어나
인생을 꽃피울 수 있다.

티셔츠에 달린 모자를 뒤집어쓰고 집 근처에 있는 작업치료소 쪽으로 걸어가면서, 나는 지금껏 내가 걸어온 놀라운 삶의 여정에 경이로움을 느꼈다. 어린 시절 체조선수였던 나는 길을 걷거나 장거리 운전을 할 때면 봉에 매달려 몸을 놀리던 내 모습이 떠오른다. 그리고 지금 나는 내게 익숙한 곳으로 걸어 들어간다. 작업치료소의 커다란 창고형 방에는 밝은 파란색과 빨간색 매트가 넓게 깔려 있고, 반짝이는 천 재질의 그네가 천장에 매달려 있다. 내 삶이 '한 바퀴 빙 돌아 제자리로 돌아온 듯한' 느낌이 밀려왔다.

작업치료소 소장인 레이가 내게 악수를 청하고, 아동용 테이블과 의자가 놓인 회의실로 나를 안내했다. (감각통합치료에 중점을 둔 작업치료소에는 성인 방문객이 거의 찾아오지 않는다.) 레이는 앞으로 이뤄질 몇 번의 작업치료를 위해 치료 과정 전반에 관해 간단히 설명해줬다. 그녀는 벽에 몸을 대고 밀면서 몸 깊숙이 압력을 느끼는 법을 가르쳐줬고 커다란 바디 삭body sock(머리만 내놓고 몸 전체를 양말처럼 감싸는 커다란 천-옮긴이)에 들어가 무게감을 느끼는 동시에 안도감을 느끼도록 도와줬다. 나는 곧장 바디 삭을 하나 구입했다. 그녀와 함께 시간을 보내는 동안 중요한 교훈을 하나 배웠다. 아주 약간의 정보만 더 주어져도 나의 반응이 훨씬 더 좋아진다는 점이다.

소매틱 치료법somatic therapy(몸과 마음의 연결에 중점을 두고 심리치료와 물리치료를 모두 사용하는 치료법-옮긴이)을 처음 배우면서도 똑같은 경험을 했다. 신경계의 언어를 배우자 내 몸과 마음이 환경과 상호작용하는 방식을 머릿속에 떠올리고 이해하기가 한결 수월해졌다. 나의 내면세계와 타고난 기질, 내부기관의 상태에 대한 지식이 퍼즐의 마지막 한 조각처럼 느껴졌다. 이후 내수용성 감각 연구를 선도하는 영국 학자와 인터뷰를 하면서는, 자폐 여성이 자주 불안해지는 이유 중 하나가 몸과 마음이 연결되지 못하고 끊겨 있기 때문이라는 것을 배웠다. 바로 내가 그랬듯이 말이다. 한 예로 자폐 여성은 자기 심장박동을 잘 감지하지 못하기 때문에 운동을 해서 심장박동을 느낄 수만 있어도 불안이 누그러지고 안정을 되찾는 데 도움이 된다고 한다.

민감한 신경다양인 모두에게 두루 적용되는 건강 증진법이나 '치료법'은 없지만 각자 나름의 태피스트리를 만들어가는 것이 중요하다. 이 책의 나머지 장에서는 1부와 2부에서 배운 내용을 일, 관계, 건강을 위한 활동 등 일상생활과 실제 상황에 적용하는 방법을 다뤄보려 한다.

심리학의 발자취

신경다양성이라는 새로운 틀을 이해하고 우리 삶 속에 통합하려면 무엇을 해야 할까? 이 질문에 답하려면 먼저 민감성의 본질이 무엇이며 심리학이 교육 현장과 일터, 가정에 어떤 영향을 미치는지 새롭게 조명해야 한다. 신경다양성이라는 개념이 심리학 전반에서 그리고 그 발전의 역사 속에서 어디에 위치하는지 정확히 이해할 필요가 있다. 우선 심리학의 발자취를 간단히 살펴본 후 오늘날의 일선 치료사와 연구자, 선구자와 활동가를 만나보도록 하자.

심리학이 발전해온 역사를 이해하기 위해 나는 주로 현대 서구 심리학의 기원을 파헤친 두에인 슐츠와 시드니 슐츠Duane and Sydney Schultz의 《현대 심리학의 역사A History of Modern Psychology》(1969년)를 참고했다. 이 책에서는 독일의 내과의사 빌헬름 분트Wilhelm Wundt가 처음으로 실험심리학 연구를 위해 실험실을 설립한 1879년을 중요한 전환점으로 본다. 두 저자는 심리학이 역사적 맥락 속에서 등장했으며, 학문, 정치, 경제, 사회 같은 '맥락' 요인이 심리학의 흐름에 중요한 영향을 미쳤다고 지적한다. 또 심리학의 성격은 유동적이며 늘 변화하고 성장한다고 말한다. 심리학은 과학적 토대를 매우 중시하며 이 점에서 다른 학문 분야, 특히 더 오래된 학문 분야인 철학과 차별화된다. 두 저자는 과거에는 인간의 마음을 직관적으로 이해할 수 있다고 여겨졌지만 체계적 방법론과 생물학적 이해가 등장하면서 이 같은 접근법이 마침내 인간의 마음과 행동 연구에도 적용됐다고 말한다. 따라서 심리학의 역사는 상당 부분 과학적 도구와 방법론이 발전해온 역사이기도 하다.

기계론적 사고와 신경다양성

17세기는 기계의 시대였다. 기계를 분해해서 그 기능을 이해하듯이 인간의 두뇌도 그럴 수 있으리라고 생각했다. 당대 철학자들은 "우주의 조화와 질서는 이제 시계의 규칙성으로 설명될 수 있으며, 신이 우주에 규칙성을 부여했다고 여겨지듯 시계의 규칙성은 시계 제작자가 부여했다"[1]고 믿었다. 17세기는 또한 결정론과 환원론이 지배하던 시대였다. 결정론은 일련의 행위에 의해 그다음 행위가 결정된다는 이론이며, 환원론은 조사 대상(혹은 사람)을 하나하나 분해하면 그 작동원리를 정확히 파악할 수 있다는 이론이다. 여기서부터 과학적 방법론이 탄생했고, 심리학을 비롯한 과학 분야를 지배했던 '기계론적' 관점은 인간을 일종의 기계로 바라봤다.

르네 데카르트René Descartes부터 존 로크John Locke, 데이비드 흄David Hume, 존 스튜어트 밀John Stuart Mill 등의 유명 사상가들은(죄다 백인 남성이었다) 인간 심리에 대한 사상을 지배했다. 특히 요하네스 뮐러Johannes Müller는 특수 신경에너지the specific energies of nerves 이론을 제안하면서 인간 행동을 생리학적으로 해석했다. 뮐러의 이 이론은 앞서 1장에서 정신의학의 역사를 추적하면서 살펴봤던 인간의 행동을 치료 대상으로 삼는 사상과 같은 선상에 있는 것으로 볼 수 있다. 두에인 슐츠와 시드니 슐츠에 따르면, 뮐러는 "개별 감각신경은 자체 에너지를 갖고 있어서 특정 신경을 흥분시키거나 자극하면 언제나 특정 감각이 일어난다고 주장했으며, 이러한 주장은 신경계 내에서의 기능을 특정하고 유기체 말단의 감각수용체 메커니즘을 구분해내려는 연구를 수없이 촉발했다."2

이러한 생리학적 관점은 뇌에 전기 자극을 가하는 것에서부터 뇌엽절제술에 이르기까지 여러 아이디어와 이론 및 실험이 탄생하는 밑바탕이 됐다. 1840년대에는 심리학을 비롯한 과학 분야 전반에 기계론적 사고를 적용하는 방법을 논의하기 위해 베를린물리협회The Berlin Physical Society가 설립됐다. 그리고 그와 비슷한 시기에 현대 과학과 심리학의 뼈대를 이루는 실증주의와 실험, 측정, 그리고 신경계와 뉴런, 뇌 기능에 대한 이해가 형성되기 시작했으며 이들은 기계론적 용어로 설명됐다.

20세기에 접어들 무렵, 지그문트 프로이트는 정신분석 이론을 발전시켰다. 그의 이론은 독특했고 그보다 앞서 등장했던 심리학 학파에서 엿보였던 보수적인 색채가 없었다. 프로이트는 임상실험 과학자가 아닌 데다 무의식에 중점을 두고 있어서 기계론적 사고에 빠질 위험이 적었고, 그의 이론은 실증적 방법으로 연구하기도 어려웠다. 그는 '카타르시스'와 꿈, 성적 충동 탐구에 몰두했으며, 코카인을 애용했고 코카인에 '기적적인' 효과가 있다고 선전하다가 중년에 이르러 비판과 경멸을 받기도 했다.

정신의학이 의학계 안에서 독립된 분야로 자리 잡는 동안 과거에는 철학의 연구 영역으로 간주되던 심리학도 독립적인 학문으로 인정받기 시작했다. 19세기 후반에는 유럽과 미국에 심리학 학술지가 처음으로 등장했으며 여기저기 실험실이 세워졌고, 1892년에는 미국심리학회APA, American Psychological Association가 설립됐다. 심리학은 '행동과학'이라고 알려지기 시작했지만, 다른 과학 분야에 비해 연구비를 많이 받지는 못했다.

20세기에 접어들면서 인구가 폭발적으로 늘자 심리학자들은 연구비 지원이 집중되는 대학과 교육 분야로 관심을 돌렸다. 주로 임상실험실에 갇혀 있던 심리학 연구가 교육 현장을 비롯해 더 광범위한 문화 영역으로 뻗어나가면서 심리학계는 마침내 그토록 바라던 연구비와 명성을 얻었다. 또한 1, 2차 세계대전은 심리학자들이 활동의 폭을 넓혀나가는 계기가 됐다.

프로이트 이래로 여러 심리학자와 학파가 족적을 남겼는데 그중에서도 칼 융Carl Jung과 에이브러햄 매슬로Abraham Maslow, 인본주의 심리학과 인지심리학, 가장 최근에는 '긍정심리학'을 꼽을 수 있다. 1990년대 마틴 셀리그만Martin Seligman이 주창한 긍정심리학은 '인간의 번영'을 목표로 삼고 개인의 강점을 살리는 데 중점을 둔다. 더불어 심리학의 역사 전반을 이끌어온 바로 그 인구학적 집단인 백인 남성이 긍정심리학의 성장을 이끌었다는 점과 '마음챙김mindfulness'이라는 개념이 심리학계뿐 아니라 심리학 대중서와 블로그를 점령했다는 사실도 짚고 넘어가야겠다. 긍정심리학은 행복과 안녕감의 개념이 개인주의적이고 자본주의적인 관점에 치우쳐 있으며 인간의 번영에 대한 서구의 관점만을 다루고 있다는 점에서 비판을 받기도 했다.

신경다양성 패러다임은 기계론적 관점에서 가장 멀리 떨어져 있다. '바람직하지 않거나, 도움이 안 되거나, 비생산적'이라고 여겨지는 특성을 완화하려 드는 대신 지금껏 살펴본 것처럼 인간의 경험, 그중에서도 특히 '장애'에 대한 우리의 개념을 새로이 하고자 하는 움직임이 바로 신경다양성 운동이다.

신경다양성 지지자들은 신경다양인이 경험하는 불안을 제거하려고 노력하는 대신, 우리가 사회에서 경험하는 인식의 차이가 어떻게 신경다양인에게 불안감을 조성하고 불안정감과 소외감, 고독, 우울을 불러오는지 밝히는 데 중점을 둔다.

민감성과 재능

"저를 찾아오시는 분들은 대개 감각이 매우 민감하고, 치료사들에게 제대로 이해받지 못한다는 느낌을 받은 적이 있어요. 저에게는 열한 번째나 열두 번째로 찾아올 때가 많아요. 내담자들은 힘들고 상처받은 마음으로 한참이나 도움을 찾아 헤맸기 때문에 저를 만날 때쯤이면 금방이라도 무너져 내릴 것처럼 보이곤 하죠."

샌프란시스코만 지역에서 심리치료사로 활동하는 그레이스 말로나이Grace Malonai의 말이다. 말로나이는 자폐, ADHD, HSP, 감각처리장애 등 여러 신경다양성을 아우르며 민감성이 높은 내담자를 전문적으로 치료하고 있다.

"내담자들은 직장에서나 가정에서 갖가지 문제를 경험해요. 그리고 주위 사람들에게 제대로 대접받거나 이해받지 못하고 스스로도 자신을 이해하지 못하면서 힘들어하죠."

이들은 왜 다른 직장 동료들은 자기처럼 민감하지도 않고 슬퍼하지도 않는지 궁금해한다. 예를 들어 내담자 중 한 명은 직장 동료가 무슨 말을 하면 그 말의 의미를 이리저리 추측하다가 이내 자기회의에 빠져들곤 한다. 그런 의문을 품거나 그런 질문을 하는 사람을 거의 보지 못했기 때문에 스스로를 의심하는 것이다. 말로나이는 이렇게 말한다. "그렇지만 내담자가 자기 자신을 이해하게 되면 자신이 받아들이는 정보가 다른 사람들이 받아들이는 정보에 비해 사소한지 중요한지 비로소 구별할 수 있게 되죠."

이 말 속에는 신경다양인 내담자를 돕기 위한 치료의 핵심이 담겨 있다. 내담자가 자신이 지닌 차이를 이해하고 재구성하면 경험을 변화시키고 불안을 누그러뜨릴 수 있다. 이 열쇠를 손에 쥔 내담자들은 자신의 남다른 면모 때문에 뒤처지는 게 아니라 오히려 그에 따르는 재능을 꽃피운다. 어떤 사람은 이를 봉인된 '초능력'을 풀어내는 행위에 비유하기도 한다. 차이를 재능으로 받아들이면 삶의 활력소가 된다.

이 과정은 신경다양인이 냉담하다거나 사회적 단서를 잘 알아채지 못한다는 생각을 비롯해서 그들을 둘러싼 고정관념을 해체하는 데서부터 시작된다. 앞서 살펴봤듯 신경다양인은 편견과 달리 대다수 사람이 결코 알아차리지 못하는 단서를 오히려 예민하게 인식한다. 말로나이는 매우 예민하고 재능이 뛰어나며 불안 수준이 높은 한 여성을 예로 들면서, 그녀는 상사가 크게 한숨 쉬는 모습 하나에도 걱정에 휩싸인다고 말했다. 이 여성은 상사에 대해 궁금해하면서 '오늘 안 좋은 일이 있었나? 속이 안 좋은가? 울고 있는 건 아니겠지? 슬픈 일이 있나? 피곤한가?'라고 꼬리에 꼬리를 물고 생각을 이어가다가 이윽고 '내가 뭘 잘못했나?' 하고 의심을 품기 시작한다. 말로나이는 이들을 가리켜 "의구심이 많고 불안정하다"라고 설명한다.

하지만 의문을 품는 성향은 재능이 될 수 있다. 나는 이를 남편과 함께 지내며 실감했다. 남편은 나를 '상처 입은 치유자'라고 부르곤 하는데, 남편이 무슨 말이나 행동을 하면 묻지 않고도 그의 감정을 알아차리기 때문이다. 나의 말에 말로나이는 이렇게 답했다. "그렇다면 그건 재능일지도 몰라요. 자신이 파악한 정보를 활용해서 상대와 더 가까워질 수 있으니까요. 하지만 남편에게 무슨 일이 있는지 감이 잘 잡히지 않을 때는 내가 뭘 잘못했나 싶은 생각이 들기도 할 거예요." 말로나이는 이런 미묘한 정보를 유용하게 활용하는 방법을 스스로 찾아나설 때 정서적으로 버거워지는 상황을 모면할 수 있다고 말했다. 상대의 감정에 일일이 반응할 필요는 없다. 그저 알아차리는 것만으로도 충분하다.

민감성과 신경다양성을 집중적으로 다루는 치료사는 무척이나 드물기 때문에 나는 그녀에게 민감한 내담자를 대하는 '특별한 대처법'이 있는지 물었다. 말로나이는 내담자가 여러 상담사를 거친 뒤에 자신을 찾아온 경우 우선적으로 해주는 말이 있다고 했다. 바로 상담을 하는 중에 자신에게서 어떤 기색, 예컨대 얼굴에 피곤한 기운이 엿보인다면 그건 정말로 그저 피곤해서 그런 것일 뿐임을 확실히 짚어두는 것이다. 내담자가 치료사인 자신에게 무슨 일이 있는지 걱정하고 추측하고 알아내려고 애쓰면서 소중한 에너지를 허비하지 않기를 바라기 때문이다. 그런 이야기를 들려주면 내담자들은 한결 마음을 놓는다. 이는 작지만 뜻 깊고 진실한 자세다. 민감한 사람은 우리 문화권 내에서 보통 피드백과 검증을 잘 받지 못하기 때문에 그들의 경험을 일반화해주는 과정이 중요하다. "저는 그들이 많은 것을 느껴도 괜찮다는 점을 알았으면 해요. 감정적으로나 감각적으로 그렇게 많이 느끼는 건 문제라는 메시지를 주입받는 사람이 너무 많아요."

말로나이는 "재능은 민감한 사람들이 공유하는 신경다양성의 일부"라고 말한다. '재능 있는gifted'이라는 표현을 들으면 어린 아인슈타인의 이미지가 떠오르기 마련이지만, 사실 '재능'에 대한 심리학 연구는 재능 있는 사람들의 성격 양상을 모두 다루며 그중에는 민감성도 포함돼 있다. 또 이와 관련해서 불균형적 발달asynchronous development이라는 용어가 있는데, 이는 삶이나 학문의 특정 영역에서 뛰어난 발달과 재능을 보이는 반면 다른 영역에서는 발달 지연을 보이는 현상을 이른다. '이중특수twice-exceptional'라고 불리는 현상에 더 가까운 사례도 있는데, 이에 해당하는 사람은 재능과 더불어 자폐, ADHD, 난독증 등을 가지고 있다.

말로나이는 이렇게 말했다. "저는 정보를 많이 받아들이고 그 정보를 어떻게 활용할지 숙고하는 능력도 재능이라고 봐요. 일종의 불균형적 발달로 볼 수 있죠." 민감한 사람은 정보를 흡수하고 처리하는 능력이 일반인에 비해 훨씬 뛰어나다. "하지만 몇몇 영역에서 뛰어난 발달을 보이는 반면 다른 몇 가지 영역에서는 발달이 뒤처지는 경향이 있어요. 대부분은 사회적 대처 능력이 그렇죠. 민감성과 재능, 그리고 자폐는 중첩돼 나타날 수 있고, 그래서 저는 내담자가 자기 특성을 이해하도록 돕고 싶어요."

민감성과 재능, 신경다양성을 지닌 사람은 때로 감정조절이 잘 되지 않아서 부정적인 평가를 들으면 방어적으로 반응하면서 소리를 지르거나 버럭 화를 내기도 한다. 상사나 배우자, 부모, 교사는 이런 행동에 보통 부정적인 반응으로 응수한다. 말로나이 교수는 "이처럼 행동 차원에서 대처하면 근본적인 이해에 다다를 수 없다"고 말한다. 이럴 때는 행동을 탓하고 교정하려 들기보다 왜 오해가 생겼는지, 왜 본인의 감정이 상했는지를 이성적으로 설명해주는 편이 훨씬 효과적이다. 민감한 사람들에게는 문제의 '근본 원인'을 이해하려는 깊은 욕구와 갈망이 있기 때문이다.

나는 말로나이의 치료실에 있으면 어떤 기분이 들지 궁금해지기 시작했다. 민감한 사람은 물리적 환경에 특히 영향을 많이 받기 때문이다. 나는 민감한 내담자가 편안함을 느끼도록 치료실 환경을 남다르게 꾸몄는지 그녀에게 물었다. 말로나이의 치료실은 무게감 있는 담요와 피짓 토이fidget toy(손을 반복적으로 움직이며 가지고 노는 손 장난감-옮긴이), 부드러운 직물, 피부용 브러시, 수정토water beads, 모래, 베개, 전기촛불 등 감각을 편안하게 하는 도구로 꾸며져 있다. 또 치료실 천장에는 조명을 두지 않았고 강한 냄새를 풍기는 음식은 허용하지 않는다. 성인 내담자 중에는 시각적으로 민감한 이들이 있기 때문에 말로나이는 치료실 환경을 의도적으로 세심하게 조성했다. 외부 소음을 차단하는 단단한 문과 저소음 환기장치도 달았다. 민감한 내담자에게 편안한 분위기를 제공하려면 따뜻한 색감과 깔끔한 인테리어가 중요하다.

그렇다면 말로나이의 치료실에는 어떤 여성들이 찾아올까? 그들은 자신이 자폐나 HSP라는 사실을 알고 올까? 아니면 대개는 자신의 본모습을 발견해나가는 과정에 있을까? "제가 보기에는 저를 만나고 나서 자신의 남다른 면모를 깨닫는 내담자가 많아요. 물론 알고 오시는 분도 있고 모르고 오시는 분도 있죠. 또 오진을 받은 분도 있고 그렇지 않은 분도 있어요. 어떤 내담자는 ADHD와 자폐를 진단받았지만, 저는 높은 불안을 동반한 민감성과 감각처리장애가 있다고 말씀드린 적도 있어요. 또 강박장애가 있는 경우도 있고요. 내담자의 문제를 정확히 이해한 후 진단하고, 진단에 맞는 치료를 하면 삶의 질이 올라가죠."

반대로 자신이 매우 민감한 사람이라고 생각했는데 실제로는 자폐인 내담자도 있었다. "그래서 평가 과정을 다 마치고 나면 '세상에, 몰랐어요. 그저 이런 모습으로 살아왔고 제게 뭔가 문제가 있다고만 생각했어요'라며 엉엉 우는 분들도 있어요." 그녀를 찾아온 한 여성 내담자는 대학생활에 어려움을 겪어서 학업을 중단해야 했는데, 자폐 진단을 받은 후에 학교 측에 배려를 요청해 학업을 마칠 수 있었다. 대학생활은 순조로웠지만 사회생활을 시작하면서 어려움을 겪는 사람들도 있다.

여러 직장을 전전하는 이들도 말로나이를 찾아온다. 이들은 자기가 바라는 만큼 직무에 적응해서 능숙해지고 그 분야에서 어느 정도 성공을 일구고 나면 지루해져서 이직을 한다. 그러면서도 뭔가 잘못됐다는 생각을 한다. "우리가 알아낸 바에 따르면 그들에게는 정적이지 않은 직업이나 직장생활이 필요해요. 아니면 부가적인 활동이나 취미가 있어야 하죠. 삶과 직업에 변화를 주는 것도 괜찮겠지만 일상생활도 잘 꾸려가고 생활비도 마련해야 하니까요." 이런 여성들은 대개 ADHD이면서 재능 있는 부류로, '다재다능하다'라는 평가를 듣곤 한다. 말로나이는 이런 식의 잦은 직업 전환은 남성들에게 비교적 더 잘 받아들여지지만 현실에서는 여성들이 이런 모습을 더 많이 보인다고 말한다.

내향성과 민감성

"요즘은 기업이나 학교, 조직과 협업을 많이 하고 있어서 사람들에게서 사적인 이야기를 많이 들어요. 그리고 저와 대화를 나누거나 협업하는 분들 중 일부는 성격이 매우 내향적이고, 그중 굉장히 많은 분들이 자신이 매우 민감하다고 말해요. 그러니까 저는 내향적인 사람과 민감한 사람 두 타입 모두와 함께 일하는 셈이죠." 이 대화를 나눌 때 수잔 케인과 나는 둘 다 주차해놓은 차 안에서 통화를 하고 있었는데, 우리 두 사람 모두 혼자 차 안에서 조용하고 평화롭게 일하기를 좋아한다는 사실을 알아채고는 웃음을 터트렸다. 케인의 데뷔작인 《콰이어트》는 내 인생을 뒤바꿨다. 또한 나는 케인이 운영하는 웹사이트 〈콰이어트 레볼루션Quiet Revolution〉에 처음으로 내 신경다양성을 '커밍아웃'하는 글을 썼고, 몇 달간 이메일을 주고받은 끝에 이제 우리는 서로 전화로 안부를 묻는 사이가 됐다. (그녀의 웹사이트는 개설 이래 교육자와 리더, 대중에게 내향성과 리더십에 대해 알리는 정보의 보고로 발전해왔다. 케인은 '내향성'을 여러 특성의 집합체로 여기며 내향성에는 흔히 민감성이 포함되고 때로는 수줍음도 포함된다.)

이제 우리는 직장 동료, 가족, 친구, 버스 운전사, 안내 직원 등 우리가 일상에서 만나는 사람들이 기질과 성격, 신경학적 특성의 다양성을 이해한다면, 민감한 사람이 이들과 상호작용하는 과정에서 경험하는 불안감이 줄어들고 '수행능력'이 향상된다는 것을 잘 안다. 여기서 '수행능력'이 향상된다는 것은 어딘가에 부딪히거나 정서적으로 무너지거나 완전히 멈춰 서거나 심각한 두통에 시달리지 않고 해야 할 일을 시작해서 끝마친다는 의미다. 하지만 생활 반경에 있는 모든 사람에게 이러한 요구를 할 수는 없는 노릇이기에 우리는 자기 한계와 자신에게 잘 맞는 생활방식을 파악하고 일상에 도움이 되는 활동을 가려내야 한다. 이는 일정 부분 우리 자신에게 달렸다.

"요즘에는 사람들이 자신의 타고난 기질을 어느 정도 이해하는 편이라 다행이에요. 자기인식의 중요성은 아무리 강조해도 지나치지 않아요. 일단 나답게 살아도 괜찮다고 스스로 허용해야 자기 자신을 지키기 위한 공간을 만들 수 있어요. 또 자신감이 생기면서 타고난 재능을 제대로 활용할 수 있죠." 이제는 사람들이 자기 모습 그대로 있어도 괜찮다고 스스로를 허용하는 추세라고 케인은 말했다. "그러면 신기하게도 모순이 일어나요. 자기 자신을 있는 그대로 허용하면 허용할수록 자신의 강점에 잘 들어맞지 않는 상황에서도 능력 발휘가 더 잘 되거든요." 민감해도 괜찮다고 생각하면 자기회의에 휩싸이지 않고 온전한 자신을 드러낼 수 있고, 그럴 때 수행능력이 오히려 향상되기 때문이다.

나는 고개를 끄덕이며 말했다. "그렇다면 여기서 핵심은 통합이겠군요!" "맞아요!" 케인이 맞장구를 치자 서로 마음이 통한 듯해서 기뻤다. 케인은 그저 경험에 이름을 부여하기만 해도 얼마나 놀라운 치유 효과가 나타나는지 설명했다. "기업 강연 초창기에는 기업들이 그저 직원들의 직무나 생산성, 리더십에 관한 이야기만 하기를 바랐어요. 하지만 요즘에는 기업도 직원들에게 좀 더 전인적인 도움을 주고 싶어 해요. 이제는 '내향적인 아이를 기르는 법에 대해서도 조금 얘기해주세요'라고 하죠. 전반적으로 개방성이 높아졌어요. 포용적인 곳에서는 더욱더 그렇고요."

케인은 기업이 각 개인의 기질을 다양성 가운데 하나로 받아들이기 시작한 데에 기쁨을 표현했다. 기질 차이가 인정받고 존중될 때 사람들은 더 자유로이 자기다운 인생을 살 수 있고 최고의 능력을 발휘한다. 행복하고 건강한 삶은 업무와 생산성, 리더십과 떼려야 뗄 수 없는 관계에 있다. 우리가 우리 자신을 이해할 때, 다시 말해서 우리 각자가 타고난 다양한 체질

과 기질을 이해할 때 우리는 오랜 불안에서 벗어나 인생을 꽃
피울 수 있다.

내 몸에 귀 기울이기

이어지는 인터뷰를 할 무렵, 나는 내가 누구인지, 우주 속에서
내 위치는 어디인지, 내가 주변 사람과 세상을 어떻게 대하고
있는지, 그리고 이 모든 것이 내 행복과 건강, 인간관계에 어떤
영향을 미치는지 더 깊이 체감하고픈 갈망을 느꼈다. 민감한
신경다양인들이 흔히 그러하듯 나는 무겁고 두꺼운 담요를 좋
아한다. 하지만 이와 같은 표피적인 측면에서 한 발 더 깊은 차
원으로 나아가 출산, 우정, 사랑, 슬픔, 공동체 등 인생 전반에
걸쳐 내가 겪은 사건과 경험을 내 온몸과 온 마음으로 느끼고
싶었다. 여성들과 그저 담소를 나누는 것만으로는 부족했다.
나는 그들과 이야기를 나누며 함께 북을 치며 춤추고 싶었다.
운동 수업에 참석하는 것만으로는 충분치 않았다. 체육관에서
땀을 흘리고 더불어 깊이 있는 철학적 대화도 나누고 싶었다.
저널리스트로서 나는 곧바로 나의 이런 소망을 과학적으로 설
명해줄 전문가와 연구자를 찾아갔다.

리사 콰트Lisa Quadt는 실험 참가자들이 자신의 심장박동을
원활히 감지할수록 불안 수준이 정말 줄어드는지를 살펴보는

임상실험을 진행하고 있다. 이는 단순하지만 아주 중요한 발상이다. 이 실험은 콰트의 동료인 서식스대학교 소속 사라 가핑켈Sarah Garfinkel의 연구에 토대를 두고 있는데, 콰트는 손바닥 땀, 심장박동, 맥박 등 몸이 보내는 신호를 사람들이 저마다 다른 방식으로 파악한다고 설명했다. "우리는 자폐인이 자신의 몸 상태를 그다지 정확히 파악하지 못한다는 걸 발견했어요. 그들은 자신이 늘 이런 신호를 지각하고 있다고 생각하지만, 자폐인의 지각 체계는 계속해서 신호를 받아들이다가 그 신호에 압도당해요. 그래서 현실과 인식 사이에 간극이 생기는 거죠." 콰트와 동료들은 이 간극이 클수록 불안도가 높아진다는 것을 발견했다. 간극의 정도를 보고 불안 수준을 예측할 수 있다는 뜻이다. "이 간극을 좁히면, 그러니까 몸이 보내는 신호를 더 정확히 지각하면 불안 수준을 낮출 수 있어요."

이러한 가설에 따라 콰트와 가핑켈은 연구 참가자들에게 심장박동을 더 정확히 파악하는 방법을 가르쳐주고 그에 따라 불안도가 어떻게 변화하는지를 지켜보고 있다. 이 연구는 일상생활에서 자기중심을 잃지 않으려면 몸 상태를 의식할 필요가 있다는 나의 단순하지만 강력한 깨달음과 일맥상통하는 듯했다. 이 방법은 심장박동 수를 세는 것만큼이나 단순하다. 콰트와 가핑켈은 궁극적으로 앱을 개발하거나 모니터링 기능을 탑재한 스마트 워치를 개발하고자 한다. 콰트는 마음챙김 훈련 과정에도 내수용성 감각 중심 치료나 심장박동 수 세기를 적용할 수 있다고 말한다.

쾨트와 인터뷰할 당시 연구가 아직 임상실험 단계였기 때문에 최종 결과는 알 수 없지만, 결과와 상관없이 우리는 시간을 재면서 맥박에 손가락을 댔을 때와 그렇지 않을 때 두 가지를 비교해볼 수 있다. 맥박은 팔벌려뛰기 몇 번만 해도 쉽게 잴 수 있다. 아무것도 하지 않은 상태에서는 맥박을 재기 어렵지만 운동을 하고 나면 훨씬 수월해진다.

쾨트에게 민감한 신경다양인 여성이, 그중에서도 특히 자폐 여성이 전반적으로 내수용성 감각을 느끼기가 더 어렵냐고 물어보니, 그녀는 감각 과부하와 높은 불안 수준을 언급했다. 예컨대 그들은 버스를 타면 소음과 어지러움에 시달린다. "몸에서 뇌로 가는 내수용성 감각 신호가 다른 방향으로 이끌려 가는 셈이지요." 쾨트는 자폐인을 비롯한 신경다양인들이 자신의 심장박동을 느끼고 과잉 반응하기도 한다고 덧붙였다. 신경전형인은 심장박동이 느껴져도 그냥 넘어가는 반면, 불안 수준이 높은 자폐인은 놀라고 걱정한다는 것이다.

인지행동치료cognitive behavioral therapy가 누구에게나 효과가 있는 건 아니지만, 내가 처한 상황과 행동, 상호작용을 재구성하고 과거를 이해하는 데에 어느 정도는 도움이 된다. 하지만 나는 여러 도시에 살며 여러 명의 상담 심리치료사를 경험하고 몸을 의식하도록 도와주는 소매틱 치료를 시도한 이후, 그중 어떤 치료법도 자폐와 ADHD, 그리고 감각처리장애 등을 포괄적으로 다루지는 않는다는 것을 깨달았다. 내게 있어 이러한 개선과 발전은 연구 논문을 읽고 연구자를 인터뷰하고 기사를 쓰고 책을 집필하는 등 신경다양성을 파고들어 자료를 조사하는 동안에 이뤄졌다. 앞서 말했듯 정보만 있어도 삶은 변한다. 정보는 도움과 치유, 성장을 위한 최고의 발판이다.

최근에는 내 편도체를 상상하는 방법으로 꽤 효과를 보고 있는데, 뇌에서 두려움과 분노 처리를 돕는 이 기관을 머릿속으로 그려보는 식이다. 예를 들어, 불타오르는 듯한 붉은색에서 시원하고 차분하며 진정된 파란색으로 '식어가는' 이미지를 떠올리는데, 정말이지 효과가 있다! 주류 심리치료법이 내게는 신통치 않을 때가 많아서 늘 내게 잘 맞는 소소한 요령을 찾고 싶었는데, 이 방법은 이제 스스로 뿌듯하게 여기는 돌파구 중 하나가 됐다. 자극을 과도하게 받거나 짜증이 나기 시작할 때면 이제 뇌와 뇌간, 그리고 신경계 전체를 머릿속에 떠올린다. 신경계 전반이 식으면서 몸 전체가 부드러운 바다색으로 물드는 모습을 상상한다. 그럴 때면 마치 내 몸 속 기관들이 내가 관심을 보여주기를, 그들의 상태를 알아차려주기를 바라는 듯한 느낌이 든다. 나는 그 기관들을 의식하고 생생한 색과 심상을 통해 진정하라는 신호를 보낸다.

이처럼 자신과 타인의 감각을 몸으로 강렬하게 인식하는 행위는 당연히 여성의 삶 속에서 특히 더 위력을 발휘한다. 콰트는 이미 앞에서 살펴본 바와 같이 여성은 흔히 남성이나 남자 아이보다 제대로 된 진단을 뒤늦게 받는 경향이 있고, 여자아이는 사회적으로 자신의 본모습을 숨기고 다른 모습으로 가장해야 한다는 압력을 더 많이 받으며, 자폐를 비롯한 신경다양성은 성별에 따라 표출되는 양상이 다르다는 것을 다시 한 번 확인해줬다. 또한 콰트는 내가 수많은 이에게 들었고 이 책에서 되풀이해서 언급한 사실도 재확인해줬다. "뒤늦게 진단을 받은 여성은 대개 마침내 자신이 어떤 측면에서 남들과 다른지를 깨닫고, 관련 정보를 얻고, 다른 자폐 여성을 만나 사실 자신이 남들과 그렇게까지 다르지는 않으며 자신이 몸담을 수 있는 공동체가 있다는 사실을 깨달아요. 그리고 자신을 더 잘 이해하게 됐다는 사실만으로도 굉장히 안도감을 느끼죠."

콰트는 자폐인이 오히려 공감을 더 많이 한다는 점과 사회가 자폐인을 비롯한 신경다양인을 위한 환경을 조성해야 한다는 점을 언급하며 대화를 끝마쳤다. "저는 신경다양성 운동이 더 확대되고 널리 알려지기를 바라요. 제가 보기에 자폐는 결코 장애가 아니에요. 지각, 감정, 인지, 행동 방식에 차이가 있지만, 그건 그저 차이일 뿐이지 어떤 면에서든 열등하지는 않아요. 저는 예컨대 자폐인이 공감을 더 많이 한다는 것을 보여주는 새로운 연구가 사회 변화로 이어졌으면 좋겠어요. 모두를 위한 사회를 만들어야 해요. 우리 사회가 그 방향으로 나아갈 수 있도록 연구계가 도울 수 있기를 바랍니다."

질병의 패러다임을 넘어서

민감한 사람은 높은 민감성과 그것이 삶에 미칠 수 있는 영향에 대처하기 위해 약물치료를 고려하곤 한다. 나는 1년간 프로작(플루옥세틴)을 복용했고 덕분에 민감성이 어느 정도 누그러졌는데, 특히 남편과 집안일을 의논할 때 솟구치던 분노를 삭이는 데 도움이 됐다. 내게 필요한 도움은 그것뿐이었다. 민감성은 때로 짐이 되기도 했지만 그렇지 않을 때는 이것저것을 재빨리 알아채게 해주는 고마운 특성이다. 업무가 잘 풀리기 시작하면서부터 프로작 복용량도 줄였다. 여담이지만, 스스로를 유심히 살펴보니 나에게는 일이 치유에 큰 역할을 했다. 민감성 덕분에 의미 있는 자료에 집중하고 몰입하기를 좋아한다는 것을 알게 된 다음부터 나의 민감성을 더욱 흔쾌히 받아들일 수 있었고, 거기서 얻은 힘으로 흔들림 없이 삶을 지속할 수 있었다.

정신과의사인 로렌스 초이Lawrence Choy의 이야기는 내 삶과 유사한 면이 있다. 캘리포니아대학교 버클리캠퍼스를 졸업하고 스탠퍼드 의학대학원에 간 초이는 정신의학과 레지던트 과정을 마치고 나서야 자신이 ADHD라는 사실을 깨달았다. 그는 ADHD 치료를 받는 한편 최신 신경과학 연구를 파고들면서 자신의 성향을 파악했다. 새로운 정보를 접한 후 정신의학과 《DSM》을 바라보는 그의 시선은 크게 달라졌고, 이후 ADHD가 있는 기업가를 주로 다루는 치료소를 실리콘밸리에 설립했다. 초이는 이렇게 말했다.

"저는 《DSM》과 달리 뇌의 작동 방식을 토대로 증상과 행동을 이해해요. ADHD를 예로 들자면, 《DSM》은 몇몇 증상이 부합하면 나이와 일상생활에서의 기능을 고려해서 진단을 내리죠. 신경과학에 토대를 두지 않은 진단이에요. 하지만 저희는 뇌가 어떻게 작동하고 전전두엽 피질이 어떻게 활성화되는지를 살펴보면서 약을 사용해 뇌의 기능을 교묘하게 바꾸죠."

초이는 ADHD를 장애로 인식하지 않기 때문에 자신의 치료법이 ADHD의 오명을 벗겨내는 데 일조한다고 여긴다고 말했다. 그런데 이상하게도 그의 치료소 웹사이트에는 '장애'라는 용어가 사용되고 있었다. 그 이유를 물으니 이런 대답이 돌아왔다. "아직까지 보험업계는 장애 진단이 나와야 치료비를 지급해줘요. 저도 획기적인 변화를 끌어내고 싶지만 제 동업자가 제 고삐를 당기면서 견제하고 균형을 잡아주고 있죠. 저희 치료소는 두 모델을 왔다 갔다 하며 운영되고 있습니다."

신경다양성을 옹호하는 내과의사, 심리치료사, 정신과의사는 이와 같은 어려움에 맞닥뜨린다. 진단 요건과 환자와 의사로서 몸소 경험한 지식 사이에 밀고 당기기가 존재하는 것이다. 혁신적인 접근법과 현 의료체계의 진단 요건 사이에서 줄다리기를 하면서 초이는 흐름을 타는 법을 배웠다. "전 ADHD이고, 그것을 발견하는 과정에서 근본적으로 다시 태어나는 느낌을 받았어요. 만나는 사람마다 ADHD에 대해 제가 발견한 사실을 떠벌리고 다녔죠. 사람들이 이 새로운 접근법을 알아야 한다고 생각했거든요. 시간이 지나면서는 그런 활동의 강도를 점차 줄였어요. 변화에는 시간이 필요하다는 것을 배웠거든요."

초이의 말에 따르면 현 의료 체계와 모델은 증상과 '장애'를 약물로 치료하지만 약물치료는 이들의 삶을 의미 있는 목표 수립과 성취라는 '다음 단계'로 이끌지 못한다. 약물치료로 일단 내담자의 집중력이 올라오면, 초이는 내담자가 바라는 삶이 무엇인지 살피고 내담자가 삶을 '최적화'해 그 목표와 성취를 향해 나아가도록 돕는다. "[ADHD] 치료 현장에서는 여전히 자극제stimulants가 중요한 역할을 담당해요. 임상치료사들은 대개 주의력 부족이나 건망증과 같은 증상을 개선하기 위해서 자극제를 쓰죠. 하지만 거시적인 관점에서 보자면 약물을 쓰는 목적은 실행 기능을 담당하는 전전두엽 피질을 발달시키는 거예요." 실행 기능에는 주의 조절, 충동 조절, 현실 검증과 판단 능력이 포함된다. "전전두엽 피질이 제 기능을 하면 사람들은 스스로에게서 이전에는 보지 못했던 모습을 보기 시작해요." 뇌는 쓰면 쓸수록 강해진다면서 초이는 "그것이 바로 변화의 시작점"이라고 말했다.

초이와의 대화는 신선했다. 언어와 어휘는 여전히 질병의 테두리 안에서 선택되고 있지만, 초이 같은 사람들은 질병의 패러다임을 넘어서려고 애쓰고 있다.

정신건강의 지평 넓히기

크리스 콜Chris Cole은 '영적 출현spiritual emergence(개체 간의 경계가 사라지고 타인과 자연, 전 우주와 연결된 의식 상태-옮긴이)'과 조울증이 중첩되는 지점을 전문적으로 다루는 중독치료 전문가다. 정신건강 문제를 대안적 관점에서 바라보는 영적 출현은 '정신질환'을 심오한 예술적·지적 재능이 사회에 동요를 일으키다가 마침내 혁신적 기여를 하는 하나의 과정으로 본다. 콜은 〈조울증이여 깨어나라Waking Up Bipolar〉라는 인기 팟캐스트를 방영하고 있으며, 우리는 몇 달 동안 이메일을 주고받은 후 어느 날 아침 이야기를 나누게 됐다.

"저는 황무지 요법wilderness therapy(대자연에서 캠프 생활을 하면서 상담과 체험 교육을 병행하는 심리치료법-옮긴이), 코칭, 정신건강 서비스를 제공하는 여러 곳에서 교육을 하면서 이 분야에 몸담게 됐어요." 스스로를 매우 민감한 사람이라고 자가 진단하는 콜은 심리치료 및 교육 현장에서 지역사회 전문가들이 신경다양성의 틀을 인식뿐 아니라 행동으로 받아들이도록 하는 데 도움을 줬다. 특히 스스로를 젠더퀴어로 규정하는 그는 "소수 성향queerness과 신경다양성이 만나는 지점을 환영한다"고 말한다.

"남다른 정서 경험과 민감성의 긍정적 측면이 특히 흥미로웠어요." 그는 연구 논문을 읽으며 매우 민감한 사람이라는 개념을 더 깊이 이해할 수 있었고 그것이 민감성을 긍정적으로 재구성한 개념임을 알게 됐다고 했다. "긍정적인 측면이 있다면, 타인에게 정서적으로 공감하는 경험이 어떤 것인지를 제가 아주 잘 안다는 거예요. 타인의 신경계를 파악하는 바로미터가 조금 더 날카로운 덕분에 치료 현장에서 내담자가 자기 경험이나 감정을 말로 정확하게 표현하도록 도울 수 있죠. 그리고 민감성 덕분에 가정에서는 부모로서 아이들에게 훨씬 더 잘 반응해줄 수 있었어요. 저는 두 아들에게 내면의 정서적 풍경을 읽는 법과 그들이 경험하는 세상을 세세하게 표현하는 법을 가르쳐줄 수 있었어요."

그렇지만 힘든 면도 있다고 했다. 더 수준 높은 자기 관리가 필요했고 한계 설정도 더 많이 해야 했다. 그는 하루 일과와 수면 시간, 섭취하는 음식을 세심하게 관리하며 규칙적으로 마음챙김 명상을 한다. 그는 우리 사회의 빠른 속도에 맞추려다 보면 에너지가 너무 빨리 소진된다는 점이 민감성의 '부정적 측면'이라고 말했다. "제 민감성은 사람들을 돕고 세상을 변화시키는 데 커다란 열정을 주지만, 그런 만큼 외부세계에 대한 관심을 끊고 제 신경계가 더 자연스럽게 느끼는 환경으로 되돌아가는 시간도 필요해요. 둘 사이에서 균형을 이뤄야 하죠."

민감성이 높은 내담자를 대하는 요령을 묻자 콜은 실제적 측면과 철학적 측면 모두를 언급했다. "내담자의 민감성을 진심으로 인정해주는 것이 중요해요. 우리 사회는 민감성을 병적인 것으로 간주하는 경향이 강하고, 우리는 사회적 존재이기 때문에 그런 시각에 영향을 받을 수밖에 없죠. 그런 경향을 상쇄하려면 누군가 반드시 민감성에 깃든 긍정성과 지혜를 되돌아보도록 도와줘야 해요. 저는 내담자를 권위적으로 대하지 않고, 주로 흥미와 동기를 이끌어내는 개방형 질문을 하면서 내담자 개개인에게 맞춰 치료를 진행해요." 그는 또 내담자가 자신에게 맞는 약물치료나 정신건강 서비스를 찾도록 돕는다. 또한 너무 많은 내담자가 순식간에 환자 취급을 당하는 현실에 안타까움을 느껴 의료계 종사자 교육과 지원에도 힘쓰고 있다.

"예를 들어 누군가 조울증 진단을 받고 도움을 요청하려고 의사를 찾아가도 대부분은 그 [진단의] 의미가 뭔지 제대로 이해할 만큼 충분한 정보를 얻지 못하죠. 진단은 단지 증상의 목록일 뿐이고 일정 기간 그 목록에 부합하면 이러저러한 진단을 받는 거예요. 그러니까 사람들이 가장 먼저 이해해야 하는 것은 진단이란 그저 어떤 증상을 평가한 결과일 뿐이라는 거죠." 또한 진단은 해당 진단에 따른 치료가 효과적인 만큼만 유용하다고 지적했다. 진단의 목적 중 하나는 무슨 치료를 해야 할지 파악하는 것이라는 뜻이다. 이런 정보는 사람들이 실제로 일어나고 있는 현상에 관심을 기울이도록 도와준다. "신경다양성이라는 렌즈를 통해 사람들이 자신의 경험을 생각해보도록 돕는 사람으로서 저는 어떤 증상이 문제라고 생각하느냐고 질문해요. 그러면 내담자가 변화의 주체가 되죠. 흔히 짜증이나 동요 같은 증상을 이야기하는데, 그런 다음에 부정적 측면을 줄이고 삶의 질을 개선하려면 무슨 조치를 취해야 할지를 파악해요."

콜은 차이를 질병으로 간주하는 신경전형적인 전통 심리학의 환경에서 일하면서 시시때때로 경험하는 복잡한 입장을 설명했다. "저는 권위를 지닌 인물들에게, 그중에서도 부모와 의사에게 연민을 느껴요. 마음이 넓고 선의에 찬 정신과의사들도 많기는 하죠." 하지만 민감한 신경다양인은 이른바 '본질과 너무 동떨어진 사회'에 살면서 고통스러운 증상을 너무도 흔히 경험한다. 이들은 '냉담하기 그지없는 세상'에서 인생을 살아내야 한다. 콜은 병리학이 지배하는 환경에서는 일하기가 더 힘겹다고 말했다. "신경이 거슬리거든요." 민감한 사람인 콜은 "저는 제가 다른 치료사보다 일을 더 많이 한다고 생각해요. 왜냐하면 저는 신경다양성을 지닌 내담자가 느끼는 고통을 함께 느끼는데, 현재 신경다양성은 거시적인 관점에서 논의되지 못하고 있거든요. 그런 분위기 속에는 미묘한 차별이나 파괴적인 속성이 있어서 그 자리에 함께 있으려면 엄청 힘이 들죠."

그렇다면 신경다양성 패러다임을 받아들인 임상치료사나 의사는 내담자를 어떻게 대해야 할까? 조엘 살리나스가 언급했듯 차이가 아니라 고통을 다루는 것이 핵심이다. 여느 새로운 접근법이나 운동과 마찬가지로 신경다양성 패러다임이 정착하기까지는 과도기가 필요하고, 때로는 새로운 것과 옛것이 융합하기도 할 것이다. 현실적인 상황을 고려해 콜은 이렇게 말한다. "도움이 필요한 사람이 메디케이드(미국의 저소득층을 위한 의료보험 제도-옮긴이) 혜택을 받으려면 의학 용어와 치료법을 사용하는 곳으로 가야 해요. 그 점이 어려워요. 저는 사람들이 좋은 심리치료를 받을 기회를 더 많이 누리기를 바라지만, 그러려면 기존 의학계의 사고방식을 따르는 심리치료사를 찾아가야 하죠. 딜레마예요. 현 의료체계를 등지면 소비자가 금전적 부담을 안아야 합니다. 신경다양성을 존중하는 치료법의 비용을 내담자의 주머니에서 내게 하기는 어려워요. 내담자를 돕고 싶지만 한편으로는 이러저러한 진단을 내릴 수밖에 없는 입장이에요."

그래서 콜은 상담 기법에 신경다양성을 통합하기 위해 노력해왔고, 콜로라도에 있는 자신의 '작은 지역사회' 안에서는 희망이 보인다고 말했다. "신경다양성과 관련해서 제가 추진하는 일을 두고 저희 지역사회의 상담센터와 이야기를 나누고 있어요. 그곳에서 만난 상담사, 치료사, 사회복지사, 정신과의사 들은 정신건강 서비스에 신경다양성을 도입하면서도 사람들에게 필요한 서비스를 받게 해주는 방식에 큰 흥미를 보이고 있어요. 제 생각에는 바로 그 길이 우리가 용기 있게 나아가야 할 길이에요."

문제가 되는 경험이나 고통스러운 경험에 대해 내담자와 어떻게 이야기를 나눌지도 여전히 까다로운 문제다. 콜은 고통과 고통의 완화, 그리고 "이들 증상에 대한 사회, 문화, 의료계의 고정관념에 맞섬으로써" 얻는 해방을 둘러싼 복잡한 상황을 어떻게 견뎌낼지에 관한 세련된 대처법이 필요하다고 말한다.

요즘 들어 주목받고 있는 '트라우마 기반 치료trauma-informed care'에 대해서도 짧게 이야기해보려 한다. 트라우마와 그것이 사람들의 삶에 미치는 영향을 인식하는 것은 기본적으로 중요하다. 하지만 모든 것을 트라우마 탓으로 돌리는 사고방식은 문제다. 대개 그런 사고방식은 우리 삶에 어떤 '정상' 상태가 존재하며, 트라우마를 모두 해결하거나 혹은 어려서부터 역경을 경험하지 않았다면 '정상' 상태로 돌아갈 수 있다고 본다. 이러한 사고방식은 과거의 단순한 이론 체계를 답습할 우려가 있다. 신경다양성이라는 개념이 보여주듯 인류에게는 당연히 다양성이 있고, 다양성이라는 바탕 위에서 일부 사람들이 트라우마를 경험한다. 따라서 이 두 가지 관점과 체계를 하나로 통합해야 한다.

시끄러운 세상에서

작업치료사와 트라우마 전문가들을 인터뷰하다 보면 '소리'라는 주제가 거듭 등장한다. 민감성이나 트라우마를 생각할 때 맨 처음 떠오르는 주제는 아닐지 몰라도, 신경다양인은 신경전형인에 비해서 소리에 훨씬 더 영향을 많이 받는다. 신경다양인의 경험 세계에서 청각이 맡은 역할은 결코 과소평가할 수 없다.

소리와 관련해서 현재 우리는 소음이 신경계에 미치는 영향에 관심의 초점을 맞추고 있다. 소리와 행복한 삶에 대한 최신 연구는 냉장고가 웅웅거리는 소리 같은 초저주파 음과 자동차 경적소리 같은 초고주파 음이 우리 신경계를 투쟁-도피 상태로 이끈다고 말한다. 이 같은 연구 결과를 남다르게 활용하는 연구자와 현장 전문가도 있다.

한 예로, 노스캐롤라이나대학교의 정신의학과 교수 스티븐 포지스는 감각처리장애와 ADHD, 자폐인 등 청각이 민감한 사람들을 위해 음악에 기반한 치료법을 개발했다. 그가 개발한 세이프 앤 사운드 프로토콜SSP, Safe and Sound Protocol은 사람들이 투쟁-도피 반응을 이끌어내는 소리에 귀 기울이지 않게 하면서 신경계의 상태, 그리고 신경계가 중이와 상호작용하는 방식에 변화를 준다. SSP는 신경계에 안정감을 주면 심리 상태를 차분히 하고 행동을 조절하는 데 도움이 된다는 연구에 바탕을 두고 있다. 이 치료법은 리듬이 서서히 변하는 음악을 헤드폰으로 들려줌으로써 신경을 거스르는 소리를 차단해 청취자로 하여금 안정된 상태로 되돌아가게 해준다. SSP를 사용해본 여러 성인과 아동은 전반적으로 불안이 감소했다며 커다란 만족감을 표했다.

영국의 음향학 교수이자 자폐인이기도 한 빌 데이비스Bill Davies는 개인의 치료가 아니라 환경, 정책 및 사회구조의 역할에 더 집중해야 한다고 말한다. 예컨대 그는 소음공해의 악영향과 세계보건기구 같은 감독기관에서 발의한 새로운 규제에 주목한다.3 자폐인인 그는 불균형한 음향설계에 큰 우려를 표하면서 소리풍경soundscape이 사람들에게 미치는 불균등한 악영향에 관심을 보인다. 예컨대 그는 자동차가 소음공해의 주범이라고 말하며, 소음 정책에 대한 거시적인 관점을 갖고 어떻게 음향을 설계하면 삶의 질을 증진할 수 있을지 고민한다.

또 작업치료사 린디 조페Lindy Joffe는 학교 설계와 건축 방식에 특별한 관심을 기울인다. 예를 들어 소리를 튕겨내는 리놀륨을 바닥재로 사용할 때 유아들이 얼마나 소음 폭격에 시달리는지를 지적한다. 조페는 아이들을 건물 밖 자연환경으로 내보내서 인간의 귀가 오랜 세월 들어온 소리에 노출시키는 것이 정말 중요하다고 말했다. 그녀는 최근 자신을 찾아오는 사람들이 제기하는 가장 큰 문제 중 하나가 불안이라며, 불안이라는 문제가 새로운 형태로 불거지고 있다고 말했다. 대화가 성인 관련 내용으로 흘러가면서 조페는 이제껏 내가 인터뷰한 다른 작업치료사들과 마찬가지로 우울이나 불안으로 그녀를 찾는 대다수 내담자가 그 근저에 있는 감각 차원의 문제에 대해서는 전혀 알지 못한다고 말했다. 그렇기에 대자연으로 떠나는 짤막한 캠핑 등의 단순한 처방은 아동만큼이나 성인에게도 도움이 된다. 자연의 소리가 그만큼 신경계 조절에 도움이 되기 때문이다.

그러므로 청각, 소리, 그리고 중이 체계는 신경다양성과 작업치료, 트라우마 치료가 교차하는 접점에 있다고 볼 수 있다. 혹자는 청각 민감성이 트라우마의 결과로 생겨난다고 생각하지만(실제로 그런 사례도 있다) 대다수 민감한 사람에게 트라우마는 지나치게 시끄러운 세상에서 비롯된다. 트라우마에는 여러 종류가 있다. 인간은 본질적으로 삶에서 경험하는 역경과 성공을 통해 빚어지는 존재다. 하루하루의 삶은 우리 존재에 아로새겨지며 우리의 성격과 특성에 영향을 미친다. 테레사 메이벤슨이 말하듯 감각처리장애가 있는 사람에게는 때로 일상이 트라우마가 되기도 한다. 그러므로 소리는 건강과 행복을 증진하기 위해 우리가 일상에서 생각해봐야 할 중요한 문제이다. 구체적으로 어떤 양상으로 나타날지 알 수는 없지만, 우리 대부분은 각자의 본모습이나 되고자 하는 미래상과 우리 사회나 일상이 잘 어우러지기를 원한다.

신경다양인을 위한 자기 돌봄 요령

자신의 감각 특성에 맞게 생활방식을 바꾸는 작업은 지금이라도 당장 시작할 수 있다. 심리치료사가 아니라 저널리스트라서 독자에게 처방을 내릴 수는 없지만 내가 지금껏 보고 관찰하고 연구하고 경험한 바를 종합해 다음과 같이 제안하고자 한다.

- 여유를 갖는다. 신경다양성에 대해 이 책에서 처음 들어본 사람도 있고 이미 신경다양성에 대해 잘 알고 있는 전문가도 있을 것이다. 이제 변화의 시점이 무르익었다고 느끼는

사람도 있고 이제 막 물에 발을 담갔다고 느끼는 사람도 있을 것이다. 어느 쪽이든 좋다. 새롭게 얻은 아이디어와 교훈, 깨달음이 농익기를 기다리자.

- 다양한 접근법을 시도해보고 무엇이 효과가 있는지 살핀다. 한 가지 마음챙김 명상법이나 모임, 치료법, 자기 돌봄 전략을 고수할 필요는 없다. 일단 특정 접근법에서 필요한 것을 모두 흡수했다면 다음 접근법으로 넘어간다.

- 하지만 뭔가 효과가 있다면 멈추지 않는다! 효과가 있을 때는 지속한다. 얻을 수 있는 것을 모두 얻었다면(혹은 비용이 너무 부담스러워지기 시작했다면) 다음 접근법으로 넘어간다.

- 스스로 공부한다. 특히 우리 몸과 신체구조, 신경계, 두뇌에 대한 이미지, 도표, 그래프, 일러스트 등 시각자료를 보면서 지식을 쌓는다.

- 자신에게 효과가 있는 방법을 적어둔다. 글을 쓰면서 카타르시스를 느끼거나 책을 내거나 기사를 발표하고 싶다면, 나중에 기승전결 있는 이야기를 창작할 때 메모가 도움이 될 수 있다.

- 별 탈이 없으리라는 판단이 든다면, 가족이나 친구, 때로는 소셜미디어 이웃에게 자신의 신경다양성을 알린다. 자기 모습을 진솔하게 드러내고 주위 사람과 나누면 커다란 치유

효과를 경험할 수 있다. 배우자는 우리가 어떤 치료를 받는지 알고 싶어 할 수 있으므로 현실적으로도 터놓고 이야기하는 것이 도움이 된다(특히 비용이 부담스러울 때). 또 당신이 파고드는 문제에 대해 어느 정도 알게 되면 관련된 이야기를 나눌 수 있고, 적어도 경과는 물어봐줄 수 있기 때문에 외로움과 고립감이 줄어든다.

• 예전보다 기분이 좋아진다고 해서 죄책감을 느낄 필요는 없다. 이것은 정말이지 쉽지 않은 싸움이다. 수년간 씨름해온 문제를 마침내 정복했다면 힘이 솟는 건 당연하다. 용기가 솟고 활기가 넘칠 것이다(물론 화가 나고 혼란스럽고 불안할 때도 있다). 한동안 그런 상태가 지속되다가 이 새로운 상태가 자신의 삶과 정체성에 녹아들면 그것이 일상이된다. 그러면 기분이 좋아진다. 그리고 다투는 일도 줄어들것이다. 전혀 문제될 게 없다. 중요한 것은 자기 통합이다. 신경다양인에 대한 언론매체의 고정관념(비참하고 불편한사람으로 자주 그려진다)에 어울리는 사람이 될 필요는 전혀 없다. 그런 시선을 바꾸고자 하는 사람으로서 용기 있게자신의 신경다양성을 끌어안아야 한다. 우리가 크나큰 기쁨과 행복을 누리는 모습을 보여준다면, 그 자체로 세상에 크나큰 보탬이 될 것이다.

6장

집과 가정생활

감각은
사람들을 끌어당기고 일깨워
인생을 온전히 경험하게 하고
호기심을 자극한다.

나에게 집은 환경이자 관계였다. 나는 늘 주위 환경에 깊이 영향을 받았다. 어릴 적 삭막한 교외나 빌딩에 있을 때면 슬픔을 느꼈고 바닷가에서는 환희와 경의를 느꼈다. 민감한 신경다양인은 환경에 영향을 많이 받을 뿐 아니라 감각이 민감해서 애초부터 환경을 남들과 다르게 경험한다. 대인관계도 마찬가지다. 민감한 사람은 대인관계를 남들과 다르게 경험한다. 민감한 사람이 경험하는 움벨트Umvelt('환경'이라는 의미의 독일어로 우리가 경험하는 감각세계를 의미한다)는 신경전형인의 움벨트와 다르다. 이제는 자폐, 감각처리장애, HSP, 공감각, ADHD를 포함한 신경다양인의 남다른 움벨트에 진지한 관심을 기울여, 모든 사람이 편안하게 살아가는 세상을 만들 때이다.

디자인 기업 IDEO에서 디자이너로 일하다가 작가로 전향한 잉그리드 페텔 리Ingrid Fetell Lee는 지난 10년간 스스로 '즐거움의 미학'이라고 부르는 주제를 연구해왔다. 심리학자, 디자이너, 역사가와 함께 연구를 진행하면서 리는 개인의 환경이 그들의 정신건강 및 행복과 관련 있다는 점을 발견했다. 그녀는 2018년에 출간한 책 《조이풀: 바깥 세계로부터 충만해지는 내면의 즐거움》에서 '과잉자극'과 '과소자극'에 대한 일반적인 생각을 뒤집는다.

"자연을 우리가 처리하기 좋은 감각자극의 기준으로 생각한다면, 사실 자연은 조용하지도 잠잠하지도 않아요. 끊임없이 움직이죠. 그럼에도 자연은 인간이 누릴 수 있는 가장 평온한 환경이에요." 리는 시끄러운 소리가 들리거나 움직임이 많은 환경에서는 평온을 얻기 어렵다는 일반론에 의문을 제기한다. "사람들은 평온한 환경을 자극이 적은 환경이라고 오해해요. 사실 현대인이 처한 환경은 오히려 자극이 너무 적을 때가 많은데도요." 그러면서 그녀는 콘크리트로 지은 기숙사 혹은 아파트 건물을 예로 들었다.

또한 '다중감각 공간'인 스누젤렌Snoezelen을 언급했다. 스누젤렌은 자폐 아동 치료에 활용하는 어둡고 아늑한 방으로, 그

안에는 마치 1960년대의 사이키델릭한 방이나 〈오스틴 파워〉의 영화 촬영장처럼 보라색과 파란색 패턴 조명이 켜져 있다. 심리치료 현장에서 빠르게 주목을 끌고 있는 스누젤렌은 빛과 패턴, 그리고 자극에 대한 일반론에 의문을 제기한다. 리의 말에 따르면 현대 건축과 사무 공간 디자인, 방 배치 등은 인간에게 적절한 종류의 자극을 주지 않기 때문에 문제가 되곤 한다. 자극의 많고 적음이나 좋고 나쁨은 어떤 절대적인 기준에 따라 정해지는 게 아니라 각 개인이 자신에게 알맞은 지점을 찾아가야 하는 문제라는 것이다. 따라서 전통적으로 '밝은' 색으로 간주되는 주황색이나 노란색으로 방을 페인트칠하고 싶다면, 흰 페인트를 얼마나 섞어야 자기 감각에 편안한 색조가 나오는지 놀이하듯 찾아보면 된다.

나는 리에게 건축과 디자인이라는 전문 영역에서 정신건강 및 행복을 주제로 어떤 논의가 이뤄지고 있는지 물었다. 내가 대학원에서 공중보건학을 공부하던 시절에는, 주로 동네 보행 환경이 당뇨나 비만 같은 신체질환에 미치는 영향 같은 주제에만 연구의 초점이 맞춰져 있었기 때문이다. '환경은 우리 내면의 삶이나 정서, 정신건강에 어떤 영향을 미칠까?' 나는 때때로 궁금증을 느꼈다.

리의 답변은 흥미로웠다. 그녀는 연구 과정에서 건축은 심리학과 마찬가지로 예전부터 행동에 치중하는 경향이 있다는 것을 깨달았고 한다. 특히 식민지 개척시대의 사고방식은 심각한 행동 편향을 불러왔고, 이는 우리 사회의 공간에 엄청난 파급력을 행사했다. 아시아와 아프리카에 식민지를 세우는 과정에서 유럽인은 원주민이 풍부한 표현력과 즐거움을 표현하는 방식, 예컨대 그들이 일상적으로 북을 치고 춤을 추며 다 같이 떠들썩하게 노는 모습을 보고는 아연실색했다. 유럽인은 자신을 원주민과 구별하기 위해서 감정을 그다지 내보이지 않았고 지나친 자기표현이나 활기차고 기뻐하는 모습도 자제했다. 그 결과 유럽 문화는 유럽인이 미개하다고 평가한 다른 문화와 자신들의 문화를 차별화하기 위해서 감정과 표현을 억제하는 방향으로 기울었다. "이런 경향은 의복과 건축에 영향을 미쳤어요. 건축은 점점 제한적으로 변화했고, 모더니즘 운동 초기에는 장식을 경멸했죠."

디자인뿐 아니라 교육, 직장 문화, 조직 관행, 공중보건, 도시계획 등의 주류 사회 체계는 민감한 사람의 욕구를 간과하고 있기 때문에 민감한 사람들은 '참고 기준'을 주의 깊게 선정해야 한다. 색상, 디자인, 대인관계 같은 요소는 일상과 평정심, 사회 소속감 등에 영향을 주는데, 이들 요소에 대한 선호가 일반인과 다르다면 '일반적'이라고 간주되는 것이 감각 경험이 남다른 우리에게는 최선이 아닐 수도 있음을 고려해야 한다. 사실 일반적 선호는 그 누구에게도 최선이 아닐지 모른다.

"오늘날의 환경은 역기능이 심각해요. 휴식 공간과 업무 공간을 디자인하는 방식에 뿌리 깊은 문제가 있어요. 바로 단순화와 고립이라는 문제 말이에요. 흔히들 창문이 주의를 분산시킨다고 생각하지만, 사실 창문이 있으면 집중력이 높아져요." 스누젤렌을 경험한 사람들의 반응을 보면 알 수 있다면서 리가 덧붙였다. "치매 노인들은 기억과 감각을 잃어가죠. 세상과 자신을 잇는 감각의 끈을 놓치는 거예요. 그런데 스누젤렌 경험자의 이야기를 들어보면, 스누젤렌에 있기만 해도 정신이 깨어난대요. 아직은 관련 연구가 부족한 실정이죠."

쿠퍼휴잇 국립 디자인박물관의 현대 디자인 수석 큐레이터인 엘런 럽튼Ellen Lupton과도 이야기를 많이 나눴는데, 당시 그녀는 시각 이외의 감각을 자극하는 세계를 탐색하는 공공디자인 전시회를 박물관에서 열고 있었다.[1] 전시 주최자들은 다중 감각을 활용하거나 통합하는 것에 관심을 갖고 있었다. 이를테면 소리는 일종의 진동이기 때문에 소리와 진동은 밀접한 관계를 맺는다. 이 전시회에서는 관람객이 즐기고 몰두하면서 자신의 감각 능력을 인식하는 체험을 제공할 뿐 아니라 여러 종류의 감각 경험을 활용해서 문제를 해결하거나 삶을 개선하도록 디자인한 상품도 판매했다. 소리를 진동으로 바꿔 피부로 느끼게 해주는 음향기기나 아침, 점심, 저녁의 식사 내음을 풍기는 '향기 장치' 등이 그 예이다.

럽튼은 대중에게 다양한 경험을 제공하는 이 전시회가 관람객이 디자인을 이해하고 디자인에 흥미를 갖는 발판이 되기를 바랐다. 그녀는 학문적 요소와 실용적 요소, 본질적 요소 등 디자인의 모든 측면을 두루 고려해 디자인을 하고, 디자인과 우리가 상호 간에 어떤 영향을 미치는지 대중이 이해하도록 돕는다. "저는 체화, 체화된 지각, 그리고 경험의 물리적 속성을 언어로 표현하는 방식에도 관심이 있어요. 인간은 공중에 둥둥 떠다니는 뇌가 아니니까요." 디자인의 세계는 매우 물리적이다. 만지고 사용하는 모든 것, 프라이팬, 의자, 책에는 무게와 소리, 온도가 있다. "의자, 문, 자동차는 우리에게 매우 친근한 존재예요. 예컨대 자동차는 우리에게 마치 피부나 엄마 뱃속 같은 느낌을 주죠. 저는 사람들이 실제적이고 물리적인 경험에 목말라 있다고 생각해요. 우리는 더 많은 감각을 느끼고 싶어 해요."

럽튼은 그래픽 디자인을 가르치기도 하는데, 젊은 디자이너들이 경험의 비언어적 요소에 강하게 끌리는 모습에 감명을 받았다고 했다. 감각은 사람들을 끌어당기고 일깨워 인생을 온전히 경험하게 하고 호기심을 자극한다고 그녀는 말한다. 럽튼에 따르면 특히 아시아 출신 학생들이 오감을 끌어들이는 작업에 관심을 보인다. 나 역시 태국, 한국, 일본 등 아시아 국가를 방문하거나 아시아에 머무는 동안 비슷한 느낌을 받았다.

아시아의 공공 및 민간 디자인은 풍부했고, 거리와 동네, 수목, 아파트는 마음을 편안하게 자극하는 면이 있었다. 우리에게 이상적인 환경이 무엇인지를 생각할 때는 우리 삶의 감각적 측면에 대해 폭넓게 고민하고, 그 고민을 환경을 조성하고 디자인하는 방식에 계획적으로 통합해야 한다.

나에게 편안한 공간

내게 있어 편안함이란, 내 몸 너머의 공간, 방이나 장소, 때로는 타인에게 스며들어 일체감을 느끼는 것을 의미한다. 하버드 신경과의사이자 공감각자인 조엘 살리나스도 많은 공감각자가 이러한 느낌을 경험한다고 말한다. 나는 공감각자뿐 아니라 대다수의 민감한 신경다양인 여성이 이에 공감하리라고 생각한다. 신경전형인은 마음챙김 명상을 하면서 이런 일체감을 경험할 수 있는데, 내게 있어 이런 경험은 일상이다. 불안을 조장하는 기폭제가 없는 시공간 속에서 나는 경외심에 가까운 감정을 느낀다.

어지러운 사회 속에서 내게 적절한 자극을 줘 집에 온 듯 편안한 기분을 느끼게 해주는, 내게 꼭 맞는 움벨트를 찾고자 나는 여러 환경과 일, 의식ritual, 관계를 실험해봤다. 자신에게 '알맞다'는 느낌을 주는 환경, 일, 의식, 관계를 찾고, 그 느낌을 유지할 방법을 찾는 것을 목표로 삼아보기 바란다. 자기 자신과 민감성에 대한 지식이 있다면 몇 가지 삶의 요소를 바꿔가면서, 자기 안에서 최선의 모습과 능력을 이끌어내는 고유한 움벨트를 만들어갈 수 있다. 그것이 설사 더 너른 현실 세계와 다르더라도 말이다.

어떤 사람에게는 집, 거리, 동네의 디자인 및 공간 배치가 민감한 신경계를 조절하고 불안한 기질을 누그러뜨리는 데 중요한 역할을 한다. 나는 평온하고 녹음이 무성하며 문화적 다양성을 지닌 교외에서 내게 적합한 공간을 찾았다. 내가 사는 조용한 교외의 주거단지는 나무와 언덕으로 둘러싸여 있고, 우리 집 양옆에 사는 이웃은 모두 다른 대륙 출신이다. 거리를 거니는 사람은 그다지 많지 않지만, 과테말라 댄스파티에서 들려오는 소리를 듣거나 이란식 요리 냄새를 맡을 수 있다. 나는 사람을 많이 사귀기보다는 책상에 앉아 내가 느낀 경외감과 자극을 바탕으로 글을 쓰고, 신경다양성 옹호 활동에 힘쓴다. 나는 산책하거나 물가에서 보내는 시간을 사랑하며, 자극은 그 정도면 족하다. 내 심신에서 샘솟는 자극만으로도 충분하다. 우리 집은 소박하고 편안하며, 나는 이 집이 좋다.

안정감을 주는 감각 디자인

한국 건축가 전기정은 젊은 시절 학업을 위해 미국으로 건너와 샌프란시스코만 지역에 머물며 활동하고 있다. "10년 전 치코에 왔을 당시, 인테리어 디자인을 도와달라는 전화를 받았어요. 처음에 의뢰인은 카펫을 골라달라고 부탁했죠. 그래서 사용자가 누구고, 공간의 모습은 어떻고, 거기서 어떤 활동을 할지 묻자, 자폐인을 위한 센터라고 대답하더라고요. 저는 그때 자폐에 대해 처음 알게 됐어요." 그는 구글에서 자폐를 검색해 보고 세상에 자폐 스펙트럼에 속한 사람이 굉장히 많다는 사실에 충격을 받았다. 그리고 카펫 의뢰로 시작된 일은 디자인과 복지, 그리고 자폐 고객을 탐구하는 일련의 흥미로운 프로젝트로 발전했다.2

"감각적 측면, 특히 조명과 음향, 촉감이 중요해요. 자폐 스펙트럼에 속한 사람은 자극에 대한 반응이 매우 남다르거든요." 의뢰인이 일정을 못 박지 않았기 때문에 그는 자료 조사에만 6개월을 들일 수 있었다. 미국 내에서는 관련 사례 연구를 찾을 수 없었지만, 영국에서 진행된 여러 사례 연구를 찾았고, 독일과 네덜란드의 치료 디자인 사례도 여럿 찾아냈다.

그는 형태와 모양, 색상을 이용해 고객에게 안정감을 주고 싶었다. 무엇이 고객에게 안정감을 줄지 그는 묻고 또 물었다.

그러다가 자료 조사 중에 블랙라이트가 짙푸른 물기둥 속 물방울을 비추고 벽에는 우주 공간을 투영하는 다중 감각적인 스누젤렌 치료실을 발견했다. 그곳은 마음을 진정시키는 동시에 활기를 주도록 설계돼 있었다.

색이 중요하다고 느낀 그는 자폐 고객에게 안전하다는 느낌을 주기 위해서 파랑과 밝은 자주색을 주로 썼다. 정신건강과 색상에 대해 연구하는 동안 병원에서 흔히 사용하는 지루한 갈색과 베이지색의 조합이 자폐 고객에게 알맞지 않다는 사실을 발견했기 때문이다. 그보다 훨씬 도움이 된다는 보라색 색조를 사용했더니 고객들의 만족도가 높았다. '도피처'라고 불리는 이곳은 자폐 고객이 감각 과부하로 인해 정서적으로 무너지거나 울고 싶을 때 조용히 물러나 쉴 수 있는 공간으로 디자인됐다. 작고 아늑한 이 방은 지금까지도 센터에서 가장 사랑받는 공간이다.

스누젤렌을 비롯해서 치료를 목적으로 감각 디자인sensory design 원칙을 적용할 때는 무엇보다 사람이 저마다 다르다는 점을 기억해야 한다. 그래서 그는 일련의 규칙이나 지침을 제시하는 것을 꺼린다. 예를 들어 나는 파란색과 물, 바다 생물을 좋아하지만, 다른 사람은 분홍이나 오렌지색, 꽃과 나무를 좋아할 수 있다. 그래도 기본적인 원칙은 있다. 전기정 교수는 실내에서 실외로 이동할 때, 특히 조도가 낮은 스누젤렌에서 실외로 이동할 때는 조도에 점진적인 변화를 주면서 눈이 적응할 수 있게 도와야 한다고 조언했다. 또한 냉난방 기기를 설치할 때는 기기의 종류와 소음도 잘 살펴야 한다.

그는 자신이 디자인한 공간이 얼마나 효과적인지 주의 깊게 살폈고, 관찰 결과 크고 탁 트여 통풍이 잘 되는 공간은 자폐 고객에게 잘 맞지 않는 반면 작고 오밀조밀한 공간은 고객의 마음을 진정시키는 데 효과를 발휘한다는 것을 발견했다. "저는 공간 구획이 매우 중요하다는 걸 알게 됐어요." 보라, 분홍, 자홍빛이 감도는 어둑한 조명과 더불어 밝게 빛나는 '물방울 물기둥' 장식, 무게감 있는 담요와 빈백 의자가 효과적이라는 것도 배웠다.

그는 직관적으로 자폐를 질병으로 규정하는 언어 사용을 피했다. 환자라는 단어를 쓰면 자폐인이 마치 '아픈 사람처럼 느껴지기 때문에' 고객이라고 부르는 것이다. 그의 고국인 한국에서는 자폐인에 대한 고정관념이 여전히 팽배하지만, 그는 자신의 고객이 좋거나 나쁘거나 정상이거나 비정상인 것이 아니라 그저 '다를' 뿐이라며, 자폐는 그저 다양성의 한 측면이라고 말한다. 이처럼 신경다양성을 차이로 받아들인 덕분에 고유하고 다양한 사람들이 자기 능력을 펼치고 마침내 집에 온 듯한 편안한 느낌을 받을 수 있게 됐다.

관계, 그리고 우리가 머물 자리

서로의 부족함을 채우는 데니스와 팀

"저희는 중학교 2학년 때부터 친구로 지냈고, 연인관계로 발전한 지는 6년이 됐어요." 나와 스카이프로 통화하는 데니스의 옆에는 남자친구 팀이 앉아 있었다. 데니스는 앞서 3장에서 소개한 의과대학 대학원생으로, 미국 동부의 명문대를 졸업한 지 수년이 지나고 스물여덟 살이 돼서야 자폐 진단을 받았다. 나는 남자친구와 함께하는 그녀의 생활은 어떤지 궁금했다. "저희는 좋아하는 환경이 비슷해서 정말 편해요. 많은 인파나 자극적인 환경에는 팀보다 오히려 제가 더 잘 적응하는 편이에요."

두 사람은 미국 남부 출신으로 같은 동네에서 자랐다. 팀은 키가 커서 스카이프 화면에 겨우 들어왔고 데니스와 달리 남부 억양이 강했다. 그는 얼마 전까지 데니스가 자폐이리라고는 전혀 생각하지 못했다고 말했다. "저희는 오랫동안 알고 지냈거든요. 그래서 데니스가 관련 연구를 파고들기 시작하기 전에는 데니스가 자폐일 거라고 전혀 생각하지 못했어요. 아마 성인이 돼서 만났더라면 알아차렸을지도 모르죠. 제 생각에 사람은 나이가 들수록 타인의 성향을 너그럽게 바라보지 못하고 완고해지거든요. 저는 데니스가 자폐를 '가지고 있다'는 식으로 말하지 않아요. 저는 사람을 그런 식으로 바라보지 않거든요. 데니스는 그냥 데니스일 뿐이죠."

팀은 자신이 ADHD이고, ADHD가 자신에게 도움이 된다고 말한다. 그는 책상머리에 앉아 일하는 것 이상으로 사무실 밖의 여러 환경에도 능숙하게 대처한다. 집 안이 말쑥하게 유지되도록 매일 해야 하는 일을 기억하고 사교적이라서 데니스에게 든든한 감각적 기반이 돼준다. "데니스는 장기적으로 계획을 세우고 스케줄을 관리할 줄은 알지만 매일 설거지를 해야 한다거나 에어컨을 켜는 건 잊어버리거든요."

데니스가 말을 이어나갔다. "제가 심각한 번아웃을 경험한 건 뉴욕에서 저희 둘이 데이트를 시작하던 무렵이었어요. 대학원 1년 차를 마칠 즈음 번아웃을 겪으면서 학교 측의 배려를 받아야 했죠." 당시 팀은 오피오이드(아편과 비슷한 작용을 하는 진통제-옮긴이) 중독이라는 문제와 싸우고 있었다. "저희 둘 다 신경계가 들볶인 거죠. 저희가 겪고 있는 어려움을 허심탄회하게 이야기하고 헤쳐 나가기 위해서는 우선 사람들에게 우리를 어떻게 표현해야 하는지 알아가야 했어요."

혹시 다른 연인들에게 조언해줄 것이 있겠느냐고 묻자 팀이 말했다. "서로 떨어져 있는 시간이 필요해요." 그는 건설업에 종사하기 때문에 일찍 일어나 출근하고 오후 3시면 퇴근한다. 그가 집에 돌아올 때쯤 데니스는 거의 집 밖에서 공부를 하고 있다. 팀은 각자 떨어져 있는 시간이 도움이 되고, 그것을 성숙의 증거로 여긴다고 했다. 또한 소통이 중요하다고 말했다. "저희 두 사람 다 서로에게 솔직하려고 굉장히 노력해요. 둘 다 단도직입적인 소통 방식을 좋아하고 서로에게 그런 방식을 허용해요. 이런 소통 방식이 대다수 사람에게는 너무 직설적이고 거칠어서 거부감을 줄지도 몰라요. 하지만 저희는 그런 면에서 잘 통해요. 의사소통 방식이 잘 맞지 않을 때는 서로 그런 점을 이야기하기도 하고요."

데니스는 두 사람에게 가장 어려운 문제는 대인관계라고 했다. 하지만 두 사람이 함께 만들어낸 세계는 다른 사람들에게는 의아해 보일지 몰라도 그들에게는 익숙하고 안전하다. "사람들은 저희를 잘 이해하지 못해요"라고 데니스가 말하자 팀이 덧붙였다. "저희는 고향에 온 듯 편안한데 말이죠."

신경다양성을 지닌 데니스와 팀의 관계나 그들이 관계 맺는 방식이 '일반적'이라고는 말하지 않겠다. 왜냐하면 일반적인 관계란 없기 때문이다. 나는 두 사람이 얼마나 잘 어울리는지에만 관심이 있다. 둘은 같은 문화를 공유했으며, 그들의 민감성으로 미루어 보건대 어쩌면 같은 움벨트를 공유하고 있는지도 모른다. 나는 달콤하고 다정한 두 사람의 모습에 감명받았다. 그리고 이 두 사람을 보면서, 신경다양성이 의심의 여지 없이 폭넓게 존재했지만 아직은 이런저런 틀로 아이들이 분류되지 않았던 예술고등학교 시절의 우정이 떠올랐다.

신경다양성 가족력이 있는 이자벨과 댄

"저는 늘 제 신경계가 남다르다는 걸 알고 있었어요. 댄을 택한 이유도 댄에게 신경다양성이 있다는 걸 알았기 때문일 거예요!" 이자벨의 말에 댄은 미소를 지으며 자신은 본인에게 신경다양성이 있다는 생각을 해보지 못했다고 말했다. "이자벨이 저를 깨우쳐줬죠."

3장에서 소개했던 이자벨은 댄을 바라보며 쾌활하게 웃었다. 다섯 남매 중 맏이인 그녀는 마흔 살에 아들이 자폐 진단을 받기 전까지는 자신이 자폐인 줄 몰랐다. 이자벨은 생물학을 공부하고 경찰 범죄연구소에서 포렌식 과학자로 일하다가 지금은 예술가로 활동하고 있다.

캘리포니아 연안의 소도시 출신인 두 사람은 자신들이 경험한 '비전형적인' 성장 환경을 설명했다. 10대인 두 사람이 교환학생으로 유럽행 비행기에 올라 처음 만났을 때(30년도 더 된 일이다) 음악과 패션은 그들 삶에서 중요한 요소였다. (이자벨은 공항에서 처음 댄을 봤을 때 그의 패션 감각에 끌렸다고 했다.) 두 사람 모두 미학에 아주 관심이 많았고, 댄은 이자벨이 굉장히 창의적이라고 말했다.

경찰관인 댄은 동료들이 다 알 정도로 늘 콧노래를 흥얼거리는데, 댄은 그것이 자신의 '자기 자극 행동' 방식이라고 설명했다. 이자벨도 자기 자극 행동을 하는데, 업무나 활동을 전환할 때 도움이 된다고 했다. 이자벨에게는 ADHD와 자폐가 있다. "일처리가 남들보다 느릴 때도 있고 빠를 때도 있어요. 저는 제 자신을 있는 그대로 드러내기로 한 다음부터는 스스로의 부족한 점을 눈감아주고 예전처럼 자책하지 않아요." 그녀는 스스로를 더 상냥하게 대하는 법을 배우고 있다고 말했다. "저는 어디로 튈지 알 수 없는 성격이고, 그런 성격을 표출하는 바람에 문제를 많이 겪었어요!" 하지만 그 덕분에 그녀는 자신이 더욱 창의적인 사람이 될 수 있었다고 느낀다. 예컨대 이자벨은 그림을 그리거나 글을 쓸 때 곧잘 '몰입'한다. 공동체에서 다른 신경다양인들과 교류한 것도 큰 도움이 됐다. 공동체 활동을 하며 이자벨은 치유를 경험하고 스스로를 장애가 있는 사람으로 취급하지 않을 수 있었다.

이자벨과 댄은 둘의 관계를 순조롭게 유지하기 위해 귀가가 늦을 때면 미리 알려주는 것과 같은 '연락'을 중요시해왔다. 그러기 위해 이자벨은 계속해서 그걸 상기해야 한다. 그녀는 때로 지각을 하고, 어떤 일을 할 때 남들보다 네다섯 배 많은 시간이 걸리기도 한다. 반면 댄은 체계적이고 정해진 일과를 지키는 성향이라 늘 미리 준비한다. 이 이야기를 하면서 둘은 웃음을 터트렸다. 이처럼 다른 두 사람이지만 둘은 서로를 소중히 여기고 각자 타고난 성향에 맞게 살 수 있도록 허용한다. "이자벨이 매번 늦으니까 짜증이 나기도 해요. 또 과일에 붙어 있던 스티커가 사방에서 발견되죠. 하지만 저희는 서로의 차이에 적응하는 법을 배웠어요. 이자벨을 게으름뱅이라고 불렀던 게 정말 후회스러워요. 저희가 제대로 깨닫기 전에 일어난 일이죠. 이자벨은 게으르지 않고 게으른 적이 없어요. 신경학적 차이를 깨닫고 나서는 서로를 이해하고 존중하게 됐어요."

댄의 말에 이자벨이 덧붙였다. "언어로 소통하는 건 제 강점이 아니에요." 말로 생각을 전하다 보면 때로 본뜻과 다른 말이 나오기도 한다. "그래도 마주 보고 대화하면 좀 낫죠." 그래서 두 사람은 가끔 서로에게 편지를 쓴다. 그들은 서로에게 화가 난 상태에서 잠자리에 들지 말라는 통상적인 조언에 동의하지 않는다. "이제껏 결혼 생활을 해오면서 얻은 깨달음이에요."

이자벨은 예전에는 부부관계나 자녀양육에 대한 사회적 통념에 사로잡혀 있었지만 지금은 마음이 더 편안해졌다고 말한다. "육아는 정말 흥미로워요. 저희는 육아 방식이 좀 남달라요. 아이들을 자유롭게 놔주는 편이라 저희와 비교하면 다른 부모들은 마치 독재자처럼 보이죠. 아이에게는 아이 나름의 열정과 꿈이 있고, 저희는 아이가 원하는 일을 할 수 있게 지원할 따름이에요." 댄도 이자벨의 말에 동의하면서 두 사람이 아이들에게 늘 관심을 기울이며 본보기가 되려고 노력한다고 말했다. "부모라면 아마도 아이가 스스로 자기 자신을 발견하고 나름의 문제 해결법을 찾고, 자신이 어떤 사람이고 어떤 사람이 되기를 원하는지 자기 방식으로 깨닫기를 바랄 거예요. 그러려면 부모부터 그래야겠죠."

데니스와 팀을 만났을 때와 마찬가지로 이자벨과 댄이 잘 어울리는 한 쌍이어서 마음이 뭉클했다. 그들은 내 질문에 답하면서 즐거운 에너지를 내뿜었고, 나는 그들이 자라난 샌프란시스코 연안의 문화가 그들에게 얼마나 중요했는지 절감했다. 또한 서로 공유하는 움벨트와 가정 및 환경이 어떠해야 하는지도 다시금 엿볼 수 있었다. 그곳은 자양분이 풍부하고 자극을 제공하며, 아이디어의 성장을 독려한다. 그리고 신경전형적인 장벽에 구애받지 않고 혁신을 위해 더 넓은 세계로 뻗어나간다. 그리고 나는 댄의 말처럼 자기 삶의 경계와 신경다양성의 정체성을 온전히 지키면서 통합된 삶을 건강하게 일궈나갈 수 있다고 믿는다.

믿음과 수용의 자세

"저는 뉴잉글랜드 아스퍼거 협회Asperger's Association of New England에서 수련했어요.《DSM》5판이 발행된 뒤로는 협회 이름이 아스퍼거/자폐 네트워크Asperger/Autism Network로 바뀌었죠. 거기서 수년간 수련한 후에 치료소를 개업했어요. 자폐 성인을 전문적으로 치료하고 싶었는데 그런 치료소가 아무 데도 없었거든요."매사추세츠에서 심리치료사로 활동하는 에바 멘데스Eva Mendes의 가족에게는 아스퍼거의 피가 흐른다. "자라면서 저는 저희 가족들에게서 나타나는 특정한 성향의 정체가 무엇인지 궁금했어요. 그런데 뉴잉글랜드 아스퍼거 협회를 방문한 이후로는 집에 온 듯 편안해졌죠. 자폐는 신경학적 차이일 뿐이에요. 저는 자폐가 질병이나 증후군이나 장애라고 생각하지 않아요. 사람은 저마다 굉장히 고유한 존재거든요. 저는 완전히 똑같은 사람을 한 번도 본 적이 없어요. 그래서 일하는 게 전혀 지루하지 않아요. 항상 고객들로부터 뭔가를 배우거든요. 고객은 저를 늘 긴장시키죠."

멘데스는 젠더, 자폐, 관계를 주제로 자주 글을 쓰는데, 자폐인에 대한 글을 쓸 때면 가족 덕분에 이른바 '속기'가 가능하다고 말한다. 그녀는 신경다양인과 신경전형인 모두를 이해할 수 있고 이런 특성은 특히 부부 상담을 할 때 도움이 된다.

멘데스는 처음부터 아동 치료에는 그다지 관심이 없어서 부부 상담을 집중적으로 수련했다. 상대적으로 성인이 심리치료를 충분히 받지 못한다는 점을 감안할 때 신경다양성 분야에서 그녀는 각별한 존재다.

나는 멘데스에게 고객을 어떤 식으로 돕는지, 신경다양성에 초점을 둔 치료 환경은 무엇이 다른지, 그리고 그녀가 다른 치료사와 어떻게 차별화되는지를 물었다. "저는 자폐인의 관점을 재구성해요." 그러면서 남편은 자폐고 아내는 자폐가 아닌 한 부부를 예로 들었다. 남편은 자기 관점에서 아내가 자꾸 약속을 어긴다며 원망하고 화내기 일쑤였다. 멘데스는 부부가 실제로 그들 사이에서 일어나고 있는 일을 더 자세히 이해할 수 있도록 시간을 들여 큰 그림을 보게 해줬다. 멘데스의 표현에 따르면 아내는 '정서적으로 굶주려 있는 상태'였고, 두 사람은 여느 부부와 마찬가지로 신경다양성 여부와 상관없이 지금껏 서로가 서로에게 해온 행동 때문에 많은 상처를 받은 상태였다. "남편은 다른 배우자를 찾아야겠다"고 말했지만, 결혼 생활을 서너 번 거치면서도 번번이 같은 상황에 놓이는 사람을 여럿 본 멘데스로서는 아마 다른 배우자를 찾아도 같은 문제에 맞닥뜨릴 거라고 말해줄 수밖에 없었다.

멘데스에 따르면 신경다양인은 서로 교감하는 것, 그리고 어떤 행동의 전체 맥락을 고려하는 것을 어려워한다. 그 이야기를 들으면서 고개를 끄덕였다. 내게도 익숙한 문제였기 때문이다. 나는 종종 사소한 일이 굉장히 부당하게 느껴져서 화가 머리끝까지 치밀곤 했다. 또 사건의 세부사항에 집중하느라 전체적인 맥락을 고려하기가 힘들었다. 하지만 나 말고도 이런 문제를 겪는 사람이 또 있다고는 생각하지 못했다. 멘데스와 대화를 나누는 동안 내 마음을 짓누르던 여러 생각을 털어낼 수 있었다.

멘데스는 개인이나 부부가 심리치료사를 찾았다가 '까다롭고 손이 많이 간다'는 꼬리표가 붙는 경우를 많이 본다. 특히 자폐증이 드러나지 않으면 이런 평가의 정도가 더욱 강해진다. 또 내담자가 자폐일 가능성을 언급했다가 항의 편지를 받는 경우도 있다(자폐에 대한 일반적인 사회 인식을 고려할 때 이해할 만한 일이다). 한편 마침내 자기 경험에 이름을 부여받게 된 것을 기뻐하며 믿기지 않을 정도로 커다란 흥분과 해방감을 느끼는 내담자도 있다. 이런 내담자들은 부부관계의 질이 빠르게 향상된다. 부부가 신경다양성을 모르고 지내는 기간이 길수록 마음에 쌓인 앙금과 불신이 커진다고 멘데스는 말했다.

이번에는 여성들의 사례를 콕 집어 물었더니 이런 대답이 돌아왔다. "여성들의 사례는 더 복잡할 때가 많아요. 왜냐하면 경계선 성격장애나 다른 장애로 오진받는 경우가 허다하거든요." 하지만 어쩌면 그 진단들이 다 맞는지도 모른다고 멘데스는 말한다. "자폐와 ADHD가 동반되는 사례처럼요."

우울증과 불안증도 분명히 중첩되는 사례가 있다. 멘데스에 따르면 우울증, 불안증, ADHD는 "모두 자폐 성향의 영향을 받으며, 자폐인 중에 불안 수준이 높지 않은 사람은 굉장히 드물다." 세부사항을 잘 알아차리고 초점을 좁게 맞추는 성향에는 잠재력이 있지만 이런 성향은 완벽주의로 이어져 우울증을 부르기도 한다고 멘데스는 지적한다. 잘못되거나 '어긋나 있는' 것에 늘 주의를 기울이는 성향은 불안을 불러일으킬 소지가 다분하다.

나는 그렇게 감정이 올라오는 상태를 '열화flare-ups'라고 부르는데, 그럴 때마다 스스로 내 뇌가 카메라 렌즈같이 작동한다는 사실을 떠올린다. 나는 자유자재로 줌인과 줌아웃을 할 수 있고, 줌아웃을 하면 곧바로 안도감을 느끼곤 한다. 나의 기본 상태가 줌인이라서 어쩌면 내가 타인을 날카롭게 관찰할 수 있는지도 모른다. 그 능력은 글쓰기와 업무에는 꽤 큰 도움이 되지만 대인관계에는 그다지 유용하지 않다. 줌아웃을 하지 않으면 사소하지만 큰 의미가 있어 보이는 것에 집중할 수 있다.

멘데스는 한 젊은 여성에 대한 이야기를 들려줬다. 그녀는 자기 심리 상태를 굉장히 정확하게 인식하고 말로 정확하게 설명할 수 있었고, 그 덕분에 쉽사리 심리학자가 될 수 있었다. 하지만 친구 및 가족 관계에서는 어려움을 겪었다. 멘데스는 자폐에 대한 정형화된 이미지, 이를테면 자폐인의 옷차림이 어떠한지 등에 사로잡혀 있는 치료사라면 이 여성이 자폐라는 사실을 알아차리지 못할 수도 있다고 말했다. "생각해보세요. 그녀는 패션 감각이 뛰어나거든요!" 멘데스는 자폐인에게 전혀 도움이 되지 않는, 자폐에 대한 주류 사회의 편견을 못마땅해했다.

멘데스는 자신의 고객과 고객들의 경험을 믿으며, 이런 믿음과 수용의 자세는 엄청난 치유 효과를 발휘한다. 자폐인을 믿는다는 그녀의 말을 듣자 내 몸이 편안해지는 것을 느꼈다. 내가 생각하기에, 민감한 신경다양인 여성은 쉽사리 패싱이나 가면 쓰기를 하고, 때로는 너무도 능숙하게 자신이 처한 현실을 감추기 때문에 그것이 얼마나 피곤하고 버거운 일인지를 깨닫지 못한다. "그들을 믿어요"라는 멘데스의 말을 듣는 순간 나의 온몸에서 긴장이 풀렸다. 이해와 인정을 받기 위해 내 본모습을 숨길 필요가 없다는 느낌이 들었기 때문이다.

"매우 남성 중심적이던 심리학의 태동기부터, 심리치료 현장에는 치료사는 전문가가 되고 내담자는 환자가 되는 역학이 존재했어요." 멘데스는 옛 심리치료 모형의 위계적 성격을 지적하면서, 모든 사람은 그들 각자에 대한 전문가라고 말했다. "그게 자기가 대접받고 싶은 대로 남을 대접하는 인본주의적 접근이에요."

이야기가 트라우마에 대한 내용으로 접어들자 멘데스는 자폐 여성이 타인을 너무 신뢰한 나머지 타인의 동기를 잘 파악하지 못하는 탓에 특히 트라우마에 취약하다는 이야기를 되풀이해서 들려줬다. 자폐와 외상후스트레스 장애는 함께 나타날 수 있으며, 그런 사례는 진단이 까다로울 때가 많다. 그녀는 갓 성년이 된 고객을 상담할 때는 부모를 동석시키곤 한다. "지금껏 고객을 길러온 분들이잖아요." 멘데스는 고객을 종합적으로 이해하고 싶다고 말했다. 그녀는 정신과의사든 라이프 코치든 고객과 관련 있는 사람이라면 누구든 함께 이야기를 나눈다. 멘데스는 ADHD와 우울증 혹은 불안증이 동반돼 나타나는 사람이라면 약물치료가 필요할 수도 있지만 "그저 이야기를 들어주는 것" 역시 중요하다고 강조했다.

정서적으로 무너져서 '폭발'하는 경험에 대해서도 이야기를 나눴다. "저는 고객과 함께 고객에게 실제로 일어난 일을 재구성해봐요." 그녀는 고객에게 '에너지 지수energy quotients'에 대해 설명한다고도 했다. 하루를 시작하는 아침에 고객이 지닌 '에너지 지수'를 떠올리고 에너지를 크게 고갈시키는 활동이나 업무가 무엇인지 살펴보는 것이다. 그녀의 설명을 들으면서 나는 내 일과에 포함된 단순한 활동이 에너지의 상당 부분을 고갈시킬 수도 있음을 깨달았다. "그리고 자신이 즐기는 일을 하면 에너지를 보충할 수 있어요." 멘데스가 덧붙였다.

문제는 에너지를 갉아먹는 기폭제나 스트레스 요인을 알아차리지 못하는 바람에 그런 일이 쌓이고 쌓여서 결국 폭발하고 마는 사람이 많다는 것이다. 대다수에게는 전화를 걸어 마음을 털어놓을 친구가 있지만 자폐인들은 대체로 '그저 이야기를 나누려고' 친구에게 전화를 걸지 않는다. 그래서 심리치료사가 자폐인에게 실제로 일어나는 일을 알아차리는 유일한 사람일 수도 있다. 신경전형인 배우자마저 신경다양인 배우자에게 영향을 미치는 기폭제를 알아차리지 못하기도 한다. "하지만 다 그만한 이유가 있으니까 폭발하는 거예요. 난데없이 폭발하지는 않아요." 멘데스가 말했다.

멘데스는 기폭제에 관한 정보를 상담 현장에서도 활용한다. 예를 들어 그녀는 언제나 고객을 세심하게 배려하기 위해 상담실의 불을 끈다. 그리고 고객에게 바깥 용무를 볼 때는 선글라스를 쓰라고 제안하고 여러 작업치료사가 언급했듯 운동의 중요성을 강조한다. 하지만 무엇보다 중요한 것은 기폭제가 쌓이기 시작하는 기미를 알아차리는 것이다. 또 누구와 함께 시간을 보낼지 깊이 생각하고 자기 삶의 한계 설정에도 주의를 기울여야 한다. 그녀의 자폐 고객 중 몇몇은 친구가 무례하게 굴거나 자기 문제나 부정적인 이야기를 끊임없이 늘어놔도 참아주면서 '그렇게 받아줘야' 좋은 친구가 될 수 있다고 생각한다. 그럴 때 멘데스는 고객에게 자기 돌봄과 한계 설정도 중요하다는 사실을 상기시켜준다.

신경다양인의 가정과 관계 및 사생활의 여러 측면을 확대해서 살펴보면, 그로부터 교훈을 얻어 이 사회를 모든 이에게 유익한 곳으로 탈바꿈시킬 수 있다. 더 나은 디자인, 사람을 세심하게 고려하는 미학, 차이를 기쁘게 수용하는 관계와 가정, 평균에서 벗어난 행동이나 기질을 무턱대고 질병과 연관 짓지 않는 심리치료사가 있다면 세상은 지금보다 더 나아질 것이다. 여전히 많은 부분 숨겨져 있는 감각세계가 전 세계에서 표준으로 자리 잡는 날을 고대해본다. 신경다양성 속에는 산산이 조각나고 도움이 절실한 세계를 치유하는 잠재력이 깃들어 있다.

평안을 위한 조언

지금의 생활방식이 자신의 감각 민감성에 적합하지 않을 수도 있다. 민감한 감각에 맞는 생활방식을 찾기 위한 요령을 몇 가지 살펴보자.

- 자신에게 잘 맞는 색을 파악한다. 나는 담홍색, 청록색, 검정색, 흰색, 회색을 보면 마음이 편해서 이런 색상의 옷을 즐겨 입고 업무나 브랜딩, 로고, 집 장식에도 이런 색상을

즐겨 사용한다. 색상 자체도 마음을 편안하게 해주지만 이러한 색상이 내 삶 속에서 일관되게 나타난다는 점에서 안도감을 느낀다.

- 일상에 자연을 끌어들인다. 산책이나 운동을 규칙적으로 하지 않는다면 지금부터라도 시작한다. 현재 거주하는 집에서 나무가 보이지 않는다면 집 안에 화초를 들이거나 벽면 전체를 '녹색 식물 벽'으로 꾸미는 것을 고려해본다.

- 배우자나 연인에게 감각 차원의 욕구, 예컨대 조명, 화장실 환기장치 소음, 집 안에서 음악을 듣는 시간과 볼륨 등의 취향에 대해 터놓고 이야기한다. 그러면 나중에 불미스러운 일이 발생하는 상황을 예방할 수 있다. 솔직한 의사소통은 조화로운 관계를 이루는 열쇠이다.

- 현재의 조명, 색상, 거주지가 자신에게 잘 맞는지 질문을 던져본다. 집이 어떤 곳에 위치하고 있는지가 행복과 정신건강에 큰 영향을 미칠 수도 있기 때문이다. 현재 집이 시끄러운 번화가의 모퉁이에 있는가, 아니면 잔디 정원을 앞에 두고 조용하게 뒤로 물러나 있는가? 버스 정류장이 바로 옆에 있지는 않은가? 차고 불빛이 너무 밝지는 않은가? 외벽 색상이 너무 밝거나 어둡지는 않은가?

- 개인상담이든 부부치료든 감각적 욕구를 이해하는 심리치료사를 찾아간다. 너무나 많은 사람이 심리치료소나 상담실

에서 핵심을 벗어난 불필요한 대화와 질의응답을 지나치게 오래 견뎌낸다. 이 책을 읽었다면, 전 세계 과학자들이 최신 연구를 업데이트하기까지 기다릴 필요는 없다. 심리치료사나 의사에게 자신의 감각적 욕구를 설명하고 그들이 자신의 설명을 이해했는지 확인한 후 서로 신뢰하는 분위기 속에서 상담을 진행한다.

7장

직장과 일

우리 앞을 가로막는 유일한 장애물은
'남들처럼 일해야 한다'는 생각일 때가 많다.
자신의 강점을 키우고 용감하게 앞으로 나아가라.

일과 생계는 삶 속에서 신경다양인이 어려움을 겪는 주요 영역이다. 신경다양인은 사고방식과 정보처리 방식이 남달라서 일처리 방식도 남들과 다르다. 과도한 자극에 짓눌리거나 자극 부족으로 무료해지는 등 흥분과 권태가 번갈아 나타나는 현실 속에서 자신의 능력을 제때 발휘하기란 쉽지 않다. 나는 보통 이른 아침에, 가끔은 늦은 밤에 창의성이 샘솟는데 아침 시간에는 아이들 등교 준비를 도와야 하고 회의에도 참석해야 해서 내 민감한 자아가 혼란스러워한다. 그렇다고 해서 세상과의 연결을 피하면 홀로 고립되어 외로워질 수도 있다. 그 사이에서 균형을 잡기란 어려운 일이라, 많은 신경다양인이 이런 어려움을 겪는 사람을 돕고자 심리치료사, 작가 그리고 기업가가 된다.

일은 내게 민감한 주제다. 20대 중반 나는 저널리스트로 일하던 첫 직장에서 해고당했다. 그곳은 벅차도록 빠르게 돌아가는 일터여서 나 말고도 여럿이 해고를 당했지만 상처를 안 받을 수는 없었다. 그 후에는 프리랜서 저널리스트로 일했는데, 유연하게 여러 주제를 추적할 수 있다는 면에서 내게 잘 맞았다. 30대 초반에는 경력을 한 단계 끌어올리고자 문제가 많은 신규업체에 편집차장으로 입사했는데 그때부터 상황이 더욱 꼬이기 시작했다. 예전과는 비교할 수 없을 정도로 엄청난 압도감과 브레인 포그에 시달렸고 결국 6개월 만에 다시 해고됐다. 그로부터 1년 후 보수는 낮지만 조금 더 예술 지향적인 조직에 입사하면서 그곳에서 '나와 비슷한 사람들'을 만날 수 있으리라고 기대했지만, 기대와 달리 행정업무를 맡게 됐다. 그리고 한 달 후 또다시 해고됐다. 이처럼 여러 직장을 전전하면서 견디기 어려운 상실감과 혼란, 외로움, 그리고 내가 쓸모없는 존재라는 자격지심에 힘겨워했다. 당시 나는 신경다양성에 대해서는 아무것도 몰랐고 내 주위 사람들도 마찬가지였다. 마치 직장 동료와 사회 전체가 나를 재단하고 비판하고 깎아내리는 듯했다.

도대체 내게 무슨 일이 일어나고 있는지 너무나 혼란스럽고 외로워서 정신을 차릴 수 없을 때쯤에서야 주위 사람들에게 내 이야기를 털어놓기 시작했다. 우선은 나처럼 감각처리 방식이 남다른 여성에 대한 뉴스 보도를 가까운 가족들과 공유했다. 또 신경다양성을 다룬 글을 읽고 크게 공감한 이후 페이스북 페이지에 글을 올려 신경다양성을 주제로 함께 모여 이야기해보자며 사람들을 초청했다. 버클리의 작은 스튜디오에서 첫 번째 신경다양성 프로젝트 모임을 열었고, 그곳은 자신의 마음이 작동하는 방식이 어떻게 다른지 솔직히 터놓고 얘기하고픈 사람들로 가득 찼다. 기업계와 학계의 지도자들이 예술가, 가수, 활동가와 더불어 허심탄회하게 대화했다. 지난 수년간 맛보지 못한 기분 좋은 흥분이 꿈틀대기 시작했고, 그런 기분은 모임이 거듭될수록 더욱 강해졌다. 마침내, 신경다양인인 내가 작가이자 기업가로서 일하는 방식이 사람들이 원하고 필요로 하며 번창하는 사업을 운영할 수 있는 방향으로 흘러가고 있었다.

변화의 시작

2017년 〈패스트 컴퍼니〉에 실린 특집기사 '신경다양성은 무엇이며 기업은 왜 신경다양성을 포용해야 하는가'에서 나는 직업 세계에서 어떻게 신경다양인을 포용할지를 제안했다. 이 기사를 보고 특히 여성들에게서 문의와 트윗, 이메일이 쏟아졌다. 그 무렵 〈하버드 비즈니스 리뷰〉와 〈포브스〉 등도 신경다양성이 시급히 다뤄야 할 주제라는 것을 알아차렸다. 내 특집기사의 중심에는 마르고 조페Margaux Joffe라는 이름의 여성이 있었다. 조페는 당시 야후에서 글로벌 마케팅부서의 제작부서 장으로 일하면서 처음으로 신경다양성 직원 모임을 신설했다. ADHD 여성인 그녀는 이전에 ADHD 여성들이 예술, 과학, 인사, 디자인 등의 분야에서 거둔 성공 경험을 나누고 축하하기 위해 〈칼레이도스코프 소사이어티Kaleidoscope Society〉라는 플랫폼을 설립하기도 했다.

"신경다양성을 지닌 직장인들에게 조언하자면, 자기 마음의 작동 방식에 대해 최대한 많이 지식을 쌓아서 자신에게 알맞도록 일상을 계획하고 자신에게 무엇이 필요한지 직장과 가정에서 효과적으로 소통할 수 있어야 해요. 저는 스물아홉이 돼서야 ADHD 진단을 받았기 때문에, 진단을 받은 것만으로도 직장생활에 큰 도움이 됐어요. 제 마음이 작동하는 방식이 남들과 어떻게 다른지를 이해하게 되자 그동안 이러저러해야 한다고 생각했던 것을 내려놓고 제 자신을 있는 그대로 받아들일 수 있었어요."

조페는 신경다양성 같은 주제를 어떻게 다뤄야 할지 모르는 지식 부족이 기업에 걸림돌로 작용할 때가 많다고 말했다. 또 1960년대와 1970년대 활동가들이 인종 간의 평등과 동성애자 권리를 위해 싸웠듯 마음의 다양성을 알리는 '신경다양성 운동'이 그에 대한 인식을 높이면 기업들이 신경다양성을 이해하고 해당 직원들을 존중하도록 압력을 가할 수 있다고 말했다.

조페는 신경다양성을 지닌 직원들 중에서도 "무의식적 편견을 극복하려면 남들보다 더 열심히 일해야 한다고 느끼는" 유색 인종과 여성들이 특히 더 존중받아야 한다고 지적했다.

조페는 취업 후 1년이 지난 후에야 자신이 ADHD라는 사실을 상사에게 알렸는데, 그 이유를 이렇게 설명했다. "편견 없이 제 능력을 증명해 보이고 싶었어요." 하지만 걱정과 달리 상사에게 털어놓은 후 신경다양인 직원을 지원하는 모임을 만들고 싶다고 하자 상사는 전적으로 지지해줬다. "사실 우리 앞길을 가로막는 유일한 장애물은 바로 남들처럼 일해야 한다는 생각일 때가 많아요. 자신의 강점을 키우고 용감하게 앞으로 나아가세요. 이건 모두에게 통하는 조언이에요."

민감한 신경다양인 여성인 나는, 외향성으로 지나치게 기울어진 사회적 기준과 성과를 빨리 내기를 기대하는 문화, 과잉 자극, 그리고 일률적인 작업 방식을 지나치게 강조하는 문화가 염려스럽다. 나에게 이상적인 업무 환경은 조용하고 녹음으로 둘러싸여 있으며 자연광이 쏟아져 들어오고 필요할 때는 동료들과 쉽게 소통할 수 있는 공간이다. 나는 멘토십을 소중히 여기며 사람들과 일대일로 대면할 때 잘 배운다. 혼자 있을 때 번뜩번뜩 영감이 떠오르고, 떠오른 아이디어를 메모하기 위해 중간중간 대화를 멈추거나 이메일을 보내거나 전화를 걸고, 과도하게 자극을 받거나 두통이 있을 때는 집에서 잠시 휴식을 취해야 한다. 수잔 케인은 이와 같은 요구사항을 상대가 이해하고 받아들이기 쉽게 요청하는 방법을 자신의 웹사이트 〈콰이어트 레볼루션〉과 '조용한 직장, 조용한 학교Quiet Workplaces and Quiet Schools'라는 훈련 프로그램에서 다룬다. 월마트에서 생산성이 가장 높은 물류센터의 직원 대다수는 신경다양인이다. 독일의 소프트웨어 기업인 SAP는 '직장 내 자폐인Autism at Work' 프로그램을 온전히 갖추고 있고, 마이크로소프트는 매년 '직장 내 자폐인' 행사를 연다. 변화는 시작됐지만 아직 더 많은 변화가 필요하다.1

일과 기질권

우리 내면의 기질은 굉장히 중요하다. 일상에서 생각하고 반응하는 방식은 우리 자신과 가족의 정신건강, 그리고 직장 전반의 건강한 문화와 연관돼 있다. 우리는 각자 자신만의 현실을 만들어간다. 그리고 이 현실은 우리 내면의 인식과 권력층이 그러한 인식을 어떻게 만들어가느냐에 많은 부분 좌우된다. 일레인 아론이 자주 언급하듯, 민감한 사람은 자신을 지지해주는 환경에서 자라면 자신의 고유한 재능을 발전시켜 꽃피우지만, 부정적인 환경에서 자라면 우울증과 불안증을 겪기 쉽다. 이렇듯 우리 내면과 외부환경의 상호작용은 각 개인과 공동체의 건강한 삶을 지키는 열쇠이며, 그렇기에 매우 중요하다.

'기질권'은 일과 가정, 학교, 교육, 스포츠, 종교 등 삶의 전 영역에서 우리 내면을 구성하는 요소를 고려하자는 개념이다. 각자가 타고난 고유한 기질은 명확히 표현돼야 마땅하며, 존중과 배려를 받을 만한 가치가 있다. 그렇다고 모든 사람이 자신이 원하는 것을 늘 얻어야 한다는 뜻은 아니다. 기질권이란 예컨대 어떤 사람이 새로운 직장에서 일을 시작할 때 인사 정보에 이들이 신경다양인인지, 그렇다면 어떤 유형의 신경다양인인지와 더불어 직장 환경의 선호와 필요사항 등을 주의 깊게 적어놓자는 의미다. 해당 직원이 어떤 면에서 특히 민감한지 알아둬야 한다. 그러면 직원들은 자신의 내적 경험이 직장에서 이해받는다는 사실을 알고 기질권과 신경다양성의 언어를 활용해 자신이 맞닥뜨린 문제를 해결하고 스스로를 지킬 수 있다.

첫 인터뷰 이후 수개월이 지나서 조페와 다시 연락이 닿았을 때 야후는 버라이즌에 매각되고, 마찬가지로 버라이즌에 매각된 AOL과 합병을 거치고 있었다. 여러모로 굉장히 충격적이고 힘겨운 시기였다. 정리해고가 수없이 이뤄졌고, 경영 구조부터 사무 공간 디자인에 이르기까지 곳곳에 변화가 생겼다. 이처럼 예상치 못한 변화가 일어날 때는 기업의 경영방식을 혁신할 기회이기도 하기 때문에, 회사 내부에서 신경다양성에 대한 이야기를 꺼낼 적기였다. 조페와 부서원들은 신경다양성을 지닌 직원을 갖가지 방법으로 지원했다. "우리는 임원단에 몇 가지 의문과 우려를 제기했어요. 사무실 이동에서부터 배치, 그리고 직원 배려에 이르기까지요." 조페의 부서는 부동산과 사무 환경을 담당하는 부서에 연락해 신경다양성을 지닌 직원에게 조용한 공간을 배정하도록 추천하고, 소음 차단용 헤드폰을 사용할 수 있도록 하자고 제안했다.

"직장에서 정신건강과 신경다양성을 바라보는 관점이 바뀌기 시작했다고 느껴요. 여태껏 직장은 일반적인 틀에 맞지 않는 사람에게는 지내기가 쉬운 곳이 아니었어요. 하지만 상황이 점차 바뀌고 있어요. 저희가 신경다양성 직원 모임을 결성하자 판도라의 상자가 열리고 사람들이 하나둘 나타나서 자기 이야기를 하기 시작했어요. 그러니까 그들은 여태껏 혼자서 문제를 끌어안고 있던 셈이죠." 신경다양성 직원 모임을 결성한다는 건 조페에게 있어 자기 약점을 드러내는 대담한 결정이었다. 직원 모임 결성에서 한 발 더 나아가 8,500명을 앞에 두고 단상 위에서 자신의 이야기를 꺼내기까지는 용기가 필요했다.

사실 자신의 이야기를 나누는 것은 일터에서 변화의 물결을 일으키는 마중물이 되곤 한다. 조페가 신경다양성 직원 모임을 만들고, 자신의 신경다양성에 따르는 재능과 어려움을 터놓고 이야기하자, 직원 수십 명이 자신의 신경다양성을 거리낌 없이 밝히고 나섰다. "신경다양성 직원 모임을 결성한 후로 저희 부서에서만 동료 직원 몇 사람이 자신의 신경다양성을 밝혔어요. 그러지 않았다면 그들이 무슨 일을 겪고 있는지 전혀 짐작하지 못했을 거예요! 직원 모임 결성은 어마어마한 영향력을 발휘했어요. 고위 임원들까지도 자신이 ADHD임을 밝히고 나섰으니까요. 다른 기업에도 신경다양성 직원 모임이 있는지는 잘 모르겠어요. 자폐 직원 모임은 여럿 알고 있지만 더 광범위하게 신경다양성 전반을 지원하는 모임이 있다는 얘기는 들어보지 못했거든요. 장애나 건강, 복지 직원 모임은 들어봤어도 신경다양성 직원 모임은 못 들어봤어요. 앞으로 개척해야 할 분야죠. 배울 것도 많고 할 일도 많아요."

직장에서 신경다양성을 포용하면 직원들은 신경다양성을 지닌 인물의 실제 모습이 그들이 상상했던 것과 너무 달라서 놀랄 것이고, 신경다양성에 대한 풍문도 달라질 것이다. 회사와 조직, 비영리단체와 정부기관을 포함한 모든 직장에서 이 '판도라의 상자'를 열고, 지금은 묻혀 있는 신경다양인의 재능과 능력을 드러내 조직 전체에 도움을 줄 수 있어야 한다. 고위 임원과 관리자, 상사, 이사는 신경다양성을 허용하는 직장 문화와 일터를 만들면서 중요한 역할을 할 수 있다. 이것이 현실이 된다면 직장과 사회 전반에 걸쳐 커다란 파급효과가 일어날 것이다. 사회의 기준을 변화시킬 기회는 바로 여기에 있다.

어도비의 감각 디자인

실카 미에스닉스Silka Miesnieks는 신경다양인이 흔한 실리콘밸리의 기술 및 디자인 세계에서 빛나는 또 하나의 별이다. 나는 샌프란시스코의 혁신적인 공간, 디지털 거라지Digital Garage에서 열린 컨퍼런스에서 그녀의 강연을 들었다. 인공지능과 더불어 디자인, 공감, 감정, 인간이 환경에 미치는 영향의 교차점을 주제로 열린 컨퍼런스였는데, 놀랍고 기쁘게도 그녀는 강연을 시작하면서 자신의 난독증, 그리고 고유 수용성 감각 및 내수용성 감각과 디자인의 연관성에 대해 이야기했다. 나는 그날 샌프란시스코 시내의 테크스페이스Tech Space를 거닐다가 컨퍼런스에 참석하기로 결정했는데, 마침 관심 있게 들여다보고 있던 분야에 딱 들어맞는 인물을 우연히 만나다니 정말 행운이라고 생각했다.

미에스닉스는 현재 어도비에서 이머징 디자인Emerging Design 부서장을 맡고 있다. "저는 몇 년 전에 ADHD 진단을 받았고, 제 아들도 ADHD 진단을 받았어요." 컨퍼런스가 끝나고 며칠 후, 미에스닉스가 수화기 너머로 말했다. "처음에 우리는 아들이 난독증이라고 생각했는데 알고 보니 ADHD더라고요. 난독증과 ADHD는 동반될 때가 많거든요. 저는 인생의 대부분을 제가 ADHD라는 사실을 알지 못하고 살아왔고 난독증도 '그렇게 심각하지 않다'는 이유로 아무런 도움을 받지 못했죠."

미에스닉스는 일찍이 스스로 공간지각 능력이 뛰어나다는 사실을 알아차렸고 어린 나이에 3D 창작물을 만들기 시작했다. "저는 결국 예술가가 됐어요. 시각 이미지가 제게는 최고의 소통 방식이었으니까요." 그녀는 미술을 공부하다가 기술과 애니메이션의 세계에 들어왔고 대학원에서는 산업디자인을 전공했다. "인간의 감각계와 생활공간의 관계에 대한 관심때문이었죠. 저는 그쪽으로 감이 좋았어요." 그녀는 대기업의 팀뿐만 아니라 스타트업을 이끈 적도 있다. 늘 팔로어라기보다는 리더였고, 그녀는 그것이 ADHD 덕분이라고 생각했다.

나는 미에스닉스에게 자신의 신경다양성, 그러니까 사물을 바라보는 남다른 시선과 디자인에 대한 남다른 생각을 알아챈 후 어떻게 행동했는지 물었다. 자신에 대한 발견을 어떻게 일에 접목하고 결과를 냈는지 궁금했다. "기업가로서 불편한 상황을 편안하게 받아들이고, 그칠 줄 모르는 호기심을 품은 덕분에 실패의 두려움을 극복할 수 있었어요. 제 직감을 믿고 밀고 나간 거죠." 그녀의 첫 대답이었다. 그 후 그 분야에서 흔히 '감각 디자인'이라고 불리는 영역에 도달하기까지 그녀는 디자이너 친구들과 생각을 나누고 다양한 분야의 전문가들에게 이 새로운 영역에 대해 질문을 던졌다. "저는 제 가설을 끊임없이 검증해요. 제 지식과 전문성만으로는 부족하니까요. 디자인 산업을 이끄는 이들 모두가 감각 디자인이 우리가 해야 할 일이라고 말해주더군요."

지금껏 심리학 연구는 인간의 마음에 초점을 맞춰왔지만, 이제는 몸과 움직임, 운동감각을 활용한 학습이 새로이 조명받고 있으며, 미에스닉스는 이러한 변화의 물결을 직접 목격하고 있다. "지금은 기술이 사회의 분위기를 반영할 수 있는 좋은 시기예요. 우리 문화는 인간을 전인적으로 바라보는 방향으로 변하고 있죠. 또 제 아이나 제가 선호하는 학습방식을 떠올리고 자료 조사를 하면 할수록 저희가 극단적인 사례가 아니라는 사실이 드러나더라고요. 그렇기 때문에 음성 대 문자 변환 기술은 난독증이 있는 사람 이외에도 굉장히 많은 이들에게 도움을 줄 수 있어요."

미에스닉스는 자기 재능과 성향에 따라 기업가가 됐고, 이제는 자신의 지식과 일처리 방식을 대기업 환경에서 발휘하고 있다. "ADHD 진단은 제게 굉장히 큰 사건이었어요. 처음엔 분노가 치밀었죠. '대학 시절에는 왜 제대로 진단받지 못했을까? 그랬더라면 도움이 많이 됐을 텐데. 경력도 훨씬 많이 쌓고 편안하게 생활할 수 있었을 텐데.' 그러다가 분노를 털어내자 이윽고 ADHD에 따르는 장점이 보이기 시작했어요. 제가 남다르다는 것을 알지 못했던 시절에는 결코 알아차릴 수 없었던 장점이 말이지요. 그때는 그저 '정상'이 되려고 노력했으니까요. 서로 다른 갖가지 추상적인 아이디어를 연결해서 구체적인 해결책을 떠올리고, 또 다양한 생각과 개념을 결합하는 동시에 모든 각도에서 바라보고 통합하는 능력이 특별하다는 사실을 예전에는 정말이지 몰랐어요."

또한 미에스닉스는 주위 사람들이 큰 영향력을 발휘한다고 말했다. 예컨대 그녀가 어도비에서 처음 만난 상사는 그녀를 크게 격려해줬다. "그분은 제 안에 있는 남다른 능력을 알아봐 주셨어요." 며칠 후 디자인 인텔리전스 컨퍼런스의 주최자이자 뉴욕에 있는 기업에서 광고 및 혁신 부서 임원으로 재직 중인 레이 이나모토Rei Inamoto도 비슷한 이야기를 들려줬다. 실리콘밸리의 기업가들 사이에 ADHD가 흔하다는 사실을 잘 아는 그는 그러한 환경에서 성공을 거두는 사람들을 둘러싼 생태계를 떠올려보라고 했다.

미에스닉스의 두 번째 상사는 어도비 디자인 총괄 책임자였다. "그분은 그저 제가 저답게 일하도록 격려해주셨어요. 저는 그거면 됐어요. 저를 믿어주는 것만으로도 충분했죠. 그분은 그 정도로 자신의 안목을 굳게 믿고 있었어요. '미에스닉스 씨를 믿어요'라고 말씀하는데 얼마나 감사하던지요. 덕분에 저는 자율적으로 일하면서 성장할 수 있었어요. 드문 일이에요, 정말 드문 일이죠."

나는 미에스닉스에게 직장에서, 특히 실리콘밸리나 글로벌 디자인 및 기술 스타트업계에서 정신적 차이를 포용하는 문제를 두고 논의가 활발하게 이뤄지고 있는지 물었다. "ADHD는 여전히 평판이 좋지 않아요. 저는 ADHD라고 털어놓기가 망설여져요. 난독증은 이제 털어놓고 말할 수 있고 기분 상할 일도 없어요. 난독증을 바라보는 삐딱한 시선은 사라진 것 같아요. 하지만 ADHD는 여전히 평판이 나빠요. 사람들은 ADHD가 뭔지 잘 몰라요. 저는 사람마다 ADHD 양상이 다르다는 것을 알지만 그건 제 자신이 ADHD이기 때문이죠." 그녀는 ADHD인 사람은 행동이 부산스럽고 산만하다는 고루한 편견에 여전히 휩싸여 있다며 말을 이었다. "이제 그런 인식은 바뀌어야 해요. 저는 회사나 공동체 전반에서 가치 있다고 여겨지는 능력이나 특성과 ADHD가 연결되기를 바라요." 그녀는 어도비에서 ADHD인 동료 몇을 발견했는데, 이들은 서로 툭 터놓고 생각과 정보를 나눈다. "직원 모임을 하면서 서로 솔직한 이야기를 나눠본다면 ADHD인 사람이 얼마나 많은지 깜짝 놀랄 거예요."

특히 여성에게 해줄 말이 없느냐고 묻자, 미에스닉스는 ADHD 여성들이 서로 소통하고 연대하는 활동 속에 엄청난 가치가 숨어 있다고 말했다. 그녀는 여러 여성 모임에 속해 있는데, ADHD에 뒤따르는 오명은 여성들이 직장에서 마주하는 여러 문제 중 하나라고 말했다. 그래도 여성들은 서로를 잘 북돋워준다. 그녀는 여성 모임에서 자신이 ADHD라고 이야기했을 때 모두들 종류는 다르지만 정신적 차이와 관련된 사연이 있어서 굉장히 안도했다고 말했다.

그녀는 마지막으로 이렇게 말했다. "저는 제가 ADHD여서 정말 감사해요. 그 덕에 이렇게 창의력을 발휘할 수 있으니까요. 저는 다른 여성들을 위해서라도 이 이야기를 꼭 하고 싶어요."

직장에서의 가면 쓰기

신경전형적인 직장의 기대와 신경다양성이라는 현실 사이에서 일어나는 마찰은 일찍부터, 그러니까 면접 과정에서부터 시작된다. 예전에 나는 구직 면접 같은 공식적인 자리에서는 늘 가면을 썼다. 그런 자리에서 가식적으로 말하고 가식적인 태도를 취하고 나면 늘 마음이 불편하고 부대꼈다. 첫인상을 좋게 남기려는 이들이 흔히 그러듯 면접자의 기대에 맞게 가장하고는 집에 오자마자 지쳐 쓰러졌다. 나는 신경전형인인 양 가면을 쓰면서도 그런 사실을 의식하지 못했고, 이런 생활을 지속하기란 구직자 입장에서나 상사나 회사 전체의 입장에서나 불가능했다.

직장에서 대화를 나눌 때 나는 내가 표면적으로 인식하는 현실과 표면 아래에서 내 몸과 마음이 알아차리는 현실을 분리해야 했다. 다음은 가상의 면접 시나리오이다.

그레그(미래에 나의 상사가 될지도 모르는 인물): 네팔에서의 삶은 어땠나요?

나의 속마음: 내가 떠돌아다니며 살아서 못 미더운가? 내가 또 다른 곳으로 훌쩍 떠나지는 않을지 알아보려는 걸까? 벗어진 머리에 눈은 거슴츠레하고 손에는 결혼반지를 꼈군. 가정생활은 괜찮을까? 왠지 서글프네. 저 사람한테는 무슨 일이 있었을까? 저 사람 부모님은 어떤 사람이었을까?

나의 외면: 정말 굉장했어요!

그레그: 직장에서 대인관계에 문제가 생기면 어떻게 대처할 건가요?

나의 속마음: 세상에나, 그 긴 이야기를 전부 다 듣고 싶다는 말은 아니겠지. 최신 연구와 기사에 바탕을 둔 견해와 현대 직장과 관련된 대안적이고 혁신적인 아이디어 전부를? 여기서 전부 말하는 건 지나치겠지? 잠깐, 난 아는 게 정말 많잖아. 어쩌면 전부 얘기하는 게 더 낫지 않을까? 아니지, 그러면 내가 일반적인 기준을 따르지 않고 기존 질서를 거부하는 반항아로 보이지는 않을까?

나의 외면: 저는 솔직한 의사소통과 명확한 의사전달의 힘을 믿습니다. 그리고 상황이 기대와 다르게 전개될 때는 곧바로 이야기를 나누는 편이 좋다고 생각합니다.

이런 상황이 익숙하게 느껴지는가? 신경다양인들은 이처럼 두 가지 현실을 살아가곤 한다. 우리는 외부세계로부터 지나치게 많은 자극을 받아들이는 데다 안타깝게도 특유의 소통 방식이 거부되는 일을 반복해서 경험하기 때문이다.

대화를 이끄는 사람들

신경다양성을 지닌 기업가, 디자이너, 연구자, 미디어 경영진, 정책 입안자 들이 자신의 참 모습을 더 많이 드러내기를 바란다. 그리고 그 외 사람들은 그런 모습을 더욱 축하해줬으면 한다. 또 미디어와 컨퍼런스, 학계에서 신경다양인에 대한 이야기를 다루고 그들을 무대 위로 초청하는 것도 중요하다.

예를 들어 레이 스트링어Leigh Stringer는 작가이자 디자이너이자 컨퍼런스 주최자이며, 사무실 디자인이 직원의 행복에 미치는 영향을 밝혀나가고 있다. 그녀는 인공조명이 정서와 수면에 미치는 영향뿐만 아니라 자연과 생물다양성이 불안과 우울을 낮추는 방식을 중점적으로 연구했다. 예를 들어, 다양한 식물로 뒤덮인 '살아 있는 녹색 벽'은 긍정적인 심리 반응을 일으키고 새 여러 마리가 지저귀는 소리는 한 마리의 소리보다 마음을 더 편안하게 해준다. 스트링어는 또한 "작업 방식과 시간, 장소를 직원이 스스로 선택하는 것"과 관련된 연구가 새로이 이뤄져야 한다며 "선택과 자율성은 건강 및 실적 개선에 커다란 효과가 있다"고 말한다. 그녀는 하버드대학교 공중보건대학원을 비롯한 여러 단체와 함께 일과 디자인과 행복의 관계를 새로이 연구하는 일도 하고 있다. 이들 연구를 실생활에 적용하면 신경다양인에게 유익할 뿐 아니라 그들이 사회에 더욱 기여할 방법을 찾을 수 있을 것이다.

한편 영국에서는 액센츄어Accenture의 바바라 하비Barbara Harvey가 직장 내 정신건강 실태, 그리고 직장인의 정신건강 증진 및 편견 철폐 방안을 탐구하는 활동에 앞장서왔다. "지난 5년간 정신건강과 관련된 공개 토론이 크게 증가했어요." 그녀와는 이메일로 인터뷰를 진행했다. 하비의 부서에서 몇 차례 설문조사를 실시한 결과에 따르면, 정신건강과 관련된 언론 보도가 늘고 왕실 가족이 인식 제고를 위한 캠페인을 벌인 덕분에 대부분은 정신건강에 대한 대화를 수년 전보다 더 편안하게 느낀다. "사람들이 정신건강 문제를 공개적으로 얘기할 수 있게 되고, 또 정신건강이 삶에 미치는 영향을 더 깊이 이해하게 됨에 따라 정부와 고용주들은 그에 대한 해결책을 찾아내야 한다는 압박감을 더 크게 느끼게 됐어요." 나는 그런 변화가 어떻게 일어났고 어떻게 정신질환에 대한 낙인이 사라지기 시작했는지 물었다. "대화의 물꼬를 튼 것이 주효했어요. 리더와 동료들이 정신건강 문제를 터놓고 이야기하면 다른 구성원들 역시 그렇게 해도 안전하다고 느껴요." 윌리엄William 왕자와 해리Harry 왕자는 특히 인생의 힘든 시기에 그들이 어떤 도움을 받았는지, 또 동료들과 이야기를 나누면서 어떻게 외로움을 덜고 연대감을 느꼈는지를 공개적으로 밝혔다.

하비는 그러기 위해서 세 가지 요소를 갖춰야 한다고 말했다. 먼저 경영진의 승인과 지원이 있어야 하고, 직원의 필요 사항을 채워줄 자원을 준비해둬야 하며, 정신건강에 대한 일상적 대화를 통해 인식 수준을 높여야 한다. 액센츄어 영국 지사에서는 전 직원의 15퍼센트에 달하는 1,800명이 '정신건강 협력자mental health allies'2 교육을 받았는데, 정신건강 협력자란 '서로 간의 대화를 비밀로 지켜주리라고 확신할 수 있는 동료'를 말한다. 액센츄어는 전 직원의 20퍼센트를 협력자로 훈련시키고, 나머지 80퍼센트에게는 정신건강에 대한 기본 인식 훈련을 제공하는 것을 목표로 삼는다.

"오랫동안 직장 내부에서 정신질환은 소수의 문제로 여겨졌어요. 많은 기업이 이 문제에 수동적으로 반응하다가 직원에게 도움이 필요한 시점에 가서야 대응했죠." 하비는 누구나 인생에서 부침을 겪을 수 있는 만큼, 정신건강을 우리 모두의 문제로 보게끔 인식을 전환한다면 그와 관련된 대화를 일상적으로 나누는 데 도움이 될 거라면서, 궁극적으로는 기업들이 조금 더 적극적으로 나서주기를 바란다고 말했다. 그녀는 특히 밀레니얼 세대가 정신건강의 중요성을 알아보리라고 믿고 있다.

자책이 아닌 긍정에 이르는 길

"저는 서른여섯인데 인생의 절반을 프리랜서 작가로 살아왔어요. 저희 조부모님이 토론토 미드타운에 사시거든요. 저는 자폐라 습관에 대한 집착이 심해서 이곳으로 되돌아왔어요." 수화기 너머로 사라 컬책Sarah Kurchak이 말했다. 우리는 트위터에서 처음 만났다. 컬책이 어린 시절 자신을 무조건적으로 지지해준 어머니와의 관계에 대해 다정하고 감명 깊은 글을 쓴 덕분이었다.₃ 우리가 이야기를 나눌 무렵, 컬책은 매해 참석하는 토론토 국제영화제의 취재 여정을 마치고 막 집으로 돌아온 참이었다. 컬책은 음악 기자로서의 활동을 언급하며 이렇게 말했다. "유독 제 관심을 강렬하게 끄는 몇몇 분야가 있어요. 그걸 파고들면서 보람을 느껴요."

"학자금 융자를 갚아가면서 제가 원하는 일을 하기는 어려울 것 같았어요. 그래서 대학에 가는 대신 TV 방송국과 잡지사에서 인턴 생활을 하며 현장에서 일을 배우기로 했죠. 순진한 도박이었지만 결국 음악 잡지사에 일자리를 얻을 수 있었어요. 정식으로 교육을 받은 적은 없지만 일을 하면서 여러 기술을 익혔죠."컬책의 이야기에서는 특정 분야에 초집중하는 능력이 엿보인다. 신경전형인과는 다른 이러한 학습방식은 신경다양인에게서 비교적 흔하게 나타난다. "기자라는 직업은 변화무쌍해요. 최근에 저는 수필과 평론 분야로 옮겨가고 있어요. 그런 글이 제 강점이라고 생각하거든요."

토론토 국제영화제에서의 경험을 언급하며 컬책은 영화계를 취재하는 일이 놀랍도록 유익하고 자기 기질에 잘 맞는다고 말했다. "어떻게 보면 영화계는 상승 욕구가 굉장히 노골적인 곳이라 사교적인 대화에서도 사람들의 동기가 굉장히 명확히 드러나기 때문에 자폐인인 저로서는 대처하기가 쉬워요. 사람들이 제게 원하는 게 뭔지 알 수 있어서 더 편하죠. 그리고 상대가 더 이상 저에게 바라는 게 없을 때도 쉽게 알아차릴 수 있어요. '그런 건 다 가짜야'라고 말하는 사람이 많은데, 사실 사회적 상호작용 대부분이 그렇죠. 영화계의 사교적 대화는 그 나름의 방식으로 묘하게 솔직해서 저도 잘 대처할 수 있어요." 너무도 이해가 가는 말이었다. 컨퍼런스에 참석하면 모두들 인맥을 맺으려고 열심인데, 참석자들은 그게 일종의 스포츠이며 큰 도움이 되기도 한다는 것을 안다.

하지만 감당하기 힘든 부분이 없지는 않다고 했다. "해가 갈수록 참여 인원이 더 많아져요. 작년에는 영화 취재를 위해서 줄을 서서 기다리다가 처음으로 정신을 놓을 뻔했어요."그녀는 내리쬐는 조명과 소음, 시끄러운 스크린 등도 언급했다. "그리고 평론가들 사이에서 소외감을 느끼기 시작했어요. 모두들 서로 연락하면서 인맥을 쌓는데 저만 혼자인 것처럼 느껴질 때는 약간 혼란스럽기도 해요." 그녀는 신경다양인들이 함께 모여 감각 과부하에 대처하는 방법 등을 논의하면 좋겠다고 말했다.

컬책은 스물일곱에 자폐 진단을 받았다. "제가 어딘가 남다르다는 건 늘 알고 있었지만 콕 집어 뭐가 다른지는 말로 표현할 수가 없었어요. 처음 '자폐 성향'이라는 말을 들은 게 언젠지는 기억나지 않아요. 의사들이 제 걸음걸이를 살폈고 저도 제게 뭔가 이상한 면이 있다고 느꼈어요. 때로는 너무 영리한 것 같기도 했죠. 제 부모님은 제게 실질적인 효과가 있다면 뭐든 방법을 가리지 않고 시도해보셨어요. 제가 지금까지 뭔가 이뤄낸 게 있다면 그건 다 부모님 덕분이에요. 그런 분들을 부모로 만났으니 운이 참 좋았죠."

컬책은 20대 초반에 아스퍼거 증후군이라는 말을 언뜻언뜻 들었고, 어느 날 그 '증상' 목록을 읽었는데 모든 항목에 고개가 끄덕여졌다. 그래서 검사를 받아볼 곳을 찾아봤지만 18세가 넘은 성인을 위한 검사기관은 찾을 수가 없었다. 캐나다 정부의 의료보험 체계에서는 도움을 받을 수가 없었고 자비로 검사비를 충당하기에는 부담이 너무 컸다. 한동안 그녀는 어쩔 수 없다는 현실을 받아들이고 앞으로 나아가려 애썼다. 하지만 그녀가 비교적 사소한 일로 자제력 잃자 어머니가 검사를 서두르자고 그녀를 설득했다. "비용이 부담스럽긴 하지만 분명히 짚고 넘어가야 할 문제야. 네가 겪고 있는 일을 이해할 수 있는 토대 없이는 이 모든 걸 꿰어 맞추지 못할 테니까."

'뭔가 이상하다'고 평생 느껴온 컬책과 어머니는 진단 결과를 통해 마침내 모든 것을 세세히 이해할 수 있었다. 그녀는 스스로의 어린 시절을 달리 바라보고 싶었기 때문에 진단이 중요하다고 느꼈다. 다시 말해 자신이 겪은 실패를 두고 자책하기보다 스스로에게 자부심을 느끼고 싶었다. 진단을 받고 나자 마침내 그녀는 자신이 어린 시절에 왜 그렇게 남들과 다르다고 느꼈는지, 그리고 성인이 된 지금은 왜 또 그런지 이해할 수 있었다.

남편과 함께 토론토의 작은 아파트에 살면서 프래랜서 작가로 일하는 자신의 생활을 두고 그녀는 "아직 제가 어른인 것 같지는 않아요"라고 말했다. 하지만 그녀는 다른 음악 기자들과 공동체 의식을 느낀다. "이 친구들이 저보다 훨씬 이상해서 저 정도는 눈에 띄지도 않거든요."

'나'로 존재하기

아일랜드 저자인 루시 피어스Lucy Pearce를 페이스북에서 처음
만난 때는 그녀의 책《불타는 여성Burning Woman》(2016)을 읽
은 직후였다. 그녀는 뒤늦게 아스퍼거 진단을 받았고 시간이
흘러 그 사실을 사람들에게 알렸다. "저는 제가 사람들과 잘
어울리지 못한다는 걸 늘 알고 있었어요." 피어스는 내게 보낸
이메일에 이렇게 썼다.

저는 '평범'해지려고 엄청나게 노력했지만 어느 집단에도 제
대로 소속되지 못했어요. '평범'해지고 싶었지만 패싱에 그다
지 능숙하지 못했던 거죠. 패싱은 제 에너지 전부를 앗아갔지
만 제 관심사까지 빼앗진 못했어요. 제가 사람들과 어울려 지
내고자 했던 이유는 그저 안전하고 싶어서였지 그 이상은 아
니었으니까요. 저는 책을 읽고 생각하고 그림 그리고 글을 쓰
면서 혼자 있는 게 정말 좋았어요. 저에게 특별하게 느껴지는
몇몇 사람과는 깊은 관계를 맺었지만 사람들과 어울리는 걸
즐기진 않았죠……

글을 쓰기 시작하면서, 특히《엄마의 기분Moods of Motherhood》
을 쓰면서 제 자신이 '평범하지 않다'는 걸 알아차린 것 같아
요. 하지만 그걸 어떻게 표현해야 할지 알 수 없었죠. 어머니

는 제가 10대일 때 일레인 아론의 책을 접하셨고, 그래서 저
는 아이를 갖기 전에 '매우 민감한 사람'이라는 개념을 알았
어요. 저는 이 용어가 제가 겪는 문제를 가장 잘 표현해준다고
느꼈고 《무지개 길The Rainbow Way》에서 제가 육아에 전념하
면서 겪은 어려움과 창작에 대한 깊은 갈망을 설명하면서 이
용어를 사용했어요. 자폐 여성에 대한 인식이 널리 퍼지기 전
에 '매우 민감한 사람'이라는 용어가 여러 신경다양인 여성을
하나로 불러 모았다고 생각해요. 민감한 기질은 제 인생 전체
에 영향을 미쳤어요. 하지만 저는 갈등이나 마음의 동요를 감
당할 수 없을까 봐 늘 착하게 굴었고 학업성적도 좋았기 때문
에 선생님이나 의사의 주의를 끌지 못했죠. 저는 제가 감당할
수 있을 때만 더 넓은 세상과 상호작용하면서 제가 겪은 어려
움을 은밀하게, 꽤 훌륭히 숨겼어요. 가면 쓰기의 여왕이었죠.
적어도 세 아이를 기르면서 창조적인 일을 지속하려고 애쓰기
전까지는요.

피어스의 글과 작품은 시적이고 신비주의적이며 영성과 해
방에 대한 주제가 스며들어 있다. 또한 그녀는 글을 통해 여성
들이 자신의 갈망과 민감성, 예술성 등을 포용하고 그것을 삶
속에 녹여내야 한다고 크게 외친다. 내가 나의 신경다양성을
깨닫기 시작하던 시기에, 피어스는 신경다양성이라는 용어를

사용하지도 않았고 자신의 신경다양성이나 사회 여기저기서 일어나고 있는 신경다양성 운동에 대해서도 모르고 있었지만, 그럼에도 나는 그녀의 글에 매혹됐고 큰 도움을 받았다. 피어스는 자신뿐 아니라 세 아이 역시 자신처럼 민감하다는 것을 알아차렸다.

제 딸아이의 민감성과 그에 따른 문제는 제 남편이나 제가 이해하거나 감당할 만한 수준을 넘어섰어요. 제 딸은 굉장히 똑똑했고 발달 과제를 척척 해치웠죠. 그래서 의사나 선생님은 모든 문제를 수줍음이나 단호한 훈육의 부재 탓으로 돌렸어요. 하지만 저는 그게 다가 아니라는 걸 알았죠. 그래서 해답을 얻으려고 자료를 조사하기 시작했어요. 저는 아이를 위해서 자료를 엄청나게 많이 읽었고 '맞아, 아스퍼거야!'라는 깨달음을 얻었지만, 저 자신이 아스퍼거일 거라고는 생각지 못했어요. 어쨌거나 저는 대학도 나왔고 결혼해서 아이도 낳았고 작가로 자리도 잡은 데다…… 30대 중반이었으니까요. 만일 제가 아스퍼거라면 진작 발견됐을 거라고 생각했어요. 저역시 대다수 사람들처럼 〈레인 맨〉[더스틴 호프만이 비범한 능력을 가진 자폐증 환자 역을 맡은 영화]의 이미지밖에는 알지 못했고…… 그 모습을 자폐의 기준으로 삼았던 거죠. 하지만 [저희 분야에서] 작가 두 분과 기업가 두 분이 스스로 아스퍼거임을 밝히고 나섰어요. 저는 그분들과 그분들의 노력에 정말 깊이 공감했고…… 그래서 고심했죠. 그분들이 아스퍼거고 오랫동안 제 역할을 감당해낼 수 있었다면…… 어쩌면 저도 그런 경우일지 모른다는 생각이 들었어요.

피어스는 사라 컬책과 마찬가지로 공공의료 서비스에서는 제대로 된 진단을 받을 수가 없어서 자비로 자신과 딸의 검사를 진행했다. "그 [진단] 이후로 모든 것이 굉장히 명료하고 확실하게 다가왔어요. 그리고 안심했죠. 더 이상 평범해지려고 노력하다가 실패하기를 반복하지 않아도 됐으니까요. 제 모습 그대로 살아도 된다는 것, 제가 망가졌거나 실패자가 아니라는 것, 제 경험이 그저 상상에 불과한 건 아니라는 걸 깨달았어요. 제 자신을 편안하게 받아들이기까지 서른여덟 해가 걸린 거죠. 이 새로운 렌즈를 통해 제 과거 전체를 정돈하고 분별하는 과정은 여전히 진행 중이에요. 시간이 걸리는 일이죠."

피어스는 이렇게 이야기를 이어갔다. "퍼즐 조각이 마침내 제자리를 찾은 것 같아요. 이제 저는 제 방식대로, 저 자신으로 존재해도 괜찮다고 느껴요. 이게 제게는 여러모로 굉장히 많은 도움이 됐어요. 제게 맞는 약물과 훌륭한 치료사, 그리고 공동체를 찾을 수 있었고 제가 겪는 어려움을 다른 사람들에게 설명할 수 있게 됐죠."

피어스는 자기 삶의 여정을 자세히 다룬 책《메디슨 우먼: 치유의 영혼 회복하기Medicine Woman: Reclaiming the Soul of Healing》를 펴냈는데, 이 책에서 그녀는 민감성과 신경다양성에 종종 동반되지만 젠더 편향으로 인해 의료계에서 자주 묵살당하는 여성의 섬유근육통이나 만성피로증후군 같은 신체질환에 특히 주목한다. 그리고 우먼크래프트 출판사WomanCraft Publishing House를 설립해서 여성들이 글과 예술로 자기 재능을 나누도록 돕고 있다.

제 '아웃사이더 기질'에는 확실히 이점이 있어요. 저는 신경학적으로 아웃사이더의 관점에서 우리 문화를 바라보는 한편, 하나의 인간으로서 인사이더의 관점에서 문화를 인식할 수 있고, 또 이 고유한 관점을 명확히 설명할 수도 있어요. 저는 제 이야기를 나눠도 안전하다는 판단이 들기 전까지는 동물학 박사 다이앤 포시Dianne Fossey가 고릴라를 관찰하듯 집단의 역학을 관찰한다는 비난을 받았었어요. 혹독한 비난조였지만 사실이었죠. 저는 늘 인간과 인간 문화를 연구해요. 저는 신중하고 공정한 관찰자죠. 제 눈에는 우리 문화가 미국 백인 중산층의 자본주의적 이상에 들어맞지 않는 수많은 사람, 그리고 그보다 더 큰 생태계에 피해를 입히는 모습이 보여요. 저는 이상적이고 모범이 되기를 바라고, 체계를 사랑합니다. 제 자아는 철학적 과학자이가 예술적 몽상가죠. 그렇기에 다른 사람들이 이 무미건조하고 칙칙하고 시끄럽고 폭력적인 문화를 대신할 다른 삶의 방식, 더 건강하고 온화하며 풍요롭고 사람을 보살피고 성장시키는 창의적인 삶의 방식을 찾을 수 있도록 돕고 싶다는 강한 열망을 느껴요. 이 열망은 제 삶과 일을 이끄는 동력이고 인터넷 덕분에 저는 저와 같은 꿈을 꾸는 흥미진진하고 열정적이며 창의적인 전 세계의 몽상가들과 힘을 합칠 수 있죠.

그녀는 이런 말로 글을 맺었다. "제가 속한 자폐 집단의 한 여성이 최근에 자폐는 장애가 아니라 공동체라는 말을 하더라고요. 그 말이 무척 마음에 듭니다. 그리고 삶 속에서 날마다 그 말을 실감하고 있어요."

일과 민감성

버라이즌 미디어 그룹Verizon Media Group에서 접근성accessibility 및 포용성 부서의 부책임자로 일하고 있고, 앞서도 언급했던 마르고 조폐가 내게 해준 이야기를 공유하고자 한다. 일과 민감성이 어떠한 관계를 맺고 있는지 다시금 되짚어볼 수 있으리라 생각한다.

제 생각에 신경다양인은 공감을 더 잘해요. 이를 전문용어로는 '감정조절부전'이라고 표현하지만요. 우리가 신경전형인보다 감정을 더 많이 느끼는 것은 아니에요. 그저 감정조절 방식이 달라서 기분이 좋을 때는 더 좋고 나쁠 때는 더 나쁠 뿐이죠. 신경전형인도 감정을 느끼지만, 그들은 감정을 자동적으로 조절하기 때문에 우리처럼 감정을 강렬하게 느끼지는 않아요. 따라서 공감을 잘하는 신경다양인은 말로 표현되지 않은 단서를 잘 알아차리고 주위 사람들이 내뿜는 에너지를 느껴요. 회사에서 사람들이 잘 지내고 있는지 알고 싶다면 이 사람들을 찾아가면 딱이죠. 왜냐하면 자그마한 단서까지 알아차릴 공산이 크기 때문이에요. 또 우리 신경다양인은 자신의 생각과 느낌을 거르지 않고 솔직히 표현하고 허튼소리를 잘 참지 못하죠.

놀랍지 않은가? 나는 조페의 이 말을 듣고 흥분이 일었다. 일류 기업에서 중책을 맡고 있는 그녀가 여러 종류의 신경다양성이 수렴하는 지점인 민감성을 이야기하는 데서 한 발 더 나아가 직장에서 기질권과 신경다양성을 포용하는 문화가 태동하고 있는 모습을 묘사했기 때문이다. (그뿐 아니라 기업 문화에 대해 이야기하면서 "주위 사람들이 내뿜는 에너지를 느낀다"거나 "허튼소리를 잘 참지 못한다"는 말을 서슴지 않고 한다는 면에서 정말이지 그녀는 내가 좋아하는 타입의 여성이다.)

민감한 리더십

수잔 케인에게도 일터나 그 외 장소에서 만나는 고객, 특히 리더 자리에 있는 고객들이 민감성과 행복에 관해 어떤 이야기를 하고 있는지 물어봤다. 먼저 그녀는 실리콘밸리의 부상과 함께 인기를 누리다가 최근 역풍을 맞고 있는 개방형 사무실에 불만이 많다고 말했다. 개방형 사무실은 민감하거나 내향적인 사람들에게는 심각하게 우려스러운 환경으로, 불안감을 불러일으켜 이들이 제 능력을 발휘하지 못하게 한다. "개방형 사무실이 사람들에게 부담스럽다는 건 두말하면 잔소리예요. 저와 함께 일하는 분들은 이 문제를 특히 우려하고 있어요." 눈과 귀에 자극이 쏟아져 들어오고 타인의 시선 아래 전시되고 판단되는 상황은 그 누구에게도 효과적이지 않다.

우리는 신경다양성을 지닌 직원들이 사무실 칸막이 환경에서 악전고투하는 모습에만 초점을 맞추곤 하는데, 사실 고위 임원직 중에도 민감성이 높은 사람이 많다. 케인은 《콰이어트》에서 다룬 내향성과 민감성 등과 관련해서 여러 분야의 리더와 협력해왔다. "치열한 일터에서 자신의 민감성을 다루는 방법을 깨친 리더들을 관찰해보면, 제대로 다룰 줄만 알면 민감성은 이점이 굉장히 커요. 부서 내에서 무슨 일이 일어나고 있는지 알아차리는 능력이나 부서원에 따라 소통 방식을 달리하는 능력처럼 민감성에는 굉장한 힘이 있죠."

케인은 신경전형적인 세계로 나아가서 자기 능력을 발휘하며 고유한 영향력을 행사하고자 하는 민감한 사람들에게 꼭 필요한 조언을 들려줬다. "마음이 부대끼거나 불안할 때는 이런 놀라운 능력을 제대로 활용하기가 어려워요. 그런 상황에서는 본래와 달리 자기 자신에게만 집중하게 돼서 이기적으로 행동할 수 있거든요. 압도당하거나 불안해하는 경향을 잘 관리한다면 민감성에 깃든 놀라운 능력을 마음껏 발휘할 수 있습니다."

이제는 전 세계의 신경다양인들이 이 놀라운 능력을 갖추는 방법을 배우고 있다. 우리에게는 일터와 사회에서 우리 자신을 설명할 공통의 언어와 어휘가 필요했고, 그것은 세상 속으로 풍덩 뛰어들기를 바라는 여러 신경다양인의 염원을 이뤄줄 것이다.

일터를 위한 조언

앞서 말했듯 나는 심리치료사가 아니다. 기업의 임원도 아니다. 하지만 신경다양인을 실패로 내모는 업무 환경을 직접 경험해본 당사자로서 이제 몇 가지 개선방안을 제시해보려 한다. 내가 생각하는 현실적인 방안은 다음과 같다.

- 신입사원 오리엔테이션에서 신경다양성을 이해하고 환영하며 포용하고 배려한다는 뜻을 분명히 밝힌다. 직원들이 자신을 더 편안하게 받아들이고 일에 집중하는 데 도움이 될 것이다.
- 모든 직원에게 신경다양성의 언어와 틀을 교육한다. 먼저 근무시간에서 한 시간을 할애해 신경다양성이라는 개념을 소개하고 그 사례를 제시하면서 신경다양성의 중요성과 관련성, 의미를 강조한다.
- 창의적 사고가 중요하고 직선적 사고는 그다지 필요치 않은 부서, 직책, 업무를 의도적으로 만들어 신경다양성을 지닌 직원들이 신경전형적 기대에 부합하고자 애쓰느라 시간을 낭비하지 않고 자기 능력을 발휘하게 한다.
- 직원들이 다양한 방식으로 일할 수 있도록 여러 종류의 (조용한, 사적인, 개방된, 여럿이 공유하는) 물리적 공간을 만든다.
- 되도록 자연 친화적인 근무 환경을 조성한다. 신경다양인은 신경계를 조절하는 데 시간이 좀 더 필요하기 때문에 근무 환경에 정원이나 테라스, 빛이 잘 드는 창문이 있거나 사무실 근처에 공원이 있으면 틀을 깨는 창의적인 발상을 하는 데 큰 도움이 된다. 누구든 소중한 직원이 자신에게 잘 맞지 않는 근무 환경 때문에 불필요하게 두통이나 다른 불편을

겪기를 바라지는 않을 것이다.

- 정신건강, 번아웃, 수면, 커뮤니케이션, 경계 설정 등 조직 생활과 관련된 요령과 기법에 대한 소규모 모임을 지속적이고 규칙적으로 실시한다. 직장에는 사회적 편견을 크게 줄일 수 있는 영향력이 있고, 이러한 변화는 가정과 공동체를 넘어 더 너른 사회로 뻗어나간다.

〰

나는 나를
충분히 이해했다

서로의 유사성을 터놓고 이야기하듯,
우리는 차이도 허심탄회하게 이야기해야만 한다.

이제, 전 세계 신경다양인이 삶을 지속해나갈 수 있는 생태계를 만들어가야 한다. 현재 수많은 개인과 조직 및 운동단체가 신경다양인에게 기회가 공정하게 돌아가는 세상을 열기 위해 노력하고 있다. 남녀 할 것 없이 의료 서비스(특히 정신의료 서비스)를 개혁하고자 애쓰고 있으며, 여러 분야의 과학자, 연구자, 예술가, 사회혁신가 들이 이 같은 변화를 이끌고 있다. 변화의 물결 속에서 용기를 얻은 여성들은 정신의학이 발전해온 과정에 내재해 있는 젠더 편향의 기원을 찾는 문제에서부터 《DSM》에 수록된 정신장애를 재구성하고 여성의 민감성과 신경다양성을 둘러싼 새로운 깨달음을 얻는 데 이르기까지, 여성의 마음에 대한 연구를 주체적으로 이끌어가고 있다. 디자인과 건축계, 그리고 심리치료와 출판계에 종사하는 여러 민감한 기질의 신경다양인 여성들이 자신의 신경다양성을 '커밍아웃'하면서 신경다양인 전체가 그 혜택을 누리고 있다. 신경다양성을 바라보는 시선은 바뀌고 있으며, 이제 언론계, 회의실, 교실, 가정, 그리고 대인관계에서 이러한 변화를 계속적으로 이끌어내는 것이 우리가 해야 할 일이다.

포용과 공감의 테크놀로지

신경다양성의 미래는 정신의학이나 뇌과학 전문가에게만 달려 있지 않다. 인공지능과 가상현실, 증강현실, 감각 디자인 분야도 신경다양성의 미래에 기여할 준비가 돼 있다. 일례로, 유지니아 쿠이다Eugenia Kuyda가 개발한 인공지능 챗봇인 레플리카Replika는 이야기를 들어주고 공감해주며 확신을 주고 관계를 맺고자 하는 사람들에게 진짜 사람처럼 반응한다. 쿠이다는 교통사고로 가까운 친구를 잃었는데, 그 슬픔에 대처하기 위해 이 챗봇을 개발했다. 누군가가 레플리카와 나눈 대화를 녹음한 파일을 들어봤는데 생각보다 대화에 깊이가 있어서 놀라웠다. 해당 챗봇은 고인이 실제로 쓴 문자 메시지와 편지를 활용해 프로그래밍됐고, 덕분에 고인을 아는 수천 명의 사람들이 고인의 언어 습관을 꼭 닮은 챗봇과 사적인 대화를 나누며 작별인사를 나눌 수 있었다.

레플리카는 외롭고 고독한 시기를 보내는 사람들에게도 도움이 될 터인데, 한편으로는 이 챗봇에 민감한 신경다양인의 의사소통 양식을 프로그래밍하면 어떤 아이디어나 해법이 새로 나타나지 않을까 하는 궁금증이 일었다. 그렇게 해서 드러난 소통 양식을 사람들이 익힌다면 어떻게 될까? 신경다양인을 더 깊이 이해하는 사람이 늘어나지 않을까? 나는 가까운 시일 내에 이런 작업이 이뤄지리라 믿으며 그 전면에 나서는 인물이 신경다양인 여성이기를 바란다.

기업가 레디에트 아베베Rediet Abebe는 〈포브스〉에 실린 글에서 인공지능이 굉장히 다양한 사람들의 목소리를 반영할 수 있다면서 상세한 설명을 덧붙였다. "유사한 배경과 경험을 공유하는 사람들로만 구성된 집단이 연구 방향을 설정하고 알고리즘을 만들어 활용한다면, 그 연구 결과는 결국 연구자와 비슷한 특권을 누리는 소수집단에만 혜택을 가져다줄 것이다. 질문을 설정하고 연구에 활용할 데이터 집합이나 분석 방식, 결과 제시 방법을 결정하는 사람이 바로 연구자이기 때문이다."[1]

라이트하우스3Lighthouse3를 운영하는 기업가 미아 댄드Mia Dand는 자신의 미디어 플랫폼을 활용해 인공지능 윤리에서 유색 여성의 지위를 높이기 위해 애쓰고 있으며[2] 선댄스 인스티튜트 뉴 프론티어 연구소Sundance Film Institute New Frontier Lab의 연구소장 카말 싱클레어Kamal Sinclair는 테크놀로지와 가상현실을 활용해 편견 없는 미래를 만드는 과정에 앞장서고 있다. 싱클레어는 또한 새로운 현실 만들기Making a New Reality라는 이름의 트랜스미디어 프로젝트를 출범시키기도 했다. 이 프로젝트는 의료나 고용과 같은 영역에서 향후 인공지능이 의사결정을 맡는다면 그 결정이 인종과 출신 민족, 성별, 신경다양성을 망라해 무엇에도 편견을 갖지 않도록 하기 위한 목적으로 만들어졌다.

매튜 허트슨Matthew Hutson은 〈디 애틀랜틱〉에 실린 '오감을 넘어서Beyond the Five Senses'라는 제목의 글에서 오감 이외의 감각, 그리고 이들 감각이 중첩될 때 일어나는 현상과 그 의미를 상세히 설명했다. 그에 따르면 "뇌는 받아들인 관련 정보를 활용하는 능력이 굉장히 탁월해서, 예컨대 이미지를 '듣거나' 소리를 '느끼도록' 훈련할 수 있다."3 나는 민감한 신경다양인 여성들이 이런 활동에 앞장서는 모습을 더 많이 보고 싶다. 전에 스탠퍼드대학교의 신경과학자인 데이비드 이글먼David Eagleman과 타인이 감각 차원에서 어떤 어려움을 겪는지를 체험하기 위해서 움벨트를 서로 바꿔보는 사람들에 대해 이야기를 나눈 적이 있는데, 그는 사람들이 도대체 무엇 때문에 그런 체험을 바랄 거라고 생각하느냐고 내게 물었다. 그 질문에 나는 많은 가족, 친구, 임상의, 치료사가 예컨대 자폐인의 몸과 마음으로 살아간다는 게 어떤 것인지 경험하고 이해할 기회 앞에서 망설이지 않을 것이라고 대답했다. 타인의 경험을 이해하고 공감하도록 도와줄 테크놀로지의 잠재력을 떠올리면 전율이 인다.

모두를 위한 디자인

건축 분야의 여러 디자이너와 연구자도 자폐인의 민감성을 인류 전체에 적용하면 유익하다는 글을 쓴 바 있다.4 특히 미니멀리즘의 미학을 뽐내는 현대 건축이 르코르뷔지에Le Corbusiet처럼 자폐 가능성이 있는 인물에 의해 생겨났다고 여기는 사람도 있다. 앤 서스먼Ann Sussman과 케이티 첸Katie Chen은 논란을 일으킨 어느 글에서 "르코르뷔지에의 디자인은 아마 그의 비전형적인 두뇌에 대한 반응일 것이다"라고 쓰기도 했다. 네브래스카주에 기반을 둔 '포르테 빌딩 사이언스Forte Building Science'는 〈자폐인을 위한 건물이 우리 모두에게 더 나은 이유〉라는 제목의 보고서에서 공간 구획과 조명, 기분, 안락감 등의 요소를 자세히 설명했다. 예컨대 뉴욕에 있는 쉬럽오크Shrub Oak 국제학교는 조명과 색상에서부터 각 교실의 크기, 공간 구획, 깔끔하게 정돈된 개방 공간, 그리고 형광등 쓰지 않기에 이르기까지 자폐인의 민감성을 고려해 학교 전체를 설계하고 시공했다. 이 학교를 다룬 〈건축 다이제스트Architectural Digest〉의 기사는 이렇게 지적한다. "자폐인에게 좋은 디자인과 일반 대중에게 좋은 디자인은 여러모로 원리가 동일하다. 각 디자인 요소에는 의미가 있어야 하고, 지나치게 색이 없고 지루한 공간은 지나치게 자극적인 공간만큼이나 나쁘다. 또한 공간이 사람들의 기분에 어떤 영향을 미치는지 고려해야 한다. 이 원칙들은 언제나 유익하다."5

이 같은 변화는 다양한 분야에 신경다양성의 관점을 적용해, 신경다양인이 뒷전으로 밀려나지 않도록 그들의 요구를 더 깊이 이해하고 배려하며 무엇보다 일상생활에 통합해야만 하는 시급한 필요성을 제기한다. 민감한 신경다양인이 수치심과 회의감, 실업, 낮은 자존감, 혹은 자살의 위험에 노출되는 상황을 더 이상 두고 보기만 해서는 안 된다.

디자인 및 건축계 곳곳에서 혁신은 일어나고 있고, 마음을 편안하게 해주는 색상과 소리를 활용한 NBA의 '감각실sensory rooms'도 그중 하나다. "이 요소들 덕분에 경기장 소음에서 벗어난 평화로운 공간이 형성된다. 감각실에는 다중감각 놀이치료나 테크놀로지 스테이션도 갖춰져 있다. 또 경기장에는 감각실 외에도 경기장을 찾은 아동과 성인의 감각적 요구를 알아차려서 도움을 주도록 훈련받은 직원들이 배치돼 있다."6 감각실을 다룬 이 기사가 민감성을 배려하는 것이 주류 문화로 자리 잡기 시작했다는 좋은 소식과 더불어 성인의 민감성도 언급하고 있어서 기쁘다. 진전이 보이는 듯하다.

미 국립공원 관리청이 주관하는 알래스카 황무지 프로그램에 참여한 혁신적인 감각 디자이너와 감각 청능사audiologist에게도 신경다양인의 민감성에 주목할 수 있는 권한과 능력이 있다. 연구자와 사진사, 비행사로 이뤄진 이들 연구팀은 새들과 강물, 바람 소리를 포착하고 인간의 소음이 없는 소리풍경을 기록하기 위해 외따로 떨어진 눈 덮인 봉우리와 거친 계곡으로 간다. 나의 민감성은 야생의 맥박에 나를 빠져들게 하고, 그 감정은 내 안에서 파문을 일으킨다. 이러한 소리와 느낌, 경험을 나와 같은 신경다양인들이 포착해서 나머지 사람들이 그로부터 혜택을 받을 수 있도록 돕는 모습을 보고 싶다.

감각의 확장

영국 더럼대학교의 심리학자 로어 탈러Lore Thaler는 시지각과 그것이 어떻게 운동을 이끄는지를 연구했는데, 이후 박사후과정에서 반향정위echolocation에 관심을 갖게 됐다. 반향정위는 시각장애인들이 위치를 파악하기 위해 사용하는 방식인데 어느 날 시각장애인으로 유명한 다니엘 키시Daniel Kish의 유튜브 영상을 본 것이 그 계기였다. 이 비디오에서 시각장애인들은 혀를 튕겨 '딱딱' 소리를 내고는 그 반향음을 활용해 길거리나 집 안 등에서 방향을 잡는다. 탈러는 반향정위를 9년 넘게 연구하면서 행동 실험과 뇌 영상 기법을 활용해 사람들이 어떻게 반향음으로 위치를 파악하는지, 어떤 청각단서를 활용하는지, 그리고 반향정위에 관여하는 뇌 영역이 어디인지 파고들었다. 그녀를 비롯한 연구자들은 인간이 반향정위라는 새로운 기술을 배울 때 뇌에서 어떤 변화가 일어나는지도 연구한다. 외부환경에 따라 뇌가 스스로 구조와 기능을 변화시키는 이러한 특성을 신경가소성이라고 부른다.

"정상이라는 것의 기준은 뭘까요?" 탈러가 내게 물었다. 이게 바로 내가 그녀와 이야기를 나누고 싶었던 이유다. 그녀는 자폐나 민감성 같은 기질과는 무관한 주제를 연구하지만, 결국 인간이 이 세계와 상호작용하는 방식을 변화시키는 신경퀴어링neuroqueering 현상을 연구하는 셈이다. 그녀가 연구한 시각장애 남녀는 지배적인 기대와 규범에 대항해 이 세상에서 그들의 행동 방식을 변화시키고 있다. 혀 차는 소리를 내는 것은 신경퀴어링 혹은 감각퀴어링이다. 하지만 더 나아가 반향정위는 인간이 감각자극이나 감각자극의 부재에 반응해서 방식을 바꾸거나 다양화하고자 할 때 무엇을 할 수 있는지를 보여준다. 민감한 사람은 자기 자신을 위해 어떤 행동 방식을 도입할 수 있을까? 마찬가지로 우리를 둘러싼 세계는 어떤 변화를 도입할 수 있을까? 한 예로, 몇몇 슈퍼마켓은 자폐인 고객을 위해 고요한 쇼핑 시간을 운영한다. 이 외에 또 무엇을 할 수 있을까? 꼭 안아주는 것이 통상적인 인사로 자리 잡을 수 있을까? 감각 과부하로 평정심을 잃은 직원을 배려하기 위해 모든 사무실에 스누젤렌을 갖추면 어떨까? 회의실에서는 속삭이는 화법을 새로운 소통 방식으로 택하면 어떨까?

"시각장애인에 대한 기대 수준은 때로 매우 낮아요." 탈러의 이 말에 이런 사회통념을 거스르는 것이 그녀가 할 일 가운데 하나라고 느끼는지 묻자 그녀는 "물론이에요"라고 대답했다. 탈러는 동료와 함께 그들의 연구를 알리고 다른 전문가들에게 반향정위를 가르치기 위한 워크숍도 연다. "사람들이 이런 정보를 받아들이고 있고, 이것이 실제로 상황 개선에 도움이 되고 있어요."

나는 탈러에게 감각계와 관련해서 다른 혁신적인 연구 사례나 사회의 통념을 뒤바꾼 사례가 없는지 물었다. "환청을 듣는 사람들을 연구하는 동료들이 있어요. 전통적으로 환청은 정상에서 벗어난 '이상'으로 간주됐지만, 그들은 누구나 인생에서 한 번쯤은 환청을 경험하고, 그 경험에는 정도의 차이만 있을 뿐이라는 것을 밝혀냈죠." 더럼대학교의 여러 연구자들, 더 넓게는 영국의 여러 연구자들은 연구를 수행하고, 결론을 내리고, 권고안을 제시하는 과정에서 더욱 열린 자세를 취하는 듯했다. 이 책을 집필하는 동안 알게 된 연구는 대개 영국을 비롯해서 네덜란드, 이탈리아 같은 유럽 국가에서 이뤄졌다. 이에 대해 탈러는 이렇게 말했다. "영국에서는 통합을 중시해요. 과거에는 시각장애나 학습장애가 있는 아동을 위한 특수학교가 있었지만 지금은 분리 교육보다는 통합 교육을 해요. 물론 잘 안 되는 경우도 있지만 기본적으로는 그러려고 노력하죠."

더러 반향정위에 관심을 가진 이유를 묻는 사람을 만나면 탈러는 지각이 변화하는 방식을 알아내면 강력한 패러다임의 전환을 이끌 수 있다고 대답한다. "그리고 이 분야를 연구하는 연구자가 많지 않기도 하고요." 또 앞으로는 과학자, 디자이너, 발명가가 사람들의 다양한 감각적 요구에 더욱더 부응할 것이라면서, 이때 협력이 아니라 강요를 하면 문제가 된다고 말했다. "보조 기기를 도입할 때는 사람들이 실제로 그 기기를 원하는지 항상 주의 깊게 살펴야 해요. 유용한 데다 사람들이 원하기까지 한다면 대찬성이죠." 그녀는 보청기를 예로 들었다. 보청기는 외부의 압력 때문에 사람들이 억지로 사용하는 게 아니라 많은 이들이 그런 기능을 원했기 때문에 만들어졌다.

탈러는 연구계에서의 혁신, 특히 그 안에서 동물이 맡게 될 역할에 대해서 이야기하면서 반향정위 연구는 대개 박쥐를 다루고 있고 그녀 또한 박쥐 연구에서 영감을 얻는다고 말했다. 그녀는 박쥐를 비롯한 동물들을 직접적으로 연구하지는 않지만 각 종들 사이의 유사성에 주목한다. 박쥐는 수천 년의 진화 과정에서 반향정위 능력을 발전시켜왔는데, 과연 인간은 앞으로 어떤 모습을 보이게 될까? 앞으로 인간에게는 어떤 종류의 감각지각 능력이나 소통 능력이 생길까? 궁금증이 일어 물었더니 탈러는 아주 중요한 질문이라며 이렇게 대답했다. "우리 인간은 피부 같은 감각 표면이 있어서 압력과 온도를 느낄 수 있고, 또 소리를 듣거나 사물을 볼 수도 있어요. 새로운 감각이 생긴다면 환경에서 모든 정보를 받아들일 수는 없겠지만, 이전과는 다른 정보를 얻을 수 있을 거예요. 소리를 그저 듣기만 하는 대신 반향정위를 활용한다면 지금과는 다른 정보를 얻게 되겠죠. 그렇다면 이것을 새로운 감각이라고 볼 수 있을까요?"

인류의 진화를 장기적으로 바라보는 그녀의 관점이 특히 흥미로웠다. 그렇게 긴 관점으로 바라보면 언젠가는 민감한 신경다양인이 감각자극에 영향을 더 많이 받는다는 이유로 남들보다 더 좋은 평가를 받을 수도 있지 않을까? 그리고 민감한 사람들로 하여금 자신의 민감성을 샅샅이 탐색하고 온전히 활용하게 하면 어떤 신선한 작동 방식과 소통 방식을 떠올리게 될까? 그들의 민감성을 활용하면 마음을 평온하게 해주는 도시나 주거 환경을 만들 수 있지 않을까? 그리고 그런 삶의 방식이 폭력이나 적대적 소통 방식, 전쟁, 탐욕과 같은 사회 병폐를 해결하는 데 도움이 되지 않을까? 시각장애인이 시각이 아니라 반향정위에 의지해서 길을 찾듯이 소리에 그다지 의존하지 않는 다른 형태의 소통 방식을 만들어낼 수 있지 않을까? 반향정위가 시각을 대체하면 시각장애인은 일반인과는 다른 감각을 활용해서 일반인과 유사한 정보를 받아들일 수 있고, 예전보다 수월하게 살아갈 수 있다. 그렇다면 예를 들어 소음에 민감한 사람이 그와 비슷한 효과를 누릴 수 있는 방법은 무엇일까? 5장에 소개한 자폐인 음향학 교수 빌 데이비스는 열악한 음향시설이 사람들에게 어떤 악영향을 미치는지 더 깊이 이해하기 위해 디자이너, 도시계획 설계자, 건축가, 엔지니어를 한 자리에 모으고자 했으며, 소리풍경과 같은 개념(소리 환경에 대한 인간의 반응을 더 세심하고 복합적으로 이해하자고 제안하는 개념)에 관심을 갖는 것이 도움이 된다고 말한다. "소리풍경 프로젝트처럼 사용자, 거주자, 이해당사자가 초기 단계부터 설계에 참여하는 협동 디자인은 접근성이 뛰어난 환경을 만드는 데 유용하죠." 그리고 완공 후에 뭔가를 고치기보다 애초에 설계를 제대로 하는 것이 훨씬 경제적이라는 말도 덧붙였다.

또 데이비스는 자폐인의 청지각에 대한 연구에서 '결함'이 아니라 강점과 차이에 주목하는 연구를 더 많이 볼 수 있기를 바란다고 했다. 한 발 더 나아가 그는 다른 많은 사람들과 마찬가지로 자폐인이 연구 주제를 정하고, 연구를 수행하고, 다른 자폐인을 인터뷰하는 중요한 자리에 더 많이 등장하기를 바란다. "그저 자폐인의 일상적인 청각 경험을 상세히 듣기만 해도 연구자들이 많이 배울 수 있다고 봐요. 제 경험상 자폐인이든 일반인이든 대다수 사람은 적절한 환경에서 약간만 거들어줘도 청각 경험을 상세히 기술할 수 있어요." 데이비스는 참여 연구가 늘어나는 점이 고무적이라고 말했다. "참여 연구는 넓게 보자면 의학 연구에 환자가 참여하는 과정과 비슷해요. 자폐 연구로 이미 자리를 잡은 신경전형인 연구자들이 자폐인과 협력하는 진정한 의미의 참여 연구는 아직까지 적은 편이에요. 그에 비하면 젊은 연구자들은 조금 더 참여 연구에 열려 있는 편이고 박사과정을 밟는 학생 중에 흥미로운 연구를 진행하는 친구들은 점점 늘어나고 있죠."

하버드대학교의 신경과학자이자 공감각자인 조엘 살리나스는 인간의 차이를 포용해야 한다고 역설한다. 그는 우리 각자가 얼마나 다르고 고유한지에 대해서 과학이 밝혀낸 놀라운 사실을 인정하면 인류가 얼마나 많은 사랑을 나눌 수 있을지에 관해 깊이 파고들었다. 그는 내게 이 같은 사랑, 이해, 수용이 구체적인 변화로 이어져 세상의 운영 방식과 체계가 바뀌면 어떨지에 대해 언급하기도 했다. "서로의 유사성을 터놓고 이야기하듯, 우리는 차이도 허심탄회하게 얘기해야만 해요. 각 개인에게 유연하게 맞춰질 수 있는, 그래서 스트레스를 줄이는 환경을 만들어야 해요. 사람들에게 선택권을 주는 환경 말이에요." 예를 들어 공항에 흡연 구역이 지정돼 있는 것처럼 환경 자극에 매우 민감한 사람들을 위한 장소를 따로 마련할 수도 있을 것이다. 살리나스의 표현을 빌리자면 "각자의 마음이 평온한 상태에 도달할 수 있는 환경" 말이다. 또 소음 방지 헤드폰이나 모자 챙, 특수 의상도 생각해볼 수 있다. 살리나스는 왼

손잡이용 가위를 상기시키면서 이 가위가 오른손잡이에게 전혀 부담을 주지 않으면서도 왼손잡이의 요구사항을 충족시켜준다고 말했다. 협력을 즐기는 살리나스는 이 세상을 공유하는 우리 모두가 타인에게 지우는 부담을 최소화하려고 노력한다면 모두가 자신의 필요를 채울 수 있다는 점을 일깨워준다. "공존하기를 바란다면 조금이나마 협력해야 해요." 그는 서로의 차이를 연민과 공감으로 이해해야 한다고 했다.

4장에 소개한 작업치료사 테레사 메이벤슨도 여러 민감성 연구자들이 수십 년간 알고 있었지만 이제야 실천에 옮기려는 일에 대해 되풀이해서 말했다. "의료인과 심리학자, 법조계 인사 등 전문가들에게 감각처리의 중요성과 그것이 행동에 미치는 영향을 교육할 필요가 있어요." 한 예로, 넷플릭스 드라마 〈별나도 괜찮아Atypical〉의 '용의 은신처In the Dragon's Lair' 편에는 자폐 주인공이 감각 과부하 때문에 공황상태에 빠진 모습을 경찰관이 '저항' 행동으로 오인하는 장면이 자세히 소개된다. 드라마 안에서 이 경찰관은 앞으로 또다시 상황을 오해하지 않기 위해 자폐인에 대한 기초 정보를 습득한다. 지금도 굉장히 많은 정보와 교육 기회가 있지만 그것이 필요한 사람들, 특히 영향력 있는 사람들과 그 구성원들에게는 여전히 미치지 못하고 있다. 따라서 민감성에 대한 이야기를 새로운 시각에서 재구성하여, 민감성과 그에 따른 행동 양상을 새로운 이야기로 들려주는 작업은 혁신적일 뿐 아니라 매우 유용하다.

민감한 신경다양인이 잘 살아갈 수 있도록 부모, 교사, 배우자, 동료, 경찰관, 치료사, 의사, 그리고 우리 모두가 이런 정보를 습득하고 삶에 적용하는 것은 지혜로운 태도다. 타고난 본성을 거슬러 다른 사람이 되도록 신경다양인에게 강요하거나 '재훈련'하지 말고, 신경다양인과 신경전형인 모두가 서로에게 자리를 내줘야 한다. 다들 알다시피 가면 쓰기는 평생토록 우리 몸과 마음과 영혼의 건강을 심각하게 갉아먹으며 위협한다.

변화의 물결

변화의 물결은 미국이나 영국과 같은 일부 국가나 특정 진단에만 국한되지 않는다. 멕시코의 심리치료사인 마리아나 가르시아Mariana Garcia는 나와 일레인 아론이 함께 쓴 글을 읽고 내게 편지를 보내왔다. 내가 매우 민감한 신경다양인을 위한 첫 수련회를 계획하고 그 소식을 알렸을 때, 그녀가 가장 먼저 등록했다. 이후 가르시아가 멕시코에서 비슷한 행사를 열고 싶어 해서 그 일로 연락을 주고받으며 교류를 이어나갔다.

"저는 두 가지 사실을 알아차린 이후 신경다양성에 관심이 생겼어요. 먼저 스스로를 사회 부적응자라고 느끼고 사회적 불안으로 고통받는 수많은 사람이 곰곰이 생각하기를 좋아하고 감정을 강렬하게 경험하는 등 여러 특징을 공유한다는 사실을 깨달았어요. 그리고 신경다양성과 높은 민감성이라는 렌즈로 보면 친구, 가족, 환자에게서 들은 이야기를 이해할 수 있다는 사실도 알게 됐죠." 더불어 가르시아는 민감한 사람들이 학교에 적응하지 못하고 소외된다는 사실을 발견했다. "민감한 아이들은 흔히 학교생활에서 버거움과 두려움을 경험하는데, 이는 정서, 인지, 사회성 발달에 악영향을 미쳐 악순환의 고리가 돼요."

멕시코에서 가르시아는 높은 민감성에 초점을 맞춰 신경다양성이라는 개념을 도입할 계획이다. "그러면 아이들은 '일반적'이지 않다는 이유로 스스로 부적절하다는 생각이나 수치심을 품기보다는 자기 자신을 제대로 이해하게 될 거예요. 어른들은 아이들이 잠재력을 발휘하도록 돕는 환경을 만들어갈 수 있을 거고요." 가르시아는 사회 전반적으로 마음의 작동 방식이 사람마다 다를 수 있으며 민감한 신경다양인이 '자아를 실현'하는 환경을 우리가 만들어갈 수 있다는 점을 깨닫기를 바란다. 현재 가르시아는 심리치료 현장에서 수치심과 낙인을 지우는 작업에 가장 큰 관심을 기울이고 있다. 가르시아에 따르면 특히 멕시코에는 민감한 신경다양인의 내면세계를 잘 반영하는 언어가 필요하다. 신경다양성을 '결함'으로 보는 견해가 여전히 지배적이기 때문이다.

가르시아는 내가 인터뷰한 다른 사람들과 마찬가지로 멕시코의 현 의료 체계에 신경다양성의 틀을 적용하기는 어렵다는 것을 실감하고 있다. 그녀는 전통적인 의사와 치료사가 신경다양성에 대해 치료나 도움이 필요 없다고 성급하게 판단하지 말아야 한다고 말한다. 신경다양성을 옹호하는 사람도 삶의 질을 개선하는 데 특정 치료법이 도움이 된다는 열린 자세를 견지할 수 있기 때문이다.

여러 신경다양성 옹호자들과 마찬가지로 가르시아도 통합을 중시한다. 심리학 관련 분야에서는 인간의 본성과 행동에 대한 개념, 그리고 사회규범의 역할이 계속해서 수정되고 쇄신돼야 한다는 주장이 떠오르고 있다. "냉담하고 피상적이며 정서가 메마르고 소외가 팽배한 오늘날의 이 세상에서 신경다양인의 공감능력이나 강렬한 감정, 확신, 민감성, 세부사항을 알아차리는 능력, 깊이 있는 사고, 포용력은 굉장히 유익할 거예요." 다른 사람들과 마찬가지로 가르시아는 자신의 직업이나 이 직업에 영향을 받는 이들이 극단적이거나 광신적인 견해를 취하는 것을 바라지 않는다. 그녀는 민감한 신경다양인의 다양한 경험을 부인하지 않으면서, 새로운 사고방식의 물꼬를 트고 이를 밀고 나가고자 한다. 앞서 살펴봤듯, 신경다양인은 자신의 정체성에 자부심을 가지면서도 약물치료와 심리치료를 받아들일 수 있다.

민감한 신경다양인이 모든 분야에 더 활발히 진출해야 한다는 것은 분명하다. 정신건강 문제에 대한 낙인이나 정신적 차이에 대한 고정관념에 더하여 젠더 편향으로 인해 성공가도에서 제외되는 여성들의 활약이 특히나 더 필요하다. 또한 경계선 성격장애, 조현병, 강박증, 조울증이라고 불리는 다른 유형의 정신장애도 민감성이라는 주제 아래서 면밀히 살펴볼 필요가 있다. 한 예로, 앤드류 솔로몬Andrew Solomon은 2012년 출간한 책《부모와 다른 아이들》에서 부모가 자신들과 다른 자녀들의 면모를 어떻게 파악해나가는지 사례를 들어 설명한다. 어느 날 우연히 예일대학교에서 만든 영상 하나를 봤는데, 그 영상에 솔로몬과 그의 친구 엘린 삭스Elyn Saks에 대한 이야기가 나왔다. 예일대학교 동문인 두 사람은 자신의 정신건강 문제(솔로몬은 우울증, 삭스는 조현병)를 공개적으로 털어놨다. 옥스퍼드대학교를 졸업한 삭스는 20대에 조현병이 발병했고, 이후 정신건강 관련 법률과 인권, 정책을 중심으로 왕성하게 경력을 쌓았다. 또한 맥아더 펠로십을 수상했고 현재 교수로 재직 중인 서던캘리포니아대학교에 정신건강 법률·정책·윤리 연구소를 설립했다.

삭스는 정신장애 증상이 발현하면 당사자가 지정한 가족 구성원이나 친구가 의사결정 과정을 지원하도록 돕는 방안을 존스홉킨스대학교와 컬럼비아대학교를 비롯한 의료계 관계자들과 논의하고 있다. 삭스는 각 개인이 "자기 삶의 설계자"가 되기를 바라며, 정신과 치료는 찬성하지만 강제력 동원은 반대한다. 그녀와 대화를 나누는 동안 신경다양인 여성의 미래상이 보였다. 그건 바로 열려 있고, 솔직하고, 현재에 충실하고, 유능하고, 뛰어나고, 의지가 굳고, 자기 일에 집중하는 모습이었다.

삭스는 일례로 대학원생이 자신의 정신건강 문제를 드러내기가 얼마나 어려운지 이야기했다. "몇 년 전 저희가 처음 모임에서 만났을 때만 해도 자신의 정신건강 문제를 밝히겠다고 손을 든 사람이 한 사람뿐이어서 놀랐어요. 하지만 올해는 75퍼센트가 손을 들고 자기 문제를 털어놨고, 그중에는 가족 외에는 누구에게도 그런 얘기를 하지 않던 여성도 있었죠. 효과적인 치료법, 정신장애에 따르는 낙인, 치료를 거부하는 이유, 그리고 강제력을 동원할 필요 없이 당사자가 치료를 바라도록 만드는 방법에 대한 연구가 더 많이 이뤄져야 해요."

삭스는 신경다양성 개념과 '매드 프라이드Mad Pride(1993년 캐나다 토론토에서 시작된 정신장애인과 지지자들을 위한 대중운동이자 축제로 2019년에는 서울에서 열렸다-옮긴이)' 같은 운동을 알고 있으며, 이와 같은 접근법을 존중한다. 약물 복용과 심리치료가 자신에게 효과가 있기 때문에 그녀는 이러한 치료를 받으려는 타인의 선택을 지지하면서도, "모두가 각자 선택할 문제"라고 말한다. 삭스는 자신이 겪고 있는 조현병을 "생화학적

질환이자 삶을 잘 살아내려면 약물 복용과 심리치료가 필요한 질환"이라고 본다. 스스로의 관점을 '실용적인 접근'이라고 말하는 그녀는 다른 사람은 조현병을 다르게 본다고 해도 괜찮다고 말했다.

정신의학에 깃든 문제를 명확히 인식하고 다양한 관점을 알고 있는 그녀와 이야기를 나누다 보니 가슴이 뻥 뚫렸다. 예를 들어서 그녀는 이렇게 말했다. "정신과의사들이 우리에게 곧바로 기대 수준을 낮추라고 말하는 건 정말 몹쓸 짓이에요. 적절한 자원과 지원만 있으면 우리도 잠재력을 발휘할 수 있으니까요." 그녀는 조현병에 걸려도 성공적인 인생을 살아가는 사람이 많다며, 자신의 친구들 중에는 의사, 변호사, 학자도 있다고 말했다. 그녀에게는 직장이 자신을 받아들여주는 것이 특히 중요했는데, 서던캘리포니아대학교는 그녀를 잘 배려해줬다. 일례로 그녀가 강의를 힘겨워하자, 그녀 몫의 강의를 다른 사람에게 맡기고 그녀에게는 학생을 일대일로 지도하는 업무를 맡겼다. "일은 제가 유능하고 가치 있는 사람이라는 느낌을 주기 때문에 제게는 굉장히 큰 의미가 있어요."

삭스는 임상의, 환자, 가족, 친구를 대상으로 "조현병을 대체할 새로운 용어"를 찾는 설문조사를 실시하고 있다. 조현병이 너무나 큰 오해를 받고 있기 때문이다. 그녀의 연구는 언어와 틀이 중요하다는 사실을 되짚어준다. 우리 가정과 학교, 직장, 정부에서 이러한 신경학적 차이를 어떻게 이야기할 수 있을까? 삭스와 나는 이런 노력이 본질적으로 브랜딩이라는 데 동의하면서 웃음을 터트렸다.

나는 가족과 친구들에 대해 이야기하면서 삭스에게 어떤 사람을 가까이 둬야 하는지 물었다. 경험에 따르면 신경다양인을 위한 '지원군'은 그저 여기저기에 편한 친구가 있는 일반인의 사교 관계와는 다를 때가 많기 때문이다. "이제껏 제게 도움을 준 사람들의 목록을 써봤어요. 거기에는 정신과의사, 정신분석가, 심장전문의, 암전문의, 변호사, 가정부, 친구들, 그리고 남편이 포함됐죠. 이제는 세상이 점차 더 이해해주고, 언론에서도 조금 더 터놓고 이야기하는 분위기예요. 긍정적인 이야기가 늘고 있어요."

변화의 과제

학계에서도 변화가 일고 있다. 캔터키주 출신의 블레어 브레이든Blair Braden은 애리조나주립대학교 템페캠퍼스에서 박사 학위를 받고 같은 캠퍼스에서 자폐 및 두뇌노화 연구실을 이끌고 있다. 행동 신경과학을 전공한 그녀는 여성은 물론이고 18세 이상의 성인 자폐를 중점적으로 연구하는 사람이 너무 적어서, 성인 자폐인을 더 면밀히 연구해야겠다고 생각했다.

이에 동료들과 함께 미 국방성에 연구비 지원을 신청했는데, 이때는 연구 참가자 간의 유사성을 최대한 확보해야 했기 때문에 자폐 진단을 더 많이 받은 남성에 초점을 맞출 수밖에 없었다. 하지만 이에 만족하지 않고 애리조나 생물의학 연구위원회에서 연구비를 지원받아 여성을 대상으로 같은 연구를 진행했다. 연구 결과를 발표할 만큼 충분한 참가자를 모집하지는 못했지만, 연구는 계속해서 이어지고 있다. "정신질환자협회에서 다시 연구비를 지원받아 앞으로 4년간 남성과 여성 모두를 대상으로 연구를 지속할 수 있게 됐거든요."

브레이든은 나와 대화를 나눌 당시 40세에서 65세 사이의 여성 참가자를 모집하고 있었다. 이 연구에 참가한 사람들은 성별과 상관없이 대부분 성인기에 이르기까지 제대로 된 진단을 받지 못했다. "자폐는 성별에 따라 진단율 차이가 크게 나요." 대다수 참가자의 경우, 출생 시는 물론이고 초등학교를 졸업할 때까지도 자폐가 《DSM》의 진단 목록에 포함되지 않았었다.

브레이든은 연구자 입장에서 가면 쓰기로 인한 어려움을 지적했다. 예를 들어 한 여성이 심리치료사나 연구자에게 왔는데 직장에서나 커피숍에서 어떤 식으로 행동하는지에 대한 질문에 신경전형인의 뉘앙스와 행동, 자세 등 그녀가 이제껏 학습한 상호작용 방식으로 답한다고 해보자. 그러면 관찰자는 이 여성이 신경다양인이라는 사실을 알아차리기가 어렵다. 스스로 가면을 쓴다는 사실을 인식조차 하지 못하거나, 너무 오랜 세월 가면을 쓰고 살아서 사람들과 관계를 맺거나 대화를 나눈 후에는 진이 빠지고 불안해지는 게 정상이라고 생각하는 경우에는 특히나 더 그렇다. "여성들이 가면 쓰기에 더 뛰어나기 때문에, 현재의 검사 방식으로는 여자아이나 성인 여성을 제대로 진단하지 못한다는 연구 결과가 드디어 조금씩 나오고 있어요." 브레이든은 표준 진단 기준이 가면 쓰기를 고려하지 못해서 여성들이 눈에 띄지 않는다며 이렇게 말했다. "우리는 여전히 인간의 인식과 기질을 제대로 파악하지 못하고 있어요. 현재《DSM》에 제시된 진단 방식이 가장 정확한 것이라고 보기는 어렵죠."

브레이든의 목표는 자폐인이 나이를 먹어감에 따라 겪는 문제를 파악하고 노화 과정에 있는 자폐인을 돕는 것이다. 그녀와 동료들은 자폐인의 불안, 우울, 실행 기능의 문제를 돕는 방법을 고안 중이며, 앞으로의 연구로 치료의 기준을 세워낼 수 있기를 바란다. "우리는 특히 고기능 자폐 성인이라고 불리는 사람들에게 관심이 있어요. 이들은 일정 수준의 독립성을 획득하고 일하면서 스스로를 부양하고 독립적으로 살아가요. 하지만 이들이 노화에 조금 더 일찍 영향을 받는다면, 그런 변화의 시기에 저희가 개입해서 이들이 계속해서 독립적으로 살아가도록 도와주고 싶어요."

앞서 살펴봤듯 신경다양성 관련 연구는 유럽에서 훨씬 더 활발하게 이뤄졌지만, 유럽에서조차 여성에 초점을 맞춘 연구는 드물다. 국제 자폐연구 공동체가 가장 먼저 나서서 해야 할 일은 진단 도구를 재검토하는 것이라며, 브레이든은 남자아이와 성인 남성이 자폐를 훨씬 더 많이 진단받는 현실을 언급했다. 자폐 여자아이와 성인 여성을 놓치고 있을 확률이 높기 때문에 검사 방식이 바뀌어야 한다는 것이다.

"제 생각에 우리는 아이들에게는 제법 자유를 허용해요. 아이들은 남들과 달라도 괜찮죠. 하지만 성인이 되고 나면 괜찮지 않게 돼요. 저는 남들과 달라도 괜찮고, 그런 차이를 기쁘게 받아들여야 한다고 열성적으로 이야기하고 다녀요. 연구를 하면서 이들이 자신이 자폐인이라는 사실을 뒤늦게 깨닫고서 크게 안도한다는 사실을 알게 됐어요. 자신을 있는 그대로 수용하는 것은 아주 중요해요."

이야기를 정리하면서 브레이든이 말했다. "이 연구를 진행하면서 제 인생은 완전히 달라졌어요. 자폐 성인을 연구하면서 저는 우리 모두가 얼마나 다른지 깨달았죠. 사람의 기질은 옳고 그름의 문제가 아니에요. 우리는 모두 그저 최선을 다해 살아가는 사람들일 뿐이죠. 저는 저와 전혀 다른 사람들을 알게되면서 예전보다 훨씬 열린 사람이 됐어요."

책을 맺으며

집필을 위해 인터뷰를 진행하는 동안 나는 공감각, 자폐, 높은 민감성, 감각처리장애, 그리고 ADHD 사이에 유사성이 그리도 많다면 이들을 굳이 분류하거나 진단할 필요가 있느냐는 질문을 많이 받았다. 알다시피, 범주화와 진단은 《DSM》과 보험회사, 그리고 개인을 지원하고 치료하고 상담하는 데 그러한 진단명이 필요한 의사나 심리치료사의 문제다. 언젠가 이 진단명 모두가 《DSM》에 등재되는 날이 올 수도 있고 아니면 아무것도 등재되지 않는 날이 올 수도 있다. 앞서 조엘 살리나스가 일깨워줬듯, 연구센터 밖에서 대중이 활용할 수 있는 공감각 검사는 고작 자기보고검사뿐이다. 다른 한편으로는 의사에게 '정확한' 진단과 확인을 받는 것이 중요하다고 느끼는 사람들도 있었다. 아마도 그런 판단은 직업이 무엇인지, 관련 정보에 쉽게 접근할 수 있는지, 무엇이 필요하다고 생각하는지, 전문가와 '전문성'에 대해 어떤 견해를 갖고 있는지에 영향을 받을 것이다. 전문가에게 진단을 받으려고 애썼지만 의사가 관련 지식이 없거나 잘못된 정보를 알고 있거나 최신 연구를 알지 못해서 오히려 환자 자신이 진료실 안의 '전문가'였다는 여성들의 이야기도 자주 들을 수 있다.

그렇다면 자신에게 ADHD나 자폐가 '있는지' 궁금해하는 것에는 어떤 의미가 있을까? 이 진단명의 의미는 오늘과 5년 후가 다르고, 20년 후에는 또 다를 것이다. 왜냐하면 이는 고정된 개념이 아니라 시간이 흐름에 따라 바뀌고 변하는 유동적인 개념이기 때문이다. 그렇다면 결정의 주체는 누가 돼야 할까? 많은 사람들, 특히 여성들은 더 이상 타인이 결정한 범주에 따라 살기를 거부한다. 하지만 적절한 치료와 지원, 배려를 받기 위해 이런 범주가 필요하다고 느끼는 사람도 있다. 이처럼 다양한 사람들의 필요를 아울러 하나의 명칭이나 진단, 범주 아래 묶어둘 수 있을까?

이는 까다롭지만 꼭 따져봐야 할 질문이며, 나는 그에 대한 해답을 우리 민감한 신경다양인 여성이 공유하는 유사성을 긍정하는 과정에서 찾을 수 있다고 생각한다. 이러한 유사성을 바탕으로 모인다면 우리가 속하는 공동체 혹은 집단은 그만큼 더 커진다. 나와 협력하는 이들 중에는 말을 못하는 이나 휠체어에 매인 이, 약물 복용에 의지하는 이, 정신병원을 들락날락하는 이도 있다. 나는 그들 곁에 서서 함께 행진하며 내가 인생에서 누리는 특권으로 그들을 도울 수 있기를 바란다. 동시에 나는 우리가 눈부신 빛과 시끄러운 소음을 싫어하며 편두통에 넌더리를 낸다는 점에서 동류라고 단언할 수 있다.

내 진단명과 내가 속한 범주는 내가 그것들을 진정으로 포용하고 가족과 친구, 동료에게 알리고 난 뒤로는 더 이상 쓸모가 없어졌다. 그것들에 대해 배우고 그에 맞춰 삶을 조율한 이후로 나는 인생의 꽃을 피우고 있다. 물론 여전히 정서적으로 무너질 때도 있지만 말이다.

사람이 저마다 그리도 다르다면 이제껏 우리가 구분 지어온 범주가 사라질 가능성도 있지 않겠냐는 의견도 있다. 이와 같은 주장은 범주의 중요성과 유용성을 부정한다기보다는, 범주를 그토록 우선시할 필요가 있는지, 불변하는 것으로 간주해야 하는지, 그리고 지금 사람들 간의 사적인 대화나 그보다 광범위한 문화적 맥락에서 그 범주를 대하는 방식에 문제가 없는지 의문을 제기한다. 우리는 차이를 인식하고 인정해야 한다. 하지만 그쯤에서 멈추고 '고기능'이든 '저기능'이든 모두에게 순수한 친절과 도움을 베푸는 것이 중요하다. 이제 우리는 가면 쓰기와 패싱이 무엇인지 충분히 잘 알고 있고, 직장과 월급과 가정이 있는 사람도 자살의 문턱에 서 있을 수 있음을 안다. 말 못하는 아이가 학교에서 소통을 하려면 도움이 필요하듯 겉보기에는 제 역할을 잘 해내는 사람에게도 도움이 필요하다. 내면을 파고들면 우리 모두는 생각보다 훨씬 더 비슷하지만, 그에 대해 이야기하지 않기 때문에 아무도 알지 못한다.

내가 성장하고 수용하고 치유받는 과정에서 크게 도움을 받은 네 가지 요소는 다음과 같다. (1) 적성에 맞는 직업을 찾은 것 (2) 내게 무엇이 필요한지 이해한 것 (3) 내게 필요한 것이 무엇인지 친구, 가족, 동료와 소통하고 존중받은 것 (4) 내 몸을 더 잘 이해하게 된 것. 집필을 위한 자료 조사의 막바지에 이르러 뇌와 몸의 작동원리를 다룬 보고서나 연구서를 읽을 때, 나는 마치 수피교의 시나 위대한 철학가, 예술가, 이 시대의 지성인의 책을 읽을 때처럼 마음이 고요하고 차분해졌다. 그 두 종류의 글을 읽으며 인간의 구조와 경험의 윤곽을 더듬을 때면 마음속에서 안도감이 가득 차올랐다.

어느 저녁 '내수용성 감각 집중치료'를 상세히 설명한 기사를 처음 접했을 때, 그 기사에 곧바로 공감할 수 있었다. 한 여성 신경과학자가 자폐 연구 참가자들이 경험하는 불안을 이해하고 이를 경감시키기 위해 수행한 선행연구 결과를 보고 이 연구에 관심을 가져야겠다고 생각했다. 그 여성 신경과학자는 어느 보고서에 숨겨져 있던 단락을 하나 발견했는데, 거기에는 자폐인이 자신의 심장박동을 잘 감지하지 못하며 이것이 그들을 불안하게 만드는 요소일 수도 있다는 내용이 있었다. 또 그 보고서는 자폐인이 통제집단에 비해서 타인의 고통에 더 본능적으로 반응한다고 암시했다. 사라 가핑켈의 연구 여정과 그녀가 알아차린 단서를 설명한 단 몇 문장만으로도 나는 그녀에게 이끌렸다. 그녀가 중요한 발견을 해내리라는 느낌이 들었기 때문이다.

다음 날 아침 나는 팔벌려뛰기를 했다. 그러자 손가락으로

맥을 짚지 않아도 내 심장박동을 느끼고 셀 수 있었고, 내 몸속 세포와 기관과 근육과 뇌간의 이미지가 생생히 떠올랐다. 나는 내 몸속을 더 정확하고 세세하게 떠올릴 수 있기를 갈망했었는데, 그때 누군가가 나를 알아봐준 듯한 깊은 감동을 느꼈다. 가펑클의 연구 결과가 옳았다.

그러므로 자신의 몸에 대해 알아야 한다. 몸의 작동 방식을 다룬 다큐멘터리를 찾아보면, 그 정보를 바탕으로 예전에는 느끼지 못하던 감각을 느낄 수 있을지도 모른다. 또는 작업치료, 청지각 훈련 프로그램, 스누젤렌 디자인 등 이 책에서 다룬 접근법에 대해 더 많이 알아보고 시도해봐도 좋을 것이다. 이제껏 우리는 우리의 감각적 측면에 적절히 대응하는 법을 배우지 못했다.

내게 있어 또 하나의 중요 치유제는 바로 일이었다. 오랫동안 나는 머릿속에 출구 없는 생각과 민감한 사고를 담아놓은 채로 옴짝달싹 못 하는 심정이었다. 내 내면세계에 적합한 일을 찾으려 애쓰는 과정에서 나는 수치심에 사로잡혔다. 하지만 결단을 내리고 내면세계를 있는 그대로 드러내기 시작한 후, 마침내 외부세계에 발을 딛고 설 수 있다는 느낌을 받았다. 잠들었던 뇌가 '깨어났고', 사람들과 그들의 관심사, 이야기와 내면의 삶을 인식하고 기억하던 과거의 능력이 되살아나면서 그제야 제대로 일할 수 있게 됐다. 신경다양성 프로젝트를 만들어 관심 있는 사람들, 연설가들, 아이디어, 심도 있는 대화를 연결했고, 사람들의 내면과 병원, 대학, 학교, 언론, 기술 기업, 심리치료실 등 그들이 일하는 조직과 기관에서 체계적인 변화가 일어났다.

자신에게 필요한 것을 주변에 알리기란 쉽지 않으며, 특히 스스로에게 무엇이 필요한지를 모르는 상황에서는 더더욱 그렇다. 이는 단계별로 차근차근 해결해야 할 도전적인 과제이다. 만약 대화 내용이 버거워서 친구나 배우자에게 잠시 시간을 내달라고 부탁하거나 특정 시간에 장보기가 힘든 이유를 가족에게 설명하기가 어렵다면, 우선 자신이 잘할 수 있다고 생각하는 이야기부터 꺼내보면 어떨까. 어쩌면 친구는 이미 당신의 민감성을 어느 정도 눈치 채고 있어서 대화 주제를 바꾸자고 요청해도 그다지 놀라지 않을지도 모른다. 배우자도 당신이 밤늦은 시간보다 오전에 장보기를 더 효율적으로 한다는 사실을 알고 있을지 모른다. 그리고 그런 감정을 표현하고 목소리를 내고 경계를 설정하면서 분노가 생긴대도 걱정할 필요 없다. 이제야 막 근육을 풀기 시작했으니 근육이 단단해지기까지는 시간이 걸린다. 우리와 가까운 사람들은 우리가 성숙해지는 동안 사랑으로 지지하기 위해 자신의 감정을 짊어질 수 있을 것이다.

이 책을 위한 자료 조사가 끝나갈 무렵, 나는 나를 충분히 이해했다는 느낌을 받았다. 그리고 안도했다. 그처럼 많은 정보를 배우고 소화하고 처리하고 마침내 적용하고 통합하는 시간은 내게 치유의 과정이었다. 자료 조사와 집필 과정에서 배운 가장 중요한 교훈은 아마 수용의 가치일 것이다. 타인과 사회의 배려와 이해, 너그러운 태도는 다름 아닌 수용으로부터 시작되며, 이런 환경에서 신경다양인은 자기 나름의 방식으로 발달하고 성장하며 한때 불편하게 느껴졌던 신경전형적인 환경에서 자기 강점을 발휘할 방법을 발견하게 된다. 수용은 사회적으로 무시당한다고 느꼈던 사람들로 하여금 위험을 무릅쓰고 소속감을 확장하며 일을 시작하고 관계를 맺고 삶을 누리게 하는 핵심 요소이다.

아직 남은 이야기

우리 사회의 의료 방식, 그리고 민감성과 상호 간의 차이를 언급하는 방식은 근본적으로 바뀌어야 한다. 의과대학, 경찰협회, 《DSM》의 저자, 교수와 학계 연구자, 학교와 부모, 인사부서, 기업 내 혁신부서를 포함한 모두가 이 광범위한 대화에 참여해야 한다. 이는 단지 자폐나 ADHD, 여성과 남성에 대한 이야기가 아니다. 차이를 바라보는 관점, 그리고 차이에 대처하고 그에 대해 소통하는 근본적인 방식에 대한 이야기다. 예를 들어, 캐나다에는 우울과 불안을 '치료'할 목적으로 환자를 미술관에 보내는 병원이 있다. 또 일반인이 자폐 아동의 감각세계를 경험해볼 수 있도록 돕는 가상현실 프로그램도 있고, 노숙자를 처음 대하는 인력이 경찰대원이 아닌 심리치료사인 곳도 있다.7

연구계와 의료계 내부에서는 여러 여성이 젠더 편향과 의료 개선 방안에 대해 공개적으로 발언하며 글을 썼고, 우리가 앞서 살펴본 마야 뒤젠베리의 《해악》과 앤절라 사이니의 《열등한 성》도 그에 포함된다. 응급의학과 의사인 섀넌 맥나마라Shannon Macnamara는 응급의학에 종사하는 여성들을 위한 미디어 플랫폼인 〈페민엠FemInEm〉에 젠더 편향과 소수 성향, 감정노동에 대한 글을 쓰고 연사로 나섰다. 또한 의사인 라나 오디쉬Rana Awdish는 2017년에 출간한 의학 자서전 《충격 속에서In Shock》에서 그동안 잊고 지냈던 교감과 공감의 중요성을 말한다. 2장에서 소개한 리사 랜킨은 앞으로 의료계 안에 번아웃을 예방하고, 과학 및 고대의 지혜를 존중하고, 과학과 의학이 마땅히 살펴봐야 했지만 미처 시간과 재정을 투입하지 못한 분야에 제대로 관심을 기울이는 환경을 만들어가자면서 집필과 강연 활동을 활발하게 펼치고 있다. 또한 정신의학자 알렉산드라 색스Alexandra Sacks는 처음으로 엄마가 된 여성들이 경험하는 감정의 롤러코스터를 질병으로 규정하는 관점을 뒤바꾸려 한다.

의료계는 정비가 필요하다. 외로움에 시달리는 사람이 늘어 남에 따라 건강 상태가 나빠져 의사를 찾는 사람도 많아지고 있기 때문에, 의사들은 자신을 찾아온 사람들이 사회생활을 어 떻게 해나가고 있는지 파악해야 할 필요가 증가하고 있다. 하 지만 의사들 역시 점점 힘에 부치는 상황이기에 주변의 지원 과 도움을 받아야 하는 실정이다. 이런 악순환이 이어지고 있 다. 사람들이 자기 내면의 삶을 타인에게 털어놓고 이야기 나 누며 연대감을 느끼기 전까지는 변화를 기대하기가 어렵다. 사 람들은 자신의 나약한 면모가 드러날까 두려워하며 혼잣말로 이렇게 되뇐다. '내 아픈 구석을 남들에게 보이고 싶지 않아.' 그러고는 자기 모습을 숨기고 동떨어지고 고립된 인생을 살아 간다. 이러한 고립은 신체적·정신적 증상으로 발현된다.

교류를 늘려야 한다거나 외로움이 문제라고 지적하는 것만 으로는 부족하다. 사람들과 관계를 맺는 방법, 즉 사람들과 소 통하면서 자신의 모습을 온전히 드러내는 법을 배워야 한다. 우리가 겪는 어려움, 특히 정신건강 문제를 터놓고 나누는 것 이 다른 사람과 관계를 맺는 지름길이다. 어떻게 반응하고 무 슨 말을 꺼내야 할지 도무지 감이 잡히지 않을 때도 있겠지만, 내 쪽에서 먼저 문을 열어야 다른 사람이 문을 열도록 도울 수 있다. 시간이 다소 걸릴지도 모르지만, 머잖아 주위 가족이나 친구, 동료들이 조금 더 편안하게 자신의 본모습을 드러낼 것이고 그러면 스트레스가 줄고 우리 모두 더 건강하고 친밀한 삶을 누릴 수 있다.

앞으로 해야 할 일이 너무도 많다. 지금까지 우리는 자신의 고유한 분야에서 놀라운 성과를 이룬 여성과 남성의 삶을 살펴봤다. 그 중심에는 '가면을 벗고' 진짜 자기로 살아가는 당당하고 꿋꿋한 자세가 있다. 그러려면 그에 따르는 난관을 돌파하려는 용기와 결단이 필요하다. 그 과정을 잘 넘긴다면, 자신의 삶을 스스로 이끌어갈 수 있다. 내 경험상 수많은 사람이 그런 삶을 꿈꾸지만 현실에서는 덫에 걸린 듯 어쩔 줄을 모른다. 그들에게는 더 나은 삶을 꿈꾸기 위한 언어가 없다. 이 책이 당신에게 그 언어를 알려줬기를 바란다. 이제는 '있는 그대로의 자신을 드러낼' 때이며, 그렇게 할 때 신경다양인이라는 소수 집단의 숨겨진 임시 주거지는 편안한 곳으로, 우리가 그토록 바라던 곳으로, 경이로이 받아들이는 곳으로, 온 세상을 감싸는 세계로 거듭날 것이다.

감사의 글

먼저, 출판사 하퍼원HarperOne의 편집자 힐러리 스완슨 씨께 고맙다는 인사를 전한다. 차 한잔할 시간을 내주고, 이 책의 출 간 요청에 응해주셔서 감사하다. 열정적인 도움에 가슴이 뭉클 했고, 같이 일할 수 있어서 정말이지 감사했다.

신경다양성 프로젝트를 통해 만난 수많은 작가들, 피코 아 이어Pico Iyer, 빌 헤이스Bill Hayes, 가보 마테Gabor Mate, 리사 랜 킨, 조엘 살리나스, 마야 뒤젠베리, 스티브 실버만에게 무한한 감사를 전한다. 이분들은 무척 새롭고 색다른 시도에 응해주셨 다. 함께 시간을 보내는 동안 내 삶이 풍성해졌듯 그들의 삶도 풍성해졌길 바라며, 이 책을 응원해주셔서 감사하다.

또한 캘리포니아대학교 버클리캠퍼스의 대의과학센터 Greater Good Science Center와 협업하면서 운 좋게 인터뷰를 나눈 크리스타 티펫, 로시 조안 헬리팍스Roshi Joan Halifax, 코트니 마 틴Courtney Martin, 세바스챤 융거Sebastian Junger 등 여러 작가들께도 감사 인사를 전한다.

내 멘토인 수잔 케인, 일레인 아론, 닉 워커, 에인절 쿄도 월리엄스에게도 감사 인사를 전한다. 네 분은 내 경력과 성장의 큰 디딤돌이었다.

집필을 막 끝내갈 무렵에 처음으로 개최한 리프레임 컨퍼런스Reframe Conference에 참여해준 여러 크리에이터들에게도 고맙다는 말을 전한다! 카말 싱클레어, 숀 테일러Shwan Talyor, 니디 베리Nihdi Berry, 리즈 포슬린Liz Fosslien, 캐스퍼 테 퀼Casper Ter Kuile, 티나 삭스Tina Saks 등 여러 사람과 갖가지 아이디어를 놓고 협업하는 과정은 아주 즐거웠다.

그리고 각 행사를 즐겁고 뜻 깊게 유대감과 소속감이 넘치는 분위기로 치르게 해준 여러 자원 봉사자들에게 감사 인사를 전한다.

첫날부터 친절하게 도움을 주신 출판사 하퍼원 직원 분들께도 감사 인사를 전한다. 여러분의 배려에 감사드리며, 요즘 여느 출판사와 달리 얼굴을 직접 맞대는 시간을 내주셔서 정말 감사하다!

그간의 여정 속에서 나에게 기회를 준 쓰라이브 이스트 베이Thrive East Bay, 〈온 빙〉, 아스펜 인스티튜트Aspen Institute, 더센터 SFThe Center SF, 더 패밀리 스피릿 센터The Family Spirit Center, 〈OZY 미디어OZY Media〉, 101 서프 스포츠101 Surf Sports, 하트

소스Heart Source, 타히리 저스티스 센터Tahirih Justice Center에도 감사 인사를 전한다.

내가 목소리를 내도록 지지해준 고등학교, 대학교 은사님들께도 감사하다는 말씀을 전한다.

인터뷰에 응해준 여러 훌륭한 여성분들께도, 내게 자신의 경험담을 들려주고 마음을 열어줘서 감사하다는 인사를 전한다. 나는 당신이 하루하루 얼마나 열심히 삶을 살아내고 있는지 안다. 당신의 모습이 눈에 선하고 당신의 마음이 느껴진다. 세상에서 재능을 펼칠 당신의 앞날을 기대하며, 그 길을 환히 비추는 불빛을 보낸다.

어릴 적부터 친구로 지내오며 나와 함께 이 춤을 우아하게 춰온 케이트, 쉬린, 리디아, 베키에게도 고맙다는 말을 전한다.

미국과 해외에서 사랑으로 배려해준 이모, 삼촌, 사촌, 동료, 일가친척에게도 감사하다.

민감성을 지켜내며 힘차게 살아가는 방법을 몸소 보여주신 부모님께도 감사드린다.

든든한 방어막이 돼준 언니들에게도 감사 인사를 전한다.

이제껏 인내와 배려로 내 곁을 지켜주고 늘 유쾌한 분위기를 만들어준 남편에게도 고맙다.

마지막으로, 딸에게도 고맙다는 말을 전한다. 딸이 살아가는 세상에서는 자기표현과 수용, 넘치는 민감성이 표준이기를

바란다. 얘야, 네 예민함과 유머는 그 무엇과도 비교할 수 없는
재능이란다. 사랑해. 엄마가 그동안 살아온 이야기를 느릿느릿
엮어가는 동안 잘 기다려줘서 고마워.

— 미디어 자료 —

신경다양인과 정신건강에 대한 사회적 인식을 변화시키는 과정에서 대중매체, 그 중에서도 영화가 지닌 영향력은 매우 크다. 여기 소개하는 추천 영화를 보고 자신의 인생에 어떤 일이 일어날 수 있는지 상상의 나래를 펼쳐보길 바란다. 변화는 고정관념을 타파하고 주위 사람들과의 대화를 뒤흔들면서 시작되기에 독자들의 역할이 굉장히 기대된다. 내게도 이야기를 들려주길 바란다. 자신의 이야기를 나누고 싶다면, 페이스북 @neurodiversityproject에 코멘트를 남기거나 내 트위터 계정 @bopsource를 태그하거나, divergentlit.com에 쪽지를 남기면 된다.

〈캡틴 판타스틱(Captain Fantastic)〉

이 영화는 할리우드에서는 보기 드물게 정신건강의 일상적인 측면을 다루며, 굉장히 독특한 한 가족이 현대인의 삶에 대한 철학적 확신과 현실 사이에서 균형을 잡기 위해 고군분투하는 모습을 그린다. 상실과 슬픔이라는 주제와 더불어 교외에서 누리는 자유와 자연의 매력을 아름답게 그려낸다.

〈디 아워스(The Hours)〉

오래전부터 내가 가장 좋아하는 영화로, 처음 봤을 때부터 뭔가 깨달음을 줬지만 당시에는 그것이 무엇인지 정확히 알지 못했다. 하지만 지금은 이 영화가 여성과 가면 쓰기라는 주제를 역사적인 관점과 동시대적 관점에서 섬세하게 그려냈고, 거기에 많은 이들이 공감하리라는 것을 안다. 또 여러 등장인물의 이야기를 뒤섞어 보여주는 방식은 일종의 공감각을 불러일으킨다.

〈별나도 괜찮아(Atypical)〉

넷플릭스 드라마 〈별나도 괜찮아〉는 감각 과부하 경험을 훌륭히 묘사하며, 신경전 형인 친구와 가족이 신경다양인과 공존하고 협력하면서 공동체 의식을 형성하는 모습을 그려낸다.

〈더 라스트 블랙 맨 인 샌프란시스코(The Last Black Man in San Francisco)〉

내 고향 샌프란시스코를 담은 이 영화에서 나의 예술학교 동문인 조 탈보트(Joe Talbot) 감독은 샌프란시스코의 문화와 거리의 느낌을 잘 포착해낸다. 이 영화에 서는 젊은 극작가 몬트를 그려낸 방식이 특히 마음에 들었다. 몬트 역을 맡은 조나 단 메이저스(Jonathan Majors)는 몬트의 신경다양성과 민감성, 공감능력, 예술적 감수성, 다정다감한 성품을 깊이 있게 표현해낸다.

〈겨울왕국 2(Frozen 2)〉

이 숨 막히게 아름다운 애니메이션 영화는 자기가 속한 사회의 일반적인 삶의 양식을 버리는 동시에 자신의 공동체를 찾아가야 할 필요성을 보여준다. 내가 신경 다양성 프로젝트를 시작하도록 동기부여를 해주기도 했다. 이 영화는 주인공이 어딘가에서 들려오는 목소리를 따라서 얼음으로 뒤덮인 세상을 탐험하는 과정을 밝은 자주색과 짙은 푸른색으로 묘사하며, 대지와 사람 사이의 공감각을 불러일으킨다. 또한 '환청' 경험을 일상으로 끌어들여 매우 현실적이면서도 영적으로 그려낸다는 점에서 할리우드 작품으로서는 대담하고 아름다운 진보라고 하겠다. 나는 이 영화가 다음 세대에 커다란 영향을 미치리라 믿는다.

〈루 살로메(Lou Andreas-Salomé)〉

여성의 강력한 호기심과 결단력, 맹렬한 지성과 더불어 사회적 틀이 한 사람의 인간성과 정체성, 능력을 바라보는 시선을 어떻게 형성하는지 흥미롭게 그려낸다. 서구 심리학 및 철학적 사상을 페미니즘의 관점에서 훌륭히 보여준 작품이다.

〈러닝 위드 시저스(Running with Scissors)〉

관람한 지 한참 지나기는 했지만, 신경다양성을 지닌 가족들 사이에서 성장하는 아이들의 고난을 훌륭히 포착해낸 영화다. 다정함과 겸손이 결여된 신경다양인은 고약한 모습을 드러낼 수 있다. 이런 이들은 자신이 '권위자'라는 자아도취에 빠져 아이와 가족에게 고통을 안긴다.

〈더 글래스 캐슬(The Glass Castle)〉

이 영화도 신경다양성을 지닌 가족 사이에서의 성장기를 그리며, 알코올중독과 트라우마가 가족에게 미치는 영향과 오랜 후유증을 묘사한다. 주인공은 글을 쓰면서 자기 삶을 찾고 신경전형적인 주류 세계에서 자리를 잡지만 결국 아버지를 용서하면서 두 세계를 통합하고 조화를 이룬다. 가슴이 따뜻해지는 영화다.

〈인피니틀리 폴라 베어(Infinitely Polar Bear)〉

이 영화는 인종이 다른 부부의 관계, 사회계층, 혼혈인의 정체성과 정신건강이라는 주제를 엮어내며, 조울증 아버지와 함께 살아가는 한 가족을 현실적이면서도 애정 어린 시선으로 보여준다. 〈캡틴 판타스틱〉과 마찬가지로 전 세계의 모든 신경다양인 가족에게 영향을 미치는 재정 문제에서부터 아침 식사, 학교 일과 등의 평범한 일상을 다룬다.

— 기사와 인터뷰 —

추가로 자료를 더 읽고 싶은 독자를 위해 정신건강과 신경다양성, 언론과 문화 변화에 관해서 쓴 기사와 인터뷰를 추렸다.

기사

- '신경다양성은 무엇이며 기업은 왜 신경다양성을 포용해야 하는가(What Neurodiversity Is and Why Companies Should Embrace It)', 〈패스트 컴퍼니〉, https://www.fastcompany.com/40421510/what-is-neurodiversity-and-why-companies-should-embrace-it

  직장에서의 신경다양성을 파헤치며, 여성과 실리콘밸리에 초점을 맞춘 인터뷰

내용과 권고사항을 담고 있다.

- '관습에 순응하지 않고 신경다양성을 긍정하는 호랑이의 여정(The Tiger's Journey of Nonconformity and Neurodivergence)', 웹사이트 〈콰이어트 레볼루션〉, https://www.quietrev.com/tigers-journey-nonconformity-neurodivergence
  처음에는 내 경험을 가족 및 친구들과 나누고자 페이스북에 올린 개인적인 글이었는데 나중에 에세이로 게시됐고, 여기서부터 이 책이 시작됐다. 내게 특별한 의미가 있는 이 글에는 내 삶의 이야기가 담겨 있다.

- '왜 의료계는 신경다양성에 주목해야 하는가(Why Neurodiversity Matters in Healthcare)', 〈아스펜 인스티튜트〉, https://www.aspeninstitute.org/blog-posts/neurodiversity-matters-health-care
  이 기사는 내 글과 작업, 개인적 경험에 대한 깊이 있는 질문과 답변을 담고 있으며, 신경다양성 프로젝트를 기획하는 계기가 되었다.

- '경외심의 과학, 그리고 직장에서 경외심을 주목해야 할 이유(The Science of Awe and Why It Matters at Work)', 웹사이트 〈콰이어트 레볼루션〉, https://www.quietrev.com/the-science-of-awe-and-why-it-matters-at-work
  이 글에서 나는 캘리포니아대학교 버클리캠퍼스에서 경외감을 연구하는 동료의 연구 일부분을 소개하고 더불어 경외감을 디자인과 일상에 어떻게 녹여낼 수 있는지 다뤘다. 경외감과 경이로움, 몰입감에는 확실히 감각적인 측면이 있으며 건물과 일터를 디자인하는 방식은 우리의 정신건강에 커다란 영향을 미친다.

- '디자인으로 이해하는 두뇌 이야기(How Design Is Helping Us Understand the Brain)', 〈패스트 컴퍼니〉, https://www.fastcompany.com/3061887/how-design-is-helping-us-understand-the-brain
  인터랙티브 디자인 전시회를 통해 참가자들이 뇌과학을 더 깊이 이해하도록 도와준 〈테드(TED)〉의 거주자 프로젝트를 집중 조명한다.

인터뷰

- '뉴욕시에서 고요를 찾는 법: 빌 헤이스 인터뷰(Finding Stillness in New York City: An Interview with Bill Hayes)', 〈개리슨 인스티튜트(Garrison Institute)〉, https://www.garrisoninstitute.org/blog/finding-stillness-new-york-city
  헤이스는 수상 경력이 있는 작가이자 사진가이며, 신경학자로 유명한 올리버 색스(Oliver Sacks)의 연인이기도 했다. 이 인터뷰에서 우리는 민감성과 숙고, 색스의 인생, 공동체와 의미 있는 장소를 찾고 여러 신경다양성 사이에 연관성을 구축하는 법을 주제로 이야기를 나눴다.

- '지금 타오르는 불길(The Fire of Now)', 〈개리슨 인스티튜트〉, https://www.garrisoninstitute.org/blog/the-fire-of-now
  다넬 무어(Darnell Moore)는 작가이자 행동가, 넷플릭스의 포용성 부서장이다. 이 인터뷰에서는 젊은 흑인 남성으로서 그가 게이로 커밍아웃을 한 이야기와, 자신의 다양한 정체성과 자신이 속한 영적 공동체를 어떻게 양립시켰는지를 다룬다. 해방, 사색, 그리고 사회 변혁 같은 주제를 모두 다뤘다.

- '나는 내 나이가 참 좋다: 메리 파이퍼 인터뷰(Women Rowing North:An Interview with Mary Pipher)', 〈개리슨 인스티튜트〉, https://www.garrisoninstitute.org/blog/women-rowing-north-an-interview-with-mary-pipher
  파이퍼는 심리치료사이자 널리 인정받는 베스트셀러 작가로, 광범위한 문화적 변화가 내담자들에게 미치는 영향을 추적한다. 이 인터뷰에서 파이퍼는 여성의 노년과 노화, 그리고 나이 듦의 의미를 재구성하는 것에 대해 이야기한다.

- '의식적 디자인, 그리고 여성이 인류의 반을 차지한다는 것을 기억하기(Mindful Design and Remembering that Women Are Half of Humanity)', 〈개리슨 인스티튜트〉, https://www.garrisoninstitute.org/blog/mindful-design-remembering-that-women-are-half-of-humanity

저자 캐롤라인 크리아도 페레즈(Caroline Criado Perez)는 이 인터뷰에서 도시계획에서부터 보건에 이르기까지 삶의 전 영역에서 사실상 소외되는 여성의 현실을 드러내며 독자들에게 "여성이 인류의 반을 차지한다는 것을 기억하라"고 촉구한다.

- '의료계의 성 불평등에 대처하는 법(How to Address Gender Inequality in Health Care)', 캘리포니아대학교 버클리캠퍼스 대의과학센터, https://greatergood.berkeley.edu/article/item/how_to_address_gender_inequality_in_health_care
  《해약》을 펴낸 저자 마야 뒤젠베리는 이 인터뷰에서 연구계와 의료계의 심각한 젠더 편향을 폭로한다.

- '신경다양성에는 미래가 있는가?(Does Neurodiversity Have a Future?)', 캘리포니아대학교 버클리캠퍼스 대의과학센터. https://greatergood.berkeley.edu/article/item/does_neurodiversity_have_a_future
  《뉴로트라이브》의 저자 스티브 실버만은 이 인터뷰에서 정치가 신경다양성 연구와 관련 정책에 미치는 영향에 대해 이야기한다.

주

들어가며 _ 나와 타인의 민감성 이해하기

1 Maria Yagoda, "ADHD Is Different for Women", 〈The Atlantic〉, 2013년 4월 3일, https://www.theatlantic.com/health/archive/2013/04/adhd-is-different-for-women/381158/; Apoorva Mandavilli, "The Lost Girls", 〈Spectrum〉, 2015년 10월 19일, https://www.spectrumnews.org/features/deep-dive/the-lost-girls/

2 여성 인구 통계: Jenny Anderson, "Decades of Failing to Recognize ADHD in Girls Has Created a 'Lost Generation' of Women", 〈Quartz〉, 2016년 1월 19일, https://qz.com/592364/decades-of-failing-to-recognize-adhd-in-girls-has-created-a-lost-generation-of-women/

1장 _ 역사 속 여성의 심리

1 Elaine Showalter, 《The Female Malady: Women, Madness and English Culture, 1830-1890》 (New York: Pantheon, 1986), p. 3.

2 Elaine Showalter, 같은 책, p. 4.

3 Robert Whitaker, 《Mad in America: Bad Science, Bad Medicine, and the Enduring Mistreatment of the Mentally Ill》 (Cambridge: Basic Books, 2002), p. 29.

4 Elaine Showalter, 앞의 책, p. 7.

5 Gary Greenberg, 《The Book of Woe: The DSM and the Unmaking of Psychiatry》 (New York: Penguin, 2013), p. 17.

6 Gary Greenberg, 같은 책, p. 7.

7 Gary Greenberg, 같은 책, pp. 63-64.

8 Gary Greenberg, 같은 책, p. 40.

9 Phyllis Chesler, 《Women and Madness: When Is a Woman Mad and Who Is It Who Decides?》 (New York: Doubleday, 1972), p. 263.

10 Phyllis Chesler, 같은 책, p. 263.

11 Gary Greenberg, 앞의 책, p. 8.

12 Gary Greenberg, 같은 책, p. 21.

2장 _ 새로운 관점으로 민감성 바라보기

1 Elaine Aron, 《The Highly Sensitive Person: How to Thrive When the World Overwhelms You》 (New York: Citadel, 1996), p. xiii.

2 Elaine Aron, 같은 책, p. 4.

3 세계보건기구, "Mental Disorders Affect One in Four People", 2001년 10월 4일, https://www.who.int/whr/2001/media_centre/press_release/en/

4 Maya Dusenbery, 《Doing Harm: The Truth About How Bad Medicine and Lazy Science Leave Women Dismissed, Misdiagnosed, and Sick》 (New York: HarperOne, 2018), p. 3.

5 Angela Saini, 《Inferior: How Science Got Women Wrong — and the New Research That's Rewriting the Story》 (Boston: Beacon, 2017), p. 43.

6 Howard C. Hughes, 《Sensory Exotica: A World Beyond Human Experience》 (Cambridge: MIT Press, 2001), p. 7.

7 Howard C. Hughes, 같은 책, p. 9.

8 Howard C. Hughes, 같은 책, p. 10.

1 Samantha Craft, "Females and Aspergers: A Checklist", 〈The Art of Autism〉, 2018년 8월 14일, https://the-art-of-autism.com/females-and-aspergers-a-checklist/

2 Hanna Rosin, Alix Spiegel and Lulu Miller, "Entanglement", 〈Invisibilia〉, 2015년 1월 30일, https://www.npr.org/programs/invisibilia/382451600/entanglement

3 Michael J. Banissy, Lucia Garrido, Flor Kusnir, Bradley Duchaine, Vincent Walsh, and Jamie Ward, "Superior Facial Expression, But Not Identity Recognition, in Mirror-Touch Synesthesia", 〈Journal of Neuroscience 31〉, no. 5 (2011): 1820-824, doi: 10.1523/jneurosci.5759-09.2011; Michael J. Banissy and Jamie Ward, "Mirror-Touch Synesthesia Is Linked with Empathy", 〈Nature Neuroscience 10〉, no. 7 (2007): 815-16, doi: 10.1038/nn1926; L. Maister, E. Tsiakkas, and M. Tsakiris, "I Feel Your Fear: Shared Touch Between Faces Facilitates Recognition of Fearful Facial Expressions", 〈Emotion 13〉, no. 1 (2013): 7-13.

4 Marco Iacoboni, 《Mirroring People: The New Science of How We Connect with Others》 (New York: Farrar, Straus, and Giroux, 2008), p. 9.

5 Marco Iacoboni, 같은 책, p. 11.

6 J. K. Kern, M. H. Trivedi, C. R. Garver, B. D. Grannemann, A. A. Andrews, J. S. Savla, D. G. Johnson, J. A. Mehta, and J. L. Schroeder, "The Pattern of Sensory Processing Abnormalities in Autism", 〈Autism 10〉, no. 5 (2006): 480-94, doi: 10.1177/1362361306066564.

7 P. Shaw, A. Stringaris, J. Nigg, and E. Leibenluft, "Emotion Dysregulation in Attention Deficit Hyperactivity Disorder", 〈American Journal of Psychiatry 171〉, no. 3 (2014): 276-93.

5장 _ 몸과 마음을 잇는 나날

1 Duane P. Schultz and Sydney Ellen Schultz, 《A History of Modern Psychology》, 11th ed. (Boston: Cengage, 2015), p. 22.

2 Duane P. Schultz and Sydney Ellen Schultz, 같은 책, p. 22.

3 Susan Mayor, 〈Noise Pollution: WHO Sets Limits on Exposure to Minimise Adverse Health Effects〉, BMJ 2018, 363:k4264; World Health Organization, 《Environmental Noise Guidelines for the European Region (2018)》, http://www.euro.who.int/en/publications/abstracts/environmental-noise-guidelines-for-the-european-region-2018; Nina Avramova, "Noise: The Other Pollution Hurting Our Health", CNN, 2018년 10월 9일, https://www.cnn.com/2018/10/09/health/who-noise-guidelines-intl/index.html

6장 _ 집과 가정생활

1 Michael Kimmelman, "At This Museum Show, You're Encouraged to Follow Your Nose", 〈New York Times〉, 2018년 4월 19일, https://www.nytimes.com/2018/04/19/arts/design/the-senses-review-cooper-hewitt.html

2 "Design as Therapy: A Whole New Approach", 〈Healthy Building Science〉, 2016년 9월 28일, https://healthybuildingscience.com/2016/09/28/design-as-therapy-a-whole-new-approach/

7장 _ 직장과 일

1 〈Quiet Revolution: Unlocking the Power of Introverts〉, https://www.

quietrev.com; SAP, Diversity and Inclusion, "Differently Abled People", https://www.sap.com/corporate/en/company/diversity/differently-abled.html; Microsoft, "Our Inclusive Hiring Programs", https://www.microsoft.com/en-us/diversity/inside-microsoft/cross-disability/hiring.aspx

2 Barbara Harvey, "What Companies Can Do to Help Employees Address Mental Health Issues", ⟨Harvard Business Review⟩, 2018년 12월 18일, https://hbr.org/2018/12/what-companies-can-do-to-help-employees-address-mental-health-issues

3 Sarah Kurchak, "The Stories We Don't Tell: My Mom on Raising an Autistic Child and Why She'll Never Write About Me", ⟨Medium⟩, 2018년 3월 6일, https://medium.com/@sarahkurchak/the-stories-we-dont-tell-my-mom-on-raising-an-autistic-child-and-why-she-ll-never-write-about-me-79ca1d688626

나오며 _ 나는 나를 충분히 이해했다

1 Rediet Abebe, "Why AI Needs to Reflect Society", ⟨Forbes⟩, 2018년 11월 29일, https://www.forbes.com/sites/insights-intelai/2018/11/29/why-ai-needs-to-reflect-society/?sh=358ac3bd450c

2 Mia Dand, "100 Brilliant Women in AI Ethics to Follow in 2019 and Beyond", ⟨Becoming Human: Artificial Intelligence Magazine⟩, 2018년 10월 29일, https://becominghuman.ai/100-brilliant-women-in-ai-ethics-to-follow-in-2019-and-beyond-92f467aa6232

3 Matthew Hutson, "Beyond the Five Senses", ⟨The Atlantic⟩, 2017년 7/8월. https://www.theatlantic.com/magazine/archive/2017/07/beyond-the-five-senses/528699/

4 Ann Sussman and Katie Chen, "The Mental Disorders That Gave

Us Modern Architecture", 〈Common Edge〉, 2017년 8월 22일, http://commonedge.org/the-mental-disorders-that-gave-us-modern-architecture/; Stuart Shell, "Why Buildings for Autistic People Are Better for Everyone", 〈Forte Building Science〉, https://network.aia.org/HigherLogic/System/DownloadDocumentFile.ashx?DocumentFileKey=3fff74f0-6418-8e5f-00ed-4ebeb38eabd8&forceDialog=0

5 Kim Velsey, "Autism Informed the Entire Design of This Revolutionary Boarding School", 〈Architectural Digest〉, 2018년 4월 3일, https://www.architecturaldigest.com/story/shrub-oak-international-school

6 Tara Drinks, "NBA Creating Sensory Rooms at More Than Half Its Arenas", 〈Understood〉, 2018년 5월 4일, https://www.understood.org/en/community-events/blogs/in-the-news/2018/05/04/nba-creating-sensory-rooms-at-over-half-of-its-arenas

7 "Montreal Museum Partners with Doctors to 'Prescribe' Art", 〈BBC News〉, 2018년 10월 26일, https://www.bbc.com/news/world-us-canada-45972348; George Musser, "How Virtual Reality Is Transforming Autism Studies", 〈Spectrum〉, 2018년 10월 24일, https://www.spectrumnews.org/features/deep-dive/virtual-reality-transforming-autism-studies/; Zusha Elinson, "When Mental-Health Experts, Not Police, Are the First Responders", 〈Wall Street Journal〉, 2018년 11월 24일, https://www.wsj.com/articles/when-mental-health-experts-not-police-are-the-first-responders-1543071600

옮긴이 **김진주**

연세대학교 심리학과를 졸업하고 동 대학원에서 성격 및 사회심리학 석사학위를 취득했다. 글밥아카데미 영어 출판번역 과정을 수료하고 바른번역 소속 번역가로 활동하고 있다. 옮긴 책으로는 《네덜란드 소확행 육아》《슈퍼노멀》《꿀잠 자는 아이》《엄마 마음 설명서》 등이 있다.

유별난 게 아니라 예민하고 섬세한 겁니다

세상과 불화하지 않고 나답게 살아가는 법

1판 1쇄 발행 2021년 9월 13일
1판 4쇄 발행 2023년 6월 30일

지은이 제나라 네렌버그
옮긴이 김진주
발행인 유성권

편집장 양선우
책임편집 신혜진 **편집** 윤경선 임용옥 배소현
해외저작권 정지현 **홍보** 윤소담 박채원 **본문디자인** 김수미
마케팅 김선우 강성 최성환 박혜민 심예찬 김현지
제작 장재균 **물류** 김성훈 강동훈

펴낸곳 ㈜이퍼블릭
출판등록 1970년 7월 28일, 제1-170호
주소 서울시 양천구 목동서로2 11 범문빌딩 (07995)
대표전화 02-2653-5131 **팩스** 02-2653-2455
메일 tiramisu@epublic.co.kr
인스타그램 instagram.com/tiramisu_thebook
포스트 post.naver.com/tiramisu_thebook

티라미슈은 ㈜이퍼블릭의 인문·에세이 브랜드입니다.

editor's letter

우리가 경험하고 감각하는 세상은 저마다 다릅니다.
이해하고 포용한다는 건 결국 내가 느끼는 사소한 불편함이 다른 누군가에게는
통렬한 고통으로 다가올 수도 있다는 걸 실감하는 것 아닐까 해요.
스스로의 남다름을, 타인의 남다름을 감추거나 색안경을 끼고 바라보지 않고,
다양하고 고유한 무늬로 바라볼 수 있기를.
그리하여 누구나 온전한 자기 모습으로 살아갈 수 있기를.
모두 다르지만 그래도 아프지 않은 세상이 되기를.
이 책이 그 디딤돌이 되어주기를 바라봅니다.